'상가 고수들의 진짜 돈 버는 노하우'

상가투자
비밀노트

'상가 고수들의 진짜 ✔돈 버는 노하우'

상가투자
비밀노트

초 판 발행 2016년 6월 17일
45쇄 발행 2023년 9월 13일

지 은 이 홍성일 · 서선정
감   수 송희창
편집진행 배희원, 최상진
펴 낸 곳 지혜로

출판등록 2012년 3월 21일 제 387-2012-000023호
주   소 경기도 부천시 원미구 길주로 137, 6층 602호(상동, 상록그린힐빌딩)
전   화 032-327-5032 | **팩   스** 032-327-5035
이 메 일 jihyero2014@naver.com
            (독자 여러분의 소중한 의견과 원고를 기다립니다.)

ISBN 978-89-968855-8-0 (13320)
값 18,000원

도서출판 지혜로는 경제 · 경영 서적 전문 출판사이며, '독자들을 위한 책'을 만들기 위해
객관적으로 실력이 검증된 저자들의 책만 엄선하여 제작합니다.

'상가 고수들의 **진짜** 돈 버는 노하우'

상가투자 비밀노트

글 홍성일 · 서선정 ㅣ 감수 송희창

상가투자로 안정된 노후를
맞이할 수 있다

평범한 샐러리맨 돈으로부터의 자유를 꿈꾸다

필자는 전업투자자로 나서기 전까지 한 직장에서 15년 동안 근무했던 평범한 샐러리맨이었다. 이 당시 누구보다 성실히 일했고, 업무 능력을 인정받아 중간 간부까지 별 무리 없이 승진할 수 있었다. 하지만 월급쟁이의 한계를 느낀 필자는 재테크에 관심을 갖게 되었고, IMF 시기에 주식투자를 시작했다.

그런데 공부할 때는 정말 성공적일 것만 같았던 주식투자는 실전에서 여지없이 내리막을 걷고 말았다. 2000년 어느 따뜻한 봄날, 냉혹한 주식시장의 현실을 인정해야만 했고, 투자 실패로 3000만 원 중 겨우 270만 원을 건질 수 있었다. 투자금의 대부분이 차입금이었기에 발등에 불이 떨어졌다. 높은 금리에 하루가 다르게 돌아오는 원금상환일 때문에 이러다간 평생 동안 원금과 이자를 갚다가 생을 마칠 것 같다는 생각까지 들었었다.

이런 상황을 월급만으로 도저히 극복할 수 없기에 어쩔 수 없이 당시 인기가 하늘을 찌르던 분양권 시장에 도전장을 내밀었다. 두 번째 투자에서는 주식을 분석하고 매입, 매도할 때와는 다르고 싶었다. 주식투자에서 '묻지 마'식 투자와 풍문과 뉴스 등을 취합한 투자를 했다면, 부동산 시장에서는 실전에 돌입하기 전 완벽하게 이론을 마스터하여 성공적인 투자를 하고 싶었다. 그래서 동료들이 "퇴근 후에 한 잔 하자."고 하는 유혹도 뿌리치고, 함께 놀러가자는 가족들의 성화도 잠시 제쳐 두고, 평일 저녁과 주말에도 시간을 쪼개어 학원을 다녔고 인터넷 투자자 카페에 가입하여 온라인 정보들을 습득하고, 정기모임에도 참석하였다. 이 시기에 출간되어 있던 부동산 관련 서적들을 거의 다 읽었던 것 같다.

이 당시 한창 재건축 붐이 일면서 부동산 경기가 활황으로 접어들어, 투자한 다음 날이면 투자금만큼을 벌어들였던 비정상적인 시기였다. 그즈음 오피스텔 한 채를 투자해 7000만 원을 남겼는데 한 번 수익을 올려보니 부동산 공부와 투자가 재미있지 않을 수 없었다. 회사 동료들이 이런 결과를 부러워하며 투자처를 알려달라고 아우성이었다. 이렇게 쉽게 돈을 벌 수 있구나 싶었다.

하지만 호황기가 지나고 나니 부동산 시장도 다시 꽁꽁 얼어붙는 시기가 찾아왔고, 부동산에 투자했던 자금들이 묶이기 시작했다. 수중에 부동산 등기권리증은 많은데 이상하게 필자는 이전과 변함없이 돈에 허덕이는 월급쟁이였다. 매매차익으로 수익은 거뒀지만 어느새 다시 돈의 노예가 되었던 것이다.

대체 어디서 무엇부터 잘못된 것일까?

분명 다른 이들보다 열심히 살았는데도 제자리걸음을 했던 것처럼 느껴졌으니 말이다. 이 질문 탓에 며칠 동안 잠을 이루지 못하고 고민했고 결국 답을 얻었다. 그것은 필자가 부동산 투자를 하며 매매차익에만 몰두했고, 일을 하지 않아도 매월 돈이 나오는 시스템을 갖추지 못했던 탓이었다. 핵심은 이것이었다. 투자를 하며 물건의 매매차익이 생기면 한두 달은 괜찮았지만 그렇지 않을 경우 다시 매매가 될 때까지 수개월 동안 돈에 속박된 일상을 살아야 했던 것이다. 진정한 부자 즉, 경제적 자유를 위해서는 매월 일정 수준의 현금이 들어오는 구조를 만들어야 한다는 사실을 처절하게 깨달았다. 그래서 매월 급여 수준의 현금 흐름 만들기를 목표로 삼고, 어떻게 하면 가장 효율적으로 이런 시스템을 갖출 수 있을지 다시 분석해 갔다. 최종적으로 판단한 것이 바로 상가투자였던 것이다.

상가투자로 꿈꾸던 부자가 되고 경제적 자유를 얻다

주로 주거용 물건이나 오피스텔에만 투자했기에 처음 상가 분야의 문턱에서 정말 막막했다. 또한 당시에는 제대로 된 전문 서적은 물론 강의도 전무했다. 그렇다고 포기할 수는 없었다. 무작정 현장조사부터 하기로 마음먹었다.

우선 신도시를 중심으로 기존 상권을 하나씩 분석하기 시작했다. 신도시, 택지지구에 상가 물량이 한창 쏟아지던 시기여서 분양사무실을 중심으로 현장을 돌아보면 많은 정보를 얻을 수 있을 것이라 생각했다.

상가 공부를 하기로 마음먹고 날씨에 관계없이 매주 1회 각 지역의 상권을 돌아보았고, 당일 임장했던 지역은 나만의 보고서(비밀노트)로 정리했다. 이런 현장보고서와 공부했던 자료들이 바로 《상가투자 비밀노트》의 초석이 된 것이다. 한동안 그렇게 미친 듯이 다니다 보니 어느 순간 상권이 뚜렷하게 보이기 시작했고 개별 상가의 가치까지 파악할 수 있게 되었다. 어느 방향이 유효 동선인지, 어느 블록 상가의 값이 올라갈지 예상할 수 있게 된 것이다. 후에 그 지역을 다시 방문했을 때 내 예측대로 시장이 변화된 모습을 보면서 희열을 느꼈고, 허허벌판 택지지구에서도 지도만 하나 들면 나만의 미래 시세표가 그려졌다.

실력이 쌓여감에 따라 필자 소유의 상가도 한 채씩 늘어났고, 어느 순간 급여보다 높은 수준의 월세가 현금 흐름으로 발생하는 시스템을 구축할 수 있었다. 상

가투자 1호 물건인 1.5평 동대문 패션몰부터 시작하여, 그 다음 몇 채의 근린상가, 상가주택 등을 거쳐 현재는 작지만 총 15개의 점포가 있는 3층 꼬마빌딩의 건물주가 되었다.

책을 집필하며

처음 상가 공부를 시작할 때 일을 하지 않더라도 매월 내 월급 수준의 현금 흐름이 나오는 월세를 받는 것이 목표였는데, 현재는 다달이 직장인 월급이 아닌 연봉 수준의 금액이 통장에 입금되고 있다.

실제 필자의 인생은 상가투자를 하기 전과 그 이후가 평범한 직장인과 부자의 삶으로 확연하게 구분된다. 필자가 상가에 관해 아무것도 모르는 초보에서 시작하여 공부를 완성하고, 실전에서 상가를 한 채씩 매입하며 부자의 반열에 올랐기에 독자 분들께 제대로 된 상가 길잡이가 되어줄 수 있을 것이라 생각한다. 필자가 상가와 상권을 공부하며 메모해 두었던 비밀노트와 실전 경험들을 바탕으로 이 책을 집필하였고 아낌없이 노하우들을 담아냈기에, 그 어떤 서적보다 실전 투자에 도움이 되고 소장가치가 있을 것으로 기대한다.

이 책이 나오기까지 긴 시간 동안 애써 주신 고마운 분들이 참 많다. 특히 투자 파트너로서 상가의 다양한 사례들을 공유해 준 서선정에게 감사의 마음을 전한다. 딱딱한 전문서적 같던 초고를 독자들이 이해하기 쉽게 풀어쓰도록 조언하고 감수해 주신 송희창 대표님, 능숙하게 전체 내용과 방향을 제시하고 정갈하게 편집해 준 김명진 실장님이 없었다면 이 책은 결코 세상의 빛을 보지 못했을 것이다. 또 상가의 공법적인 부분에 많은 도움을 주시고 직접 검토해 주신 이광오 건축사님과 손정훈 전무님께도 감사 인사를 꼭 드리고 싶다.

그리고 늘 함께 해 주시고 애써 주시는 어머니께, 또한 책을 쓰는 동안 잘 놀아주지 못한 정연이, 주연이에게도 미안한 마음과 고마움을 전하고 싶다.

마지막으로 이 책과 함께 하는 모든 투자자들과 성공의 기쁨을 함께 누리기를 기대해 본다.

홍 성 일

| 차 례 |

성공적인 투자를 위한 효율적인 상권 분석

1부
투자 준비하기

1장

상가투자,
이렇게 시작하라

---

01 연금이나 월급 같은 상가, 누구나 가질 수 있다

상가투자가 매력적이라는 것은 투자자 사이에서 오래 전부터 알려진 공공연한 비밀이다. 전문투자자들이나 자영업 종사자는 물론, 예비은퇴자나 주부, 월급 쟁이 직장인을 막론하고 상가투자에 대한 관심은 날로 뜨거워지고 있다. 특히 부동산 재테크를 하다 보면 빌라나 아파트와 같은 주거용 시장의 치열한 경쟁과 낮은 수익률에서 벗어나 안정적인 수익을 장기적으로 낼 수 있는 상가와 같은 수익형 부동산에 눈이 쏠릴 수밖에 없다.

상가투자는 공실 위험과 높은 분양가, 이에 대해 접근하거나 판단할 수 있는 정보의 한계 탓에 과거에는 자본이 많은 전문투자자만의 영역으로 취급되었다. 그래서 일반인들은 상가에 투자하기를 꺼려하거나 신중하게 접근했고, 대부분의 사람들은 자신이 직접 거주하면서 재테크를 병행할 수 있는 다가구나 빌라와 같은 주거용 부동산에 더 많은 관심을 기울였다.

그러나 지금은 자료도 구하기 쉬워졌고 상담 매체도 늘어났다. 물론 여전히 상가보다는 아파트 투자자의 비율이 높은 것이 사실이다. 하지만 상대적으로 위험성이 낮은 주거용 부동산 시장에 예전보다 많은 경쟁자가 몰리다 보니, 그쪽의 수익률은 점점 낮아지고 있다. 사설 경매사이트인 지지옥션의 데이터를 살

퍼보면 아파트 경매의 경우, 2006년에는 평균 낙찰가율(감정가 대비 낙찰 금액의 비율)이 84.5%였고 평균 응찰자가 5명이었다. 그런데 2015년에는 평균 낙찰가율이 89.4%에 평균 응찰자 수가 7.9명이 되었다. 경매로 아파트에 투자하겠다는 사람만 해도 대략 60%나 늘어난 셈이다.

아파트 경매 낙찰가율과 응찰자 수

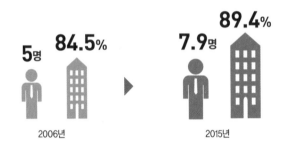

아파트뿐만 아니라 빌라, 단독주택 등 주거용 부동산의 경쟁이 전반적으로 치열해졌고 가격도 올랐다.

아파트를 낙찰 받는 금액이 감정 가격 대비 89%가 넘는다는 것은 거의 급매물 가격대에 가져간다는 뜻이다. 투자 목적에 따라 생각해 보아야 한다. 직접 거주하는 것이 아니라 매도 차익을 얻는 것이라면 취득한 부동산의 가격이 올라야 세금과 경비를 제하고도 남는 돈이 생길 것이다. 게다가 경제 상황까지도 녹록치 않아지면서 주거용 부동산도 이제 집이라고 다 팔리는 것이 아니다. 선별적으로 접근해야만 투자 수익을 거둘 수 있다.

그래서인지, 약간의 위험성이 있더라도 장기적으로 안정적인 수익을 낼 수 있는 투자 대상에 대한 관심이 높아지고 있다. 주거용 부동산 시장의 치열한 경쟁과 낮은 수익률에서 벗어나 수익형 부동산에 관심을 더 많이 보이기 시작한 것이다.

그중에서도 특히 상가투자에 많은 관심이 쏟아지고 있다. 과거에는 집 한 채 마련하는 것을 가장 큰 꿈으로 여겼던 일반인도 요즘에는 상가, 나아가서 빌딩을 갖는 것을 가장 큰 목표로 삼기도 한다. 상가투자와 관련된 강좌나 전문 서적도 부쩍 늘고 있다.

그렇다면 상가의 어떤 점이 투자자들의 관심을 끄는 것일까?

첫째, 고정적이면서 높은 현금 수입이 발생한다.

가장 큰 장점은 주거용 부동산과는 비교할 수도 없는 높은 수익이 월급처럼 따박따박 통장에 입금된다는 것이다. 주거용 부동산 시장에서 한 동안 유행한 투자 방법이 갭(gap)투자인데, 매매가에 비해 전세가 비율이 높은 지역의 주거용 부동산, 특히 아파트에 투자하는 방식이다. 최대한도로 대출을 받고 월세나 전세로 임대를 놓아서 투자시 실제 묶이는 돈을 최소화한다. 궁극적으로 임대보다는 미래의 매매 차익을 통해 수익을 실현하려는 방식이다. 미래를 정확히 예측한다면 효과적일 수 있지만, 그러나 불투명한 앞날에 투자하는 경우도 많다. 주거용 부동산의 가장 큰 맹점이라 할 수도 있는 부분이다.

이에 반해 상가투자는 상가를 매수한 그 시점부터 매월 임대수익을 얻게 된다. '평생 직장'의 개념이 없어진 요즘의 월급쟁이들, 넉넉하지 않은 수입으로 가족경제를 유지하는 주부들에게 월급 외에 발생하는 기본적인 수익은 미래를 준비하는 안전장치가 된다. 길어진 노후를 살아가야 할 은퇴생활자들에게도 이것은 큰 힘이 된다.

게다가 주거용 부동산은 주변 시세에 따라 임대가가 정해지지만 상가는 내 상가의 경쟁력이 높으면 옆 상가보다 더 높게 임대료를 책정할 수도 있다. 매년 임대 금액을 인상할 수도 있다.

둘째, 주거용 부동산에 비해 관리가 쉽다.

주거용 부동산은 임대기간이 만료되어 임차인이 바뀌면 도배, 장판도 새로 해야 하고, 싱크대나 보일러가 고장 나면 고쳐주어야 한다. 만약 누수라도 생기면 아랫집의 손해난 부분까지 집주인이 전부 배상해 주어야 한다. 이에 반해 상가 임대인은 전용 공간만 제공하는 개념이기 때문에 임차인이 가게의 내·외부를 스스로 고치고, 전용 공간에서 누수가 나면 대개 직접 수리해서 사용한다. 즉 임차인이 임대인의 상가를 알아서 꾸미고 영업하면서 가치를 한층 높여 준다. 일상적인 관리도 해 준다.

셋째, 가치 상승을 이끌어 낼 수 있다.

상가는 가치 상승 측면에서도 큰 장점이 있다. 한 예로, 임대료가 인상되면 수익률이 높아져서 부동산의 가치가 올라가고 매매가도 상승하는 선순환의 투자 구조를 지니고 있다. 주거용 부동산은 아파트 단지마다 시세가 있듯이 주변 가격대에 따라 집의 시세도 결정되기 때문에 내 것만 비싸게 매매할 수 없다. 하지만 상가는 바로 옆 건물과 내 상가의 임대가가 다를 수 있다. 임대수익률에 의해 매매가가 결정되는 상가 특성상 주변의 시세와 상관없이 내 상가만 높은 가격에 매도할 수도 있기에, 임대료가 인상되는 그 순간부터 상가 건물의 가치와 매매가가 동반 상승할 수 있다.

02 나의 투자 목적과 성향부터 파악하자

상가를 매수해서 활용하는 목적은 다양하다. 직접 장사를 할 것인지, 어떤 업종으로 임차를 놓을 것인지 등 그에 따라 살펴보아야 할 사항도 다르기 때문에 내가 투자로 달성하려고 하는 목적을 분명히 해야 한다. 또한 어떤 식으로 상가를 소유할 것인지 선택해야 한다.

직접 가게를 운영하려면 업종에 맞는 입지를 살피고 적당한 면적을 더해, 원하는 개업 시기에 맞추어 입점하고 준비할 수 있도록 시장에서 전문 중개사를 통해 매입하는 것이 가장 먼저 떠올릴 만한 방법이다. 건물주나 임대인이 되려고 한다면 좋은 위치나 기초시설을 갖춘 곳을 찾아내 상가를 소유해야 한다. 매매를 할 수도 있고 법원에서 경매로 낙찰 받을 수도 있고 분양을 알아볼 수도 있다.

한편, 내 투자 성향이 보수적인지 공격적인지에 따라서도 선택지가 달라진다. 안정 지향적이면서, 보수적인 투자 성향을 갖고 있다면 상권이 이미 발달한 곳을 선호할 것이다. 그곳에 가서 되도록 많은 중개사무소를 돌아다니면서 주변의 정보와 물건의 종류를 파악한 다음 중개수수료를 가장 저렴하게 해줄 수 있는 곳을 통해 투자하면 된다.

반면 내가 공격적인 투자자라면 상권이 형성되지 않은 곳에서 앞으로 활성화될 곳을 골라 투자할 수도 있다. 신도시나 기존의 도시 주변에 있는 크고 작은 택지지구형 상권이 대표적인 투자 대상이다. 이런 곳은 아직 상권이 갖추어지기 전이기 때문에 위험 요소가 있지만, 잘만 고르면 훗날 지역 최고의 상권이 되는 곳에 내 상가를 소유할 수 있게 된다는 장점이 있다. 또한 투자한 곳의 상권 힘이 좋으면 지속적으로 임대료와 매매가가 상승하여 수익이 증가할 수 있다.

그럼 내가 어떤 투자 성향을 갖고 있는지 체크리스트를 통해 알아보자.

★ 나의 투자 성향 체크리스트 ★

투자 성향을 확인하기 위한 테스트는 증권사나 은행 등 금융기관의 홈페이지에서 제공하고 있으므로 누구든 손쉽게 이용할 수 있다. 다음 테스트를 통해 자신의 투자 성향을 진단해 보자.

1. 당신의 연령대는 어떻게 됩니까?

　① 19세 이하

　② 20세~40세

　③ 41세~50세

　④ 51세~60세

　⑤ 61세 이상

2. 투자하고자 하는 자금의 투자 가능 기간은 얼마나 됩니까?

　① 6개월 이내

　② 6개월 이상~1년 이내

　③ 1년 이상~2년 이내

　④ 2년 이상~3년 이내

　⑤ 3년 이상

3. 나의 투자 경험과 가장 가까운 것은 어느 것입니까?

① 은행의 예·적금, 국채, 지방채, MMF, CMA 등

② 빌라, 아파트, 오피스텔

③ 단지 내 상가, 근린상가, 상가주택

④ 아파트형 공장, 테마형 상가, 상가 경매, 신탁공매

⑤ 토지, 숙박시설, 주유소, 경매 특수물건

4. 투자에 대한 본인의 지식 수준은 어느 정도라고 생각하십니까?

① 매우 낮은 수준(투자 결정을 스스로 내려 본 경험이 없다)

② 낮은 수준

③ 높은 수준

④ 매우 높은 수준(지역분석 및 상권 분석에 능통하다)

5. 현재 투자하고자 하는 자금은 전체 자산 중 어느 정도의 비중을 차지합니까?

① 10% 이내

② 10% 이상~20% 이내

③ 20% 이상~30% 이내

④ 30% 이상~40% 이내

⑤ 40% 이상

6. 당신의 수입원을 가장 잘 나타내고 있는 것을 고르세요.

① 현재 일정한 수입이 발생하고 있으며, 향후 현재 수준을 유지하거나 증가할 것으로 예상된다.

② 현재 일정한 수입이 발생하고 있으나, 향후 감소하거나 불안정할 것으로 예상된다.

③ 현재 일정한 수입이 없으며, 연금이 주 수입원이다.

7. 감수할 수 있는 투자 손실 수준은 어느 정도입니까?

① 무슨 일이 있어도 투자한 원금은 보전되어야 한다.

② 10% 미만까지는 손실을 감수할 수 있을 것 같다.

③ 20% 미만까지는 손실을 감수할 수 있을 것 같다.

④ 기대 수익이 높다면 위험이 커도 상관하지 않겠다.

※ 문항별 점수표를 보고 합계를 구하세요.

◎ 문항별 점수표

구분		문항						
		1번	2번	3번	4번	5번	6번	7번
보기	①	12.5점	3.1점	3.1점	3.1점	15.6점	9.3점	−6.2점
	②	12.5점	6.2점	6.2점	6.2점	12.5점	6.2점	6.2점
	③	9.3점	9.3점	9.3점	9.3점	9.3점	3.1점	12.5점
	④	6.2점	12.5점	12.5점	12.5점	6.2점	−	18.7점
	⑤	3.1점	15.6점	15.6점	−	3.1점	−	−

◎ 투자성향별 점수표

투자성향	점수
① 안정형	20점 이하
② 안정추구형	20점 초과~40점 이하
③ 위험중립형	40점 초과~60점 이하
④ 적극투자형	60점 초과~80점 이하
⑤ 공격투자형	80점 초과

출처 : 전국투자자교육협의회

03 상가투자도 소액으로 가능하다

일반인들이 상가투자에 대해 갖고 있는 가장 큰 편견은 많은 투자금이 필요하다고 생각하는 것이다. 얼마의 투자금이 있어야 한다고 생각하는가? 1억 원? 2억 원? 아니면 10억 원?

열심히 모은 종자돈을 한 번에 통째로 투자하기보다는 소액으로 수익을 얻으며 경험을 쌓는 것이 좋다. **상가투자도 연습이 필요하다.** 자금은 그리 크지 않아도 좋다. 우리가 몰라서 그렇지 지금 가지고 있는 1000만 원, 2000만 원으로도 투자할 수 있는 물건이 도처에 있다.

(1) 틈새를 노리자

상가의 종류는 근린상가, 테마형 상가, 단지 내 상가, 상가주택 등 다양하므로 연습을 통해 나의 투자 성향도 확인하고 그에 맞게 투자처를 결정하는 것이 바람직하다. 취득부터 임대나 매매까지 투자 과정을 전체적으로 겪으면서 임차인과의 관계, 업종 구성 등 다양한 상황적 변수에 충분히 맞설 수 있어야 한다. 이렇게 실전 연습을 통해 상가 전문가로서의 최소한의 역량이 갖추어졌을 때 비로소 과감하게 투자할 수 있게 된다.

또한 투자 연습이라고 했지만 실전과 마찬가지로 투자금을 잃지 않고, 조금이라도 수익이 나도록 해야 한다. 주변을 둘러보면 소액으로 수익을 낸 사례는 무궁무진하다.

1.5평의 임대료가 500만 원?!

친한 친구가 동대문 의류도매상가 지하 1층에서 장사를 하고 있어서 허물없이 임대료를 물어볼 수 있었다. 친구 말에 따르면 임대료가 보증금 4000만 원에 월세 200만 원이란다. 지하 1층, 2평 남짓 점포 임대료가 그 정도 금액이라니!

"뭘 그리 놀라나. 1층은 1.5평의 월세가 500만 원이고 권리금만 1억 원이야."

입이 딱 벌어졌다. 이런 새로운 세계가 있었구나!

당시 패션몰은 아무리 저렴하다고 해도 절대 투자하지 말아야 하는 물건으로 여겨졌다. 지하철역을 중심으로 우후죽순으로 세워지더니 패션몰은 공급 과잉에 이르렀고 심각한 경제 불황까지 더해져 분양된 지 몇 년이 지났음에도 단 한 번도 영업을 못한 사례가 넘쳐났다. 잘못 투자했다가는 임대도 안 되고 매매도 이루어지지 못하고 높은 관리비를 내면서 악순환을 겪는 물건으로 취급되었다. 하지만 동대문 도매 상가는 전혀 다른 세상이었다.

≫ 도매 상가의 실내(좌)는 사람들로 북적였고, 외부(우)는 구입을 마치고 수많은 물품 봉투를 내려놓은 채 휴식 중인 관광객과 도소매 구매업자들로 넘쳤다. 도소매업자들은 구매 대행한 물품을 도착지별로 분류해 둔다.

홈쇼핑, 인터넷 쇼핑 등 의류를 취급하는 각종 온라인 쇼핑몰 창업이 폭발적으로 늘어나고, 동대문 시장 내에서 의류 부문 도매시장의 자리 공급이 어려워 보이는 상황에서 소매시장과 비교할 때 이곳은 장기적으로도 나쁘지 않은 투자처로 보였다. 지하 1층이라도 장사하겠다는 임차인들이 줄을 선다고 하니 쇼핑몰이라고 다 끝난 것이 아니구나 하는 감탄이 절로 나왔다. 상가 종류의 문제가 아니고 **상가는 수요와 공급의 법칙으로 움직인다**는 것을 깨달았다.

또한 특화된 대상의, *초광역상권으로서 희소성이 있는 상권 특징 때문에 앞으로 이 시장은 쭉 유지될 수 있겠구나 하는 생각이 들었고, 바로 동대문 도매시장을 조사하기 시작했다.

> * **초광역상권** : 원거리에서도 고객이 찾아오는 상권이다. 영향을 미치는 범위가 가장 큰 단위의 상권 개념이다. 백화점, 대형유통점, 고급전문점, 유명 브랜드 전문점 등 다양한 업종이 혼재되어 있다. 강남역, 홍대역 주변 등이 대표적이다.

1000만 원대 투자로 수익이 500만 원

그러다 친구가 있는 자리보다는 좋지 않지만 지하 1층, 에스컬레이터 옆 1.5평 점포를 급매로 잡을 수 있었다. 매매가는 6000만 원, 임대료는 보증금 2000만 원에 월세 55만 원이었다. 대출을 3000만 원 받아 실투자금은 약 1500만 원이었지만 이자를 제하고 월 43만 원이 넘는 수익이 발생했다. 연 수익율 36.2%, 게다가 2년에 한 번씩 임대료를 일괄적으로 인상하는 해당 쇼핑몰의 특성상 수익은 점점 증가하고 있다.

일반적으로 아파트 투자 수익률은 연 3~4%이고, 상가는 연 5~8% 정도이다. 강남역 같은 초광역상권은 안정적인 상권으로 꼽히기에 투자자들은 더 낮은 수익률도 감수한다. 36.2%는 이 모든 수익률을 뛰어넘는 경이적인 수치이다. 월 43여 만 원 금액이 얼핏 적게 보일 수는 있다. 하지만 1년 후, 2년 후, 10년

도매상가 투자 요약

[단위 : 원]

	금액	비고
* 총 소요비용(A)	64,500,000	
매수금액	60,000,000	
취등록세 및 이전비	4,500,000	부동산 중개수수료 포함
* 총 회수금(B)	50,000,000	
대출금	30,000,000	
보증금	20,000,000	
* 임대시 실투입금(C)	14,500,000	(A)−(B)
* 월세	550,000	
대출금리	4.5%	
대출 연이자	1,350,000	
대출 월이자	112,500	
월 임대료 수익	437,500	
연 임대료 수익(D)	5,250,000	
* 월세시 연 수익률	36.2%	(D)÷(C)X100

후를 생각해 보면 결코 적은 금액이 아니다.

또한 당시 필자 월급이 300만 원 남짓이었는데 급여의 14%가 다달이 입금되는 기분은 남달랐다. 이 상가를 위해 아무 일도 하지 않는데 나를 위해 내 점포가 열심히 돈을 벌어다 주었다! 필자를 경제적 자유로 한 걸음 내딛게 한, 큰 의미가 있었던 투자였다.

(2) 고층 상가의 수익률이 더 크다

일반적으로 1층 상가를 선호하지만 **고층 상가는 투자금이 적게 들기 때문에 수익률이 그보다 더 좋을 수도 있다.** 따라서 당장 매매할 목적의 투자가 아니고 장기 임대가 목적이라면 고층의 상가도 충분히 매력이 있다.

앞에 앞선 사례보다 더 적은 소액으로 투자 연습을 할 수 있는 물건을 가장 많이 찾아낼 수 있는 곳은 바로 경 · 공매 시장이다.

그런데 경·공매 시장에 나오는 상가는 입지가 좋지 않거나, 활성화되었던 상권이 어떤 대내외적인 영향으로 인해 침체되어 임차인을 쉽게 구하지 못하다가 소유주가 금융 이자와 관리비, 세금 체납 등의 압박을 받아 등장하는 구조를 가지고 있다. 현실이 이렇다보니 낙찰을 받은 상가는 그 후에도 임차인을 구하지 못해 장기간 공실로 방치될 수 있는 위험성이 있다. 따라서 다양한 해법을 갖고 접근해야 한다. 그래서 경·공매 시장은 투자 연습에 좋은 학습장이다. 뿐만 아니라 이를 통해 원하는 물건을 저렴하게 취득한다면 높은 수익을 얻는 효과까지 누릴 수 있는 방법이다.

위 상가는 천안시 불당상업지구 내 있는 점포로, 전체 9층 중 6층에 위치했고 전용면적 70평, 분양면적 120평이다. 고층인데다가 이면도로에 접한지라 3차 입찰일까지 주인을 만나지 못해 4차 입찰 당시에 감정가의 34%대에 나온 물건이었다. 유찰이 많이 되어 가격이 낮은 덕분에 경쟁률은 제법 있었지만, 원래 50% 미만으로 입찰을 생각하고 있었기에 실제 낙찰 받은 가격도 높지는 않았다.
낙찰 후 보증금 3000만 원에 월 200만 원으로 임대했다.

천안 상가 투자 요약#

[단위 : 원]

	금액	비고
* 총 소요비용(A)	255,470,000	
낙찰가	242,470,000	48.01%
취등록세 및 이전비	13,000,000	
* 총 회수금(B)	248,000,000	
대출금	218,000,000	낙찰가의 90%
보증금	30,000,000	
* 임대시 실투입금(C)	7,470,000	(A)-(B)
* 월세	2,000,000	
대출금리	5.0%	
대출 연이자	10,900,000	
대출 월이자	908,333	
월 임대료 수익	1,091,667	
연 임대료 수익(D)	13,100,000	
* 월세시 연 수익률	175.4%	(D)÷(C)X100

세금 포함 약 750만 원을 투자해 연 1300만 원의 이익을 내고 있는 물건이다. 수
익률만 약 175%로, 대출금을 최대한 많이 받아 수익을 극대화시켰다. *지렛대 효
과를 톡톡히 본 물건이다. 만일 주거용 물건이었다면 대출액이 많기 때문에 쉽게
임차인을 구하기도, 이렇게 높은 금액의 임대 수익을 얻기도 어려웠을 것이다.
만약 1000만 원, 2000만 원도 수중에 없다면 미래를 위해 딱 1년만 종자돈을
모아 보자. 종자돈을 모을 동안 상가투자 공부에 집중하면 된다. 조급해하지도,
너무 무리하지도 말자. 조금씩 천천히 한 발 한 발 내딛다 보면 분명 더 좋은 기
회를 잡을 수 있다.

용어
톡톡!

* **지렛대 효과** : 경제학에서는 기업이나 개인사업자가 다른 사람으로부터 빌린 차입금
을 이용하여 적은 자기자본으로도 이익률을 높이는 것을 말한다.

04 임장과 공부만이 성공의 지름길이다

물론 안목이라는 것이 하루아침에 만들어 지지는 않는다. 끊임없이 공부하고 임장하고 또 공부해야 한다. 더불어 올바른 배움의 방법이 필요하다.

현재 투자 시장은 주거용 부동산에서 수익형 부동산으로 중심축이 이동하고 있다. 하지만 이익이 클수록 위험성도 대개 커진다.

(1) 상가투자가 어렵다고 하는 이유

첫째, 분양가(매매가)에 대한 위험성이 크다.

주거용 부동산에 비해 상가의 가격이 비싼 것은 당연하다. 왜냐하면 상가는 영업 행위를 통해 매출을 발생시킬 목적으로 만들어진 부동산인 탓이다. 즉 집에서 잠을 자고 밥을 먹는 것만으로 집의 경제적 가치가 상승하지 않는다. 이에 반해, 상가를 통해 행해지는 것들에서는 부가가치가 발생하고 수익이 난다. 당연히 상가는 그것(수익)을 반영해서 시장(분양이나 매매)에 나올 수밖에 없다.

따라서 상가를 잘 고른다는 의미는 높은 부가가치를 창출할 만한 물건을 고른다는 말로 귀결된다. 가격이 비싸다고 해서 무조건 좋은 것은 아니기 때문이다. 가성비가 좋은 물건을 고를 줄 아는 안목과 판단력이 있어야 한다. 사람에 따라 개별능력이 발휘되는 셈이다. 그러기 위해서 책을 보고 강의를 듣고 현장에서 확인하는 과정이 필요하다. 자신이 모르는 부분이 있다면 전문가에게 도움을 받아 실력을 키워야 한다.

둘째, 공실에 대한 위험성이 크다.

상가는 세를 놓게 되면 주거용에 비해서는 높은 수익을 올릴 수 있다. 하지만 반대로 공실일 때는 높은 관리비와 세금 등을 고스란히 소유주가 부담해야 한다. 발생하게 될지도 모르는 공실의 위험 때문에 상가투자를 망설이거나 지레 포기하는 경우가 생기게 된다. 하지만 좋은 물건을 고를 안목과 판단력만 있다면 이런 문제가 발생할 가능성은 현저히 낮아진다.

물건을 제대로 볼 수 있는 안목을 길러야 한다는데, 어떻게 하면 될까?

(2) 정보와 데이터로 시작해서 꼼꼼한 분석으로 마무리하라

어떤 정보에 관심이 있을 때 가장 먼저 하는 방법은 인터넷을 통한 검색일 것이다. 각종 뉴스와 정보를 살피고 다음으로 관련 사이트와 보고서를 찾는다. 그리고 정부부처나 산하 단체의 정책이나 정보를 검토하고, 국책연구기관이나 민간연구기관에서 발표한 자료를 살펴본다. 또는 국회도서관이나 한국교육학술정보원 등에서 관련

>> 필자는 2009년부터 개인 블로그에 자료를 모아 놓기 시작했다.

논문을 찾아볼 때도 있다. 그리고 이러한 자료 및 정보를 모아 놓는다.

자료와 정보를 무조건 많이 본다고 해서 투자에 매번 성공하는 것은 아니다. 다만 인터넷상에서 얻은 자료나 정보는 다소 주관적인 관점에서 작성되고 노출되기 때문에, 혹여 오판할 수 있는 소지가 충분이 있어 여러 연구기관의 각종 보고서를 통해 자료의 객관성을 확인하는 작업을 거쳐야 한다.

요즘은 상가나 상권과 관련된 소상공인 지원사이트가 워낙 잘 갖추어져 있고 조금만 부지런하면 각종 민간 연구기관의 상권 분석 자료를 손쉽게 구할 수 있다. 즉 누구나 시간과 노력만 기울인다면 많은 정보를 확보하고 이를 통해 투자하여 수익을 낼 수 있다. 충분히 활용하자.

🔍 돈 버는 상가투자 습관 5가지

1. 목표금액을 정하라
현실적인 금액을 목표로 삼고, 그것으로 이루고자 하는 꿈을 그려 본다.

2. 주제별, 지역별로 부동산 뉴스를 스크랩하라
일간지 및 전문잡지에 기고되거나 뉴스로 다루어지는 부동산 관련 소식을 주제별, 지역별로 분류해서 모으자.

3. 꼼꼼하게 현장을 조사하라
지역을 선정해 매주 임장하는 것이 기본이다. 조사하러 가기 전, 해당 지역에 대해 철저히 예습하면 현장에서 더욱 많은 것을 알아챌 수 있다. 특히 임장 전 보고서를 통해 해당 상권을 통찰할 수 있도록 한다.

4. 끊임없이 부동산 공부에 매진하라
다음 카페, 전문 학원, 서적 등을 통해 지속적으로 다양하게 공부하며 상가에 대한 식견을 넓히자.

5. 부동산 커뮤니티를 활용하라
인터넷 모임을 활용하면 정보를 얻거나, 공부하기 수월하다. 특히 '행복재테크 (cafe.naver.com/mkas1)' 카페를 추천한다. 고수들과 투자자들의 값진 경험담을 접할 수 있다.

2장

괜찮은 상가 매물
고르는 알짜 기초 지식

---

01 상가를 만나는 방법 하나, 매물로 접근하기

상가에 관심 있는 사람은 일반적으로 분양이나 일반 매매를 통해 투자한다. 이외에도 경·공매나 신탁공매로 낙찰을 받을 수도 있다. 그중 어떤 투자 방법을 선택해도 무관하다. 하지만 이 모든 투자를 통틀어 **가장 중요한 성공 원칙 중 하나는 주변 시세보다 저렴하게 상가를 내 것으로 만들어야 한다는 것이다.** 취득가가 저렴할수록 임대수익이 높아지고 그에 비례하여 매매수익도 높아진다.

하지만 시세보다 저렴하면 대개 상권이나 입지가 좋지 않고, 상권이나 입지가 좋으면 값이 시세보다 싸지 않다. 딜레마다.

시세보다 저렴하게 투자하려면 남들이 접근하기 어려운 물건, 정보가 잘 드러나지 않는 물건을 골라야 하고, 그러자면 가치를 판단할 수 있어야 한다. 그렇다고 시작부터 너무 겁먹지는 말자. 책을 통해서 차근차근 하다보면 충분히 가능한 일이다.

(1) 분양상가의 옥석 가려내기

가장 쉽게 접근할 수 있는 투자처가 분양상가이다. 일간지의 광고, 대형 현수막, 집으로 날아오는 각종 홍보물의 문구가 눈길을 끈다.

연 15% 수익률 보장!!
투자금 5000만 원으로 월수입 100만 원!!
2년 선임대 맞춤상가분양!!

광고문을 보니 수익률도 높고 투자금도 적게 들어가고 게다가 공실에 대한 불안 해소까지, 우리가 원하는 문구는 다 들어있다. 홍보 문구대로만 맞춰준다면 무조건 분양상가를 선택할 것이다. 하지만 현실은 문구 같지 않다.

몇몇 분양사무실은 제3자를 내세워 투자금 대비 연 15% 수익에 맞춰 임대 계약을 체결한 약정서를 만들어 두었다가 투자자에게 보여 준다. 투자자가 그것을 믿고 상가를 계약하게 만든 뒤 추후에 임대 계약을 해지하는 수법은 이제 고전이 되었을 정도로 투자자들을 끌어들이기 위한 각종 편법이 난무하고 있는 분양시장이다. 분양이라는 방식만 놓고 보면 가장 접근하기 쉽지만 그만큼 조심 또 조심, 확인 또 확인 하는 작업을 거쳐야 한다.

분양사무실을 방문하기 전에 가급적이면 기본적인 지역 정보는 조사하고 가도록 하자. 어느 정도 준비를 하고 가야 질문도 할 수 있고 브리핑 받은 내용을 이해할 수도 있다. 간혹 모르고 갔다고 해도 그곳에서 들었던 정보들을 꼭 확인하는 작업을 거쳐야 한다. 이 작업을 통해 분양사무실 직원의 말이 어디까지가 사실이고 어디까지가 허구인지를 검증한다. 검증 과정을 통해 내가 필요한 정보만을 선택적으로 취하면 되는 것이다.

불법 사무실을 분양합니다

용인 지역을 임장하다 우연히 오피스룸을 분양하는 분양사무실을 보게 되었다. 상가는 아니었지만 갑자기 흥미가 생긴다.

'오피스룸은 도대체 뭘까?

오피스텔도 아니고 오피스(사무실)도 아니고 참 신기하네.'

출처 : 2014년 11월 24일자 MBC 뉴스투데이

얼른 들어가서 상담을 받아보니 업무용 사무실을 원룸처럼 개조해서 내부에 각종 주거용품을 완비해 준단다. 오피스룸이라는 용도는 분양사무실에서 고안한 것이라는데, 이제는 건축물대장에 없는 용도까지 이들이 새로 만드는 경지에 다다랐다. 대단한 사람들이다.

수익률이 낮은 사무실 용도로 분양하면 안 팔릴 것이 뻔하니까 불법 용도의 물건을 합법인양 버젓이 분양하고 있다. 참으로 어이없는 일이다.

사무실 용도의 건물을 주거용으로 사용하고 있다는 것이 적발되면 수천만 원의 *이행강제금을 물 수도 있는데 불법적인 부분은 간과하고 오로지 분양 완판에만 열을 올리고 있는 모습에 시장의 함정을 새삼 되새기게 됐다.

분양상가의 자료는 이렇게 부정적인 측면도 있지만 입지와 주변 상권에 대한 현황 및 미래 전망부터 수익률 등 상가와 관련된 몇몇 핵심 정보에 대해 잘 정리해 주기에 많은 도움이 되기도 한다. 때문에 바로 분양을 받아 수익을 내려는 목적으로 분양사무실을 방문하지 말고 정보를 습득할 목적으로 방문해야 한다.

브리핑된 분양 물건에 관심이 있다 해도 당장 그 자리에서 계약을 체결하지 말고 세 번을 더 생각해 보도록 하자. 우선 집에 가서, 들은 이야기들을 확인하고 주변 상권과 시세를 파악해 본 뒤에 상가를 잘 아는 전문가들에게 상담을 받아보고 나

≫ 분양사무실도 모델하우스(좌)부터 컨테이너를 활용한 것(우) 등 다양하다.

* **이행강제금** : 건축물 중 전부나 일부에 무허가나 불법 행위를 한 경우 건물소유자가 자진해서 시정할 때까지 해당 관청에서 계속적으로 부과하는 금전적 제재를 말한다.

서 결정해도 늦지 않다. 평당 몇 천만 원씩 하는 고가의 부동산을 한 사람의 말만 믿고 덜컥 계약한다면 그것은 너무 성급한 결정이다. 자동차 한 대를 살 때에도 꼼꼼하게 확인하는데 하물며 몇 억 원짜리 상가를 구입하는 일이 아닌가.

임대가는 분양가에서 결정된다

분양상가는 크게 아파트 분양상가와 일반 분양상가가 있다. 아파트 분양상가는 다시 공영아파트 상가와 민영아파트 상가로 나누어지는데, 이것은 단지 내 상가에서 자세하게 기술하겠다.

분양상가에서 우리가 가장 주의해야 할 부분은 분양사무실 쪽에서 제시하는 임대료이다. **상가를 신축하면 임대료는 상가의 매매가에 맞추어서 산정된다.** 매매가의 약 10~20% 선에서 보증금을 책정한 후 매매가에서 보증금을 제한 금액에서 연 6~8% 정도의 이율로 월세를 책정하기 때문이다. 분양가가 높으면 임대료도 높아질 수밖에 없는데 이러한 수익률과 임대가가 현실적인지에 대해서는 누구도 확언하지 않는다.

주위 시세를 무시하고 고분양가에 맞추어진 높은 임대 가격을 제시하다 보면 임차인이 잘 나타나지 않는다. 그렇게 계속 공실로 남아 있다가 결국 경매로 나오는 상가를 숱하게 보아 왔다.

그나마 구도심 지역이야 투자자가 주위 시세를 조사할 수도 있지만 신도시나 택지지구에서 분양하는 상가는 비교할 만한 지역이 없다 보니 더욱 막막하다. 이제 막 조성되는 상권 내 분양사무실에서 제시하는 상가의 임대료는 주관적이라 재계약할 때에도 그 월세가 보장될지는 아무도 모르는 일이다. 가령 선임대 되었다고 홍보하는 분양사무실도 있지만 1년이나 2년 등 제한적인 기간만을 보장하고 이후에는 상권에 따라서 임대료가 조정되는 경우가 많다.

🔍 분양상가에서 수익률 높은 매물 고르는 요령 10가지

① 주변 여러 곳의 분양사무실을 방문하자. 평당 분양가를 높게 책정하는 곳도 더러 있으니 분양가가 적절한지 직접 확인해야 한다.

② 비슷한 입지임에도 분양가가 다르면 그 원인을 파악하자.

③ 보장된 수익률을 맹신하지 말자. 제시한 숫자는 허수일 뿐이다. 시세보다 높게 책정된 경우가 허다하다. 주변 시세나 상권에서 파악되는 것이 진짜 임대료이다.

④ 분양사무실 상담사들의 짜고 치는 작전에 주의하자. 분양률, 임대 비율, 분양 상가의 위치, 상가 분양가와 할인율을 따져 보자.

⑤ 선임대가 맞춰진, 고수익이 보장되는 상가는 나한테까지 매수 차례가 올 수 없다. 선임대계약서나 입점의향서는 얼마든지 만들 수 있다. 또 이후에도 계약 파기는 언제든지 가능하다는 것을 염두에 두자.

⑥ 1층 상가라고 무조건 좋은 것은 아니다. 1층 상가는 실패할 수 없다는 말에 현혹되지 말자.

⑦ 전문쇼핑몰, 테마몰은 잘 되기 어렵다. 동대문쇼핑몰 등 분양에 성공한 초기 일부 사례를 일반화해서 현재에도 옛 관점으로 투자하는 것은 위험하다.

⑧ 업종 지정이 된 독점 상가가 전부 좋은 것은 아니다. 건물에 약국은 그 자리밖에 입점할 수 없다면 경쟁력이 될 수도 있지만, 입지나 상권이 좋지 못한 건물 내에서의 업종 지정은 무의미하다.

⑨ 과장된 설명에 속지 말자. 분양사무소의 컨설턴트는 프리랜서이다. 분양을 해야 적은 기본급에 높은 인센티브의 고수익을 올릴 수 있다. 그리고 분양 후에 그는 어느 새 감쪽같이 사라질 것이다.

⑩ 인근에서 분양 후 1~2년이 경과한 상가의 임대 가격, 매매 가격을 조사하자. 그 값을 분양 물건과 비교하면 이 건물의 앞날을 예측하는 데 참고가 된다.

★ 상가 분양가와 임대료는 왜 높을까? ★

상가는 대부분 상업 용지에 건축되기 때문에 상가는 주거 용지에 비해서 토지 매입 비용이 많이 든다. 이런 차이는 결국 분양 가격에 반영된다.

아래 표에서 살펴보듯이 1분 거리에 있음에도 불구하고 상업 용지이냐 주거 용지이냐에 따라 금액이 2배 이상 차이난다.

2016년 토지 표준지공시지가

주소	지목	용도	1㎡ 당 금액	주위환경
역삼동646-4	대지	상업용지	15,200,000원	후면상가지대
역삼동645-15	대지	일반주거용지	7,150,000원	후면상가지대

출처 : 부동산공시가격 알리미(www.kais.kr)

또한 20평형의 상가를 매수해도 실제로 점포에서 독립적으로 사용하는 공간인 전용면적은 10평 남짓이다. 일반적으로 상가 전용률이 50% 전후로 분양되는 탓이다. 예를 들어 '20평 상가를 평당 4000만 원에 분양한다'는 홍보 문구에서 면적 표기는 분양평수를 의미하므로 전용면적은 평당 8000만 원 정도라고 생각해야 한다. 참고로 *분양면적 대비 전용면적의 비율인 전용률은 아파트의 경우 보통 75~85%로, 24평형(82.07㎡)을 분양받으면 일반적으로 전용 공간은 18평(61.56㎡)이다.

상가는 취득 및 유지 시의 비용 또한 주거용 부동산에 비해 만만치 않다. 대표적인 것이 취득세, 관리비와 재산세 같은 세금이다. 예를 들어 6억 원 이하면서 전용면적 85㎡ 이하인 아파트의 취득세는 1%지만 상가의 취득세는 4%이다. 따라서 임대인은 이문을 남겨 수익률을 맞추기 위해 임차인에게 높은 임대료를 요구할 수밖에 없다.

하지만, 주거용 부동산 여러 채보다 알짜 상가 1건의 수익률이 더 높고, 관리도 수월한 편이라 전문투자자들은 물론 일반인들도 점점 상가투자를 선호하는 추세다.

용어
톡톡!

* **분양면적, 계약면적, 공급면적** : 세 가지 용어가 혼용되고 있는데, 그중 분양면적은 건설사에서 만든 용어이다. 공식적인 용어는 '공급면적' 이다.
공급면적 = 공용면적 + 전용면적
계약면적 = 공용면적 + 전용면적 + 기타 공용면적(주차장 면적 등)

각각에 속하는 면적에 해당하는 부분은 다음과 같다.
공용면적 : 복도, 계단, 화장실, 엘리베이터
전용면적 : 실제 사용 가능한 상가 면적
주차장 면적 : 지상과 지하의 주차 면적

(2) 매매상가, 안정적인 수익률에 집중한다

매매로 상가를 접근할 때에는 임대를 얼마에 놓을 수 있는지, 임대는 잘 들어오는 상가인지 또 주변에 혐오시설이나 상권 단절 요인은 없는지 등을 기본적으로 살피고, 근처 상가에 비해 관리비가 높지 않은지 알아보아야 한다. 임차인은 임대료뿐만 아니라 관리비도 월세의 범위에 포함해서 생각하기 때문에 인근에 비해 관리비가 많이 나오는 상가는 기피한다. 이외에도 넉넉한 주차장 시설도 임차인의 요구사항이 되고 있다.

상가는 철저하게 수익률로 매매가가 정해진다. 거래가 이루어지는 수익률은 지역에 따라, 투자자 성향에 따라 달라질 수 있으나 일반적으로 평균은 1층 5%, 2층 6~7%, 3층 이상 고층은 8% 이상을 기준으로 본다.

단 구도심의 활성화된 상권, 즉 홍대역, 강남역, 건대 앞 등의 상가의 경우에는 이보다 훨씬 낮은 4%의 수익률에 만족하는 투자자도 많다. 왜냐하면 현재 저금리가 지속되는 시점이고, 무엇보다도 큰 위험 없이 꾸준하게 수익을 낼 수 있는 안정적인 곳으로 여겨지는 상권이기 때문이다.

그만큼 상가 수요도 많다. 상가를 찾는 사람이 많으니 매매가는 높아지고 매매가가 오르면 임대료가 인상될 수밖에 없다. **상가는 수요와 공급의 원리에 의해서 가격이 형성된다.** 저금리가 지속되는 요즘은 더 낮은 수익률을 고수하는 투자자도 점차 증가하는 추세다.

급매에는 이유가 있다

환승하기 위해 어느 정류장에서 내렸는데 보도블록에 상가 급매 홍보 스티커가 붙어 있었다. 벽이라든지 전봇대에 허술하게 붙어 있는 홍보물은 종종 눈에 띄곤 했는데 보도블록에까지 붙어 있는 것은 처음 본다. 보는 순간 여러 가지 생각이 든다.

'이 상가 주인이 지금 많이 힘든 가보구나.', '상가를 매도하기 위해 별별 일을 다 하다 마지막까지 왔구나.', '무언가 문제 있는 물건이구나.'식으로.

만약 이것을 보고 정말 높은 수익률일 것 같다거나 관심 있다

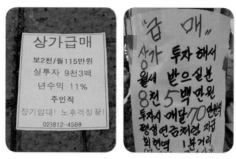

» 급매 물건은 그만큼 위험할 수도 있다.

는 긍정적인 생각이 들었다면 앞으로 상가 투자할 때 다른 사람보다 더 주의를 기울여야 한다. 생각해 보자. 문구처럼 저렇게 큰 수익을 내는 안정적인 물건이라면 저 보도블록에 홍보물이 깔려 있기 전에 이미 다른 주인을 맞이했을 것이다.

이처럼 고수익률을 올리는 급매물을 자처하며 투자자를 유혹하는 물건을 종종 만나게 된다. 상가는 기본적으로 분양가가 높고 보유 시에도 세금과 관리비 또한 적지 않기에 장기간 공실일 때에 소유주는 부담이 된다. 이럴 때 보유한 상가를 급매로라도 처분해 달라며 중개사무소를 통해 부탁한다. 또한 가까운 미래에 내 상가 주변으로 대형 점포가 들어선다거나 바로 옆 동네에 새롭게 지하철역이 개통되는 등 상권의 변화 요인이 있을 때에도 상가 주인은 하루 빨리 점포를 팔고 싶어 한다.

상권은 변할 수 있다

몇 년 전 경매 투자 모임에서 만난 지인이 건대입구역 건대로데오거리에 위치한 상가를 급매로 매수해야 할지 말지 고민하던 일이 있었다. 일단 주변 시세보다 20%나 저렴하게 나왔고, 무엇보다 메이커 의류 업종의 우량 임차인이 있는 확실한 물건이었다.

>> 로데오거리가 있는 역 주변에 백화점이 생겼다.

당시 롯데백화점이 막 개점했던 시기였다. 백화점으로 인해 상권의 판도가 바
뀔 것은 자명한 일이었다. 의류 업종 중심의 로데오거리는 대형몰과 업종이 겹
쳐 고객 쟁탈전에서 패배할 것이고, 이로 인해 당장은 로데오거리가 침체되고
임대료 인하가 될 것 같았다.

반면 건너편 먹자골목은 백화점 덕에 유동인구가 더 많아질 수 있으니 상권이
지금보다 활성화될 것으로 보였다. 그러면 이곳은 필연적으로 임대가가 인상될
수밖에 없다. 인상된 임대료를 견디지 못하는 임차인은 어떻게 할까? 이들이 중
심 먹자골목에서 물러나게 되면 자연스럽게 근처에서 저렴한 임대료의 점포를
찾을 것이고, 로데오거리로 밀려들어올 것이다. 따라서 로데오거리가 먹자골목
으로 바뀔 가능성이 충분히 있어 보였다. 다만 잠시 침체했다가 활성화될 때까
지의 시간을 견디기 위해서는 매수가를 최대한 낮춰야 한다는 판단이 섰다.

당장의 수익률에 주목하여 로데오거리의 점포를 높은 값에 매입한다면 향후 제
대로 된 임대료를 받지 못하는 상황이 생길 수 있었다. 그렇다면 급매로 사들인

다고 좋아한 상가는 사실 미래 가치가 반영된 정상적인 시장 가격에 구입하는
셈이거나 오히려 그보다 높은 가격을 주고 매입하는 꼴이 될 수도 있었다.

지인은 원래 투자하려던 매물을 매수하지 않았고, 건너건너 들으니 해당 점포
는 얼마 후 다른 주인을 맞았다고 한다. 이후 예상대로 상황이 진행되어 갔다.

그러다가 뜻하지 않는 호재가 로데오거리를 강타했다. 2015년 4월 문을 연 커먼
그라운드였다. 일반적으로 컨테이너는 건축 자재로 선호되지 않는데 커먼그라
운드는 특수 컨테이너를 독특한 방식으로 쌓아올린 팝업 스타일의 쇼핑몰로 패
션, F&B, 라이프스타일 숍과 같은 쇼핑 공간과 공연, 전시가 가능한 문화 공간
으로 구성되었다.

입점한 패션 브랜드는 유명 백화점과 같은 대형 유통망과 겹치는 상품들이 아
닌 스트리트 브랜드이며, 음식점도 맛집으로 소문난 소규모의 유명 가게들로
채워졌다.

》 독특하고 개방성이 극대화된 방식의 커먼그라운드 덕분에 주변 상권도 유동인구가 증가하게 되었다.

커먼그라운드 자리는 과거에 택시 차고지로, 건대로데오거리의 확장이나 유동
층 유입에 부정적인 역할을 하던 곳이었다. 컨테이너 쇼핑몰이 들어선다고 했
을 때 처음에는 주위에서 반신반의했다고 한다.

그런데 홍대에 비해 문화적 상권으로서의 위치가 약했던 건대 상권에, 이곳만의 독특한 문화적 특색이 점차 자리잡게 되면서 주위 상권이 확장되는 등 긍정적인 모습을 보이고 있다. 개장 100일 동안 일 평균 1만 명 이상, 총 약 100만 명이 넘는 고객이 커먼그라운드에 방문한 것으로 추산하고 있다. 특히 20~30대 고객층이 주를 이룬다. 로데오거리가 침체기에서 서서히 먹자골목으로 변화하는 시점에서 변화의 순간을 맞이하고 있다. 기존 로데오거리의 명맥을 유지하거나 먹자골목으로 빠르게 변모하는 것이다. 어느 쪽이든 점차 줄어들던 유동층이 양꼬치 골목과 커먼그라운드의 효과로 상승하면서 다시 활기찬 모습으로 빠르게 바뀌고 있다.

이처럼 대형시설의 진출은 상권을 부정적으로, 또는 긍정적으로 전혀 새롭게 변화시키는 요인이 될 수 있으므로 주변 개발계획에 관심을 가져야 한다.

현재의 수익률은 영원하지 않다. 어떤 정책, 어떤 환경에 의해 흥할 수도 있고 쇠락할 수도 있다. 건대역 로데오거리 상권의 경우에도 백화점 입점 때에는 투자 시점으로 적절하지 않았지만 커먼그라운드와 같은 환경이 조성되기 전에 기회가 있었을 것이다. 당장의 수익률에만 집중하다 보면 향후 제대로 된 임대료를 받을 수 없는 경우에 직면할 수도 있다. **상가를 매수할 때에는 미래 가치까지 염두에 두어야 한다.**

상가 일반 매매 시 확인 사항 3가지

① 구체적인 자금계획을 세워라

대출 없이 오직 현금으로만 상가를 구매하는 경우는 많지 않다. 대출을 활용하면 실제 투자금이 적어지므로 그만큼 수익률이 높아지기도 하고, 대출이율에 비해 임대료로 받을 수 있는 수익이 대개 훨씬 많기 때문이다.

그런데 상가는 주거용 부동산에 비해 대출이 많이 나오지 않는다. **매매가의 40~60% 정도에서 대출 금액이 결정되며 통상 감정가의 50% 대출이 가능하다.** 취득세 등 4.6% 세금에 이전비, 중개수수료까지 더한다면 준비해야 할 자금은 늘어난다. 따라서 초기 자금 계획을 세울 때에 전체 거래금액에서 얼마 정도의 금액을 준비해야 되는지를 사전에 알아두어야 한다. 대출이 많이 될 것이라 염두에 두고 자금 계획을 세웠다가는 자칫 큰 낭패를 볼 수도 있다.

> **5억 원 상가 매수 시**
> 대출 : 평균 50%, 2억 5000만 원
> 등기비용 : 평균 5.5%, 약 2750만 원(취득세 포함)
> 중개수수료 : 0.9%, 450만 원
> 총 필요자금 : 2억 8200만원

또한 상가의 경우 소유권을 이전하면서 임대 사업자로 등록해야 하기 때문에 건강보험 납부액 등이 증가할 수 있고, 임대업 특성상 특별히 비용 처리할 부분이 없어 종합소득세 신고 시 세금 폭탄을 받을 수도 있다. 따라서 상가는 절세에 대한 부분까지 충분히 검토 후 매수하도록 한다.

② 임차인 문제가 없는지 살펴봐라

매입하고자 하는 상가의 임차인이 월세를 제때 내지 못하거나 관리비를 연체하고 있는지 등을 사전에 확인해야 한다. 아울러 관리비가 적정한 금액인지도 알아보아야 한다. **높은 관리비는 임차인들이 입주하기 꺼리는 요인 중**

하나이다.

건물의 노후도 및 관리 규모에 따라 다르지만 관리비는 평(3.3㎡) 당 평균 5000원에서 1만 원 정도인데, 이벤트 등 각종 행사가 많은 건물은 그만큼 관리비가 많이 든다.

③ 상권의 변화를 파악하라

상가를 매수하기 전 **주변 상권이 어떻게 변화할 것인지에 대한 기본적인 조사는 필수임을 명심하자.**

산본역 바로 앞에 멀티체인 극장이 입점해 있는 주상복합상가가 있다. 주변 동선이 좋지 못해 다수의 공실이 있는 상태로 그나마 멀티체인 극장이 상가 활성화에 도움이 되고 있는데, 그곳에서 불과 200m 떨어진 곳에 대형 상가건물이 신축되고 있다.

이 건물에 또 다른 멀티체인 극장이 입점한다거나 현재 건물에 있는 극장이 옮겨간다는 소문이 주변 중개사무소 사이에서 공공연하게 떠돈다. 지금 주상복합에서 운영 중인 극장이 롯데시네마인데, 주변에 신축하는 건물이 패션몰로 개장하는 롯데피트인이어서 극장이 이전한다는 것이다.

현재 극장에 입점해 있는 상가의 임차인들이나 임대인들에게 소문이 사실처럼 받아들여져 모두 촉각을 곤두세우며 진위 여부를 확인하고 있고, 새 건물 완공 전에 재계약 시기가 도래하는 점포는 월세를 낮추고 있는 상황이다. 향후 경쟁 상가 건물이 완성되면 대폭적인 임대료 조정이 있을 것으로 예상된다.

이럴 때 상가 주인은 하루라도 빨리 점포를 팔려고 할 것이다. 혹여 공실이 되면 어쩌나, 임차인이 턱없이 낮은 가격으로 임대료를 조정해 달라고 하면 어쩌나 하는 고민에 한 푼이라도 높은 가격을 받을 수 있을 때 상가를 매도하려고 할 것이다.

상대적으로 이런 점포를 매수한다면 폭탄을 안는 것과 같다. 기존 상가건물에서 롯데시네마가 이전을 하지 않는다면 다행이지만 만약 이전을 한다면 큰일인 셈이다.

02 상가를 만나는 방법 둘, 저렴한 매력 경·공매

적은 투자금 대비 큰 수익을 올릴 수 있는 가장 대표적인 투자처는 경·공매 시장이다. 요사이 경매인구가 폭발적으로 증가하여 이전에 비해 경쟁이 심해지면서 낙찰가도 상당히 높아지고 그만큼 수익률도 낮아지고 있기는 하다. 그럼에도 불구하고 저렴하게 매수할 수 있는 시장은 아직까지는 경·공매 시장이다.

(1) 경·공매, 고수익에 잠재된 위험 요인을 제거하라

경매나 공매로 낙찰 받을 때의 수익률은 일반 매매보다는 다소 높은 1층은 10% 이상, 2층 이상일 경우에는 15% 이상으로 잡아야 한다. A급 상권보다는 B급이나 C급, 또는 아직 성숙되지 못한 상권의 상가가 경·공매로 나오는 경우가 많기도 하고 낙찰 후 공실 및 임대 등의 위험요인 관리 측면에서 매매 상가보다는 한층 깊이 있는 통찰력과 판단이 필요하기 때문이다. 따라서 수익률을 높게 설정해 두고 낙찰 받아야 안정적으로 유지할 수 있다.

경매는 일반적으로 법원경매를 말하고, 공매는 한국자산관리공사(캠코; KAMCO)에서 진행하는 매각 절차를 말한다.

법원경매

법원경매는 부동산에 저당권, 전세권, 가압류 등을 가진 권리자가 채권을 회수하기 위하여 이것이 설정된 부동산을 법원에 경매 신청하면 법원은 절차에 따라 매각한 다음 그 대금을 채권자(권리자)들에게 배분하는 집행 절차이다.

경매로 나오는 부동산을 무료로 간편하게 검색할 수 있는 곳은 '대법원경매정보 사이트(www.courtauction.go.kr)'이다.

≫ '대법원경매정보사이트'는 누구나 접속할 수 있다.

반면 경매 입찰일로부터 7일 이내 사건에 한하여 구체적인 검색이 가능하다는 것이 단점이다. 또 물건의 현황사진도 부족하고 등기부등본이나 건축물대장 등 관련 공적자료 등도 일일이 따로 발급해 보아야 하므로 유료 경매사이트에 비해 불편하다.

그래서 경매를 하는 사람들 대부분이 이용하는 곳은 유료로 운영되는 사설 경매 정보 사이트이다. 현재 가장 많이 이용되는 업체는 '지지옥션(www.ggi.co.kr)'과 '굿옥션(www.goodauction.co.kr)'이다. 두 경매 사이트는 특징이 다르므로 개인적인 취향에 따라 선택하는 것이 좋다.

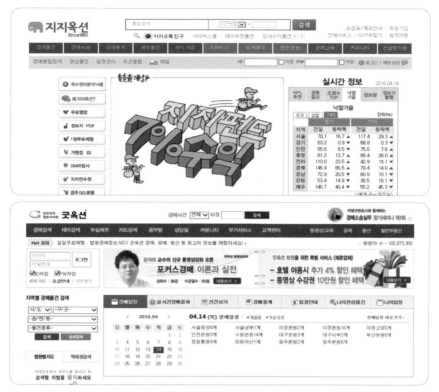

>> 지지옥션(위), 굿옥션(아래) 사이트는 지역별, 날짜별 등 다양하게 검색 조건을 설정할 수 있다.

지지옥션은 가장 오래된 곳으로, 과거에 진행된 경매물건을 검색할 때 주로 유용하게 쓰인다. 또 사건에 대해 일반인이 본인의 의견이나 정보를 기재할 수 있어 물건을 검색하는 사람들이 판단하는 데 도움이 되기도 한다. 다만 그러다 보니 잘못된 정보가 올려져 있기도 하고 간혹 저렴하게 낙찰 받을 계산으로 의도성 있는 정보를 올리기도 하는 사람들이 있어서 절대적으로 신뢰해서는 안 된다.

굿옥션은 경매사건과 관련된 각종 자료를 풍부하게 제공한다는 장점이 있다. 시간이 많지 않은 직장인들은 물건 조사를 위해 매번 현장을 방문하기가 어렵다. 따라서 법원에서 제공하는 자료 외에 다양한 자료들이 있다면 크게 도움이 될 것 같다는 생각을 하게 되는데, 굿옥션에서 이 부분을 충족해 준다. 이 사이트는 현장감 있는 사진들이나 관련 임장보고서 등을 경매물에 첨부한다.

법원경매는 공매나 신탁공매에는 없는 민사집행법이라는 특별법으로 낙찰자의 지위를 인정받을 뿐만 아니라, 전 소유주나 임차인을 손쉽게 *명도할 수 있는 *인도명령이라는 막강한 제도가 있어서 공매에 비해 투자가 수월한 편이다.

* **명도** : 점유를 풀고 이해관계인에게 이전하는 것을 말한다.
* **인도명령** : 법원경매를 통해 부동산을 낙찰 받은 사람이 대금을 완납하고 소유권을 취득했으나, 채무자나 점유자가 해당 부동산의 인도를 거부할 경우 부동산을 인도받기 위해 집행권을 법원으로부터 받아내는 절차이다.

공매

국세나 지방세를 체납했을 경우 압류재산을 처분하거나 금융기관이나 기업체의 유입 재산 등의 이용기관재산을 처분하는 것으로 한국자산관리공사의 공매와 신탁법에 의한 신탁공매가 있다. 공매의 매각 방법에는 일반 경쟁 입찰방식과 수의 계약방식이 있다.

한국자산관리공사의 공매는 경매와 다르게 *명도소송을 통해서만 전 소유주나 임차인을 내보낼 수 있는 것이 단점이다. 뿐만 아니라 진행과 관련된 제도들이 법원경매에 비해 미흡한 점이 더러 있어 경매를 하는 사람 중에는 공매를 꺼리기도 한다. 그러다 보니 이 점이 긍정적으로 작용하기도 해서, 경매에 비해 응찰자 수도 많지 않고 감정가 대비 낙찰가도 낮은 편이다. 게다가 '온비드(www.onbid.co.kr)'라는 사이트를 통해 인터넷으로 입찰할 수 있어, 응찰할 때 법원에 직접 가야하는 경매에 비해 시간적, 공간적 제약이 없다.

* **명도소송** : 인도명령 대상이 아닌 경우나 인도명령 대상기간 6개월을 넘긴 경우 점유자가 스스로 부동산을 인도해 주지 않으면 소송을 제기한 후 승소를 통해 강제집행을 하는 것을 명도소송이라고 한다.

(2) 신탁공매, 생소함이 오히려 기회다

신탁공매는 통합된 시스템도 없고 법적인 안전장치도 마련되어 있지 않다. 따라서 일일이 사이트를 찾아다니며 물건에 대해 조사해야 하고 임차인이라든지 권리문제에 대한 부분도 직접 풀어가야 한다. 과정이 복잡하지만 그만큼 기회가 될 수 있는 부분이 많다. 누구나 쉽게 접근하고 판단하는 시장에서는 결국 수익률 싸움이 될 수밖에 없기 때문이다.

신탁공매는 부동산의 소유자가 신탁회사에 일시적으로 소유권을 이전한 뒤 부동산을 개발 및 관리하는 중, 자금 등에 문제가 생겨 어려워질 때 신탁회사 명의로 되어 있는 부동산을 공개적으로 매각하는 방식이다.

신탁회사 내에서 진행되므로 부동산등기부에도 매각이 공시되지 않아 물건의 이해관계인들은 이것이 진행되는지 알지도 못하고 있는 경우가 태반이다.

신탁공매는 부동산등기부에 기재되어 있는 기타 압류 등의 권리를 낙찰자가 받아들여야 한다는 인수주의를 택하고 있다. 그러나 인수주의라고는 하지만 명의신탁으로 인해 신탁회사에 부동산의 소유권이 이전되어 있기 때문에 채무자의 압류나 근저당이 추가로 등기될 수 없다. 다만 *유치권 및 임차인 등 등기상에 드러나지 않는 권리가 있다면 낙찰자가 직접 해결해야 하는 어려움이 있다.

또한 신탁공매 중 일부 물건은 온비드에 공매공고로 나오는 경우도 있지만 그 수가 미미하므로 신탁회사 홈페이지마다 들어가서 물건을 검색해야 하는 불편함이 있다.

* **유치권** : 타인의 물건을 합법적으로 점유한 자가 그 물건에서 발생하는 공사 채권 등을 가지고 있는 경우에 그 채권을 변제받을 때까지 그 물건을 유치할 수 있는 권리이다.

몇몇 불편함을 감수하면 신탁공매는 경쟁률도 높지 않고, 직접 수의계약으로 진행할 수도 있다. 수의계약은 입찰 또는 경매와 같은 경쟁에 의하지 않고 계약 주체가 적당하다고 판단을 한 상대방과 계약을 맺는 것인데, 신탁공매의 경우 쉽게 말해서 적당한 금액과 조건을 제시하는 자와 신탁회사가 매매처럼 계약을 하는 것이다.

입찰 방식은 개별 회사마다 차이가 있기 때문에 입찰하고자 하는 회사에 직접 문의해서 절차에 대해 미리 숙지할 필요가 있다.

» 여러 신탁회사 물건을 한 곳에 모아놓은 사이트도 있지만 빠진 물건도 종종 보이므로 번거롭더라도 신탁회사 사이트마다 확인하는 편이 좋다.

★ 매수 타이밍은 한 번뿐이다 ★

갈수록 투자 환경이 치열해지고 있다. 이제 일반 투자자들이 따라하기 힘든, 나만의 차별화된 물건 선별법이 필요하게 됐다. 신탁공매는 흔하게 보는 물건이 아니라서 어렵게 느껴질 뿐이지, 상권을 조사하고 수익을 실현하는 부분은 일반 투자 프로세스와 비슷하다.

별다른 언급 없이 주소만 나와 있는 물건을 온비드에서 보게 되었다. 입찰집행기관, 즉 채권자는 하나다올신탁(현재 하나자산신탁)이었다. 입지는 나빠 보이지 않았고 호기심이 생겨서 첨부된 파일을 얼른 열어 보았다.

아, 이건 불친절해도 너무 불친절한 물건이다. 주소만 나와 있으니 알아서 모든 것을 조사해야 한다. 권리상 하자도 재량껏 풀란다. 접근하기가 까다로워 보인다. 특히 일반 투자자들이. 주소 이외에 제대로 된 정보가 없었다.

신탁부동산 공매(입찰) 공고

1. 매각부동산의 목록   (단위 : ㎡)

물건번호	소재지			용도	각 호수별 (단위 : ㎡)		비고
	지번	층	호수		전유면적	대지지분	
1	1. 서울특별시 광진구 구의동		101		51.03	20.75	
2	○○○○ 대 436.4㎡		102		42.12	17.13	
3			103		37.26	15.15	
4	2. 동 소 ○○○○ 대 345.5㎡	1	106	판매시설	38.57	15.70	개별
5	3. 동 소 ○○○○ 대 335.5㎡		107		38.57	15.70	
6	구의동강변리치타워		108		39.59	16.10	
7			109		39.59	16.10	

2. 차수별 최저입찰가 및 입찰일시   (단위 : 천원, 부가가치세 포함)

물건 번호	제9차 2013.08.08.(목)		제10차	제11차 2013.08.29.(목)	제12차	제13차 2013.09.26.(목)	제14차	제15차 2013.10.29.(화)
	09 : 30	15 : 30	10 : 30	14 : 00	10 : 00	14 : 00		14 : 00
1	611,900	552,000	497,400	448,200	404,300	364,700		352,900
2	497,400	448,200	404,300	364,700	329,400	297,300		286,600
3	435,300	392,500	354,000	318,700	287,700	259,900		251,300
4	357,300	322,000	289,900	262,100	236,400	213,900		206,400
5	341,200	308,000	278,000	250,200	225,600	204,200		197,800
6	341,200	308,000	278,000	250,200	225,600	204,200		197,800
7	339,000	305,800	276,900	250,200	225,600	204,200		197,800

3. 입찰에 관한 사항
 1) 장   소 : 당사 회의실
 2) 입찰 및 낙찰자 결정방법
　ㅇ 입찰의 성립 : 일반경쟁입찰로서 1인 이상의 유효한 입찰로서 성립합니다. (단독입찰도 가능)
　ㅇ 개   찰 : 입찰 종료 후 입찰 장소에서 개찰합니다.
　ㅇ 낙찰자 결정 : 최저입찰가격이상 입찰자 중 최고가격 입찰자를 낙찰자로 결정합니다. 단, 최고가격 입찰자 2인 이상이 동일금액일 경우에는 최고가격 입찰자들만을 대상으로 해당 최고가격을 최저입찰가격으로 즉석에서 재입찰하여 낙찰자를 결정합니다.
　ㅇ 수 의 계 약 : 입찰실시 후 유찰될 경우에는 다음 회차 입찰실시 전까지 직전회차 최저 입찰가격 이상으로 수의계약 가능합니다.
　ㅇ 취 소 확 인 : 본 입찰은 당사 사정 발생시 별도의 입찰 취소공고 없이 취소될 수 있으며, 입찰자는 사전에 당사로 입찰 실시 여부를 확인한 후 입찰하시기 바랍니다.
 3) 입찰서류
　ㅇ 주민등록등본(법인은 법인등기부등본)   1부.
　ㅇ 인감 및 인감증명서(법인은 사용인감계 포함)   1부.
　ㅇ 입찰서 (당사 소정양식)   1부.
　ㅇ 입찰참가자준수규칙(당사 소정양식)   1부.
　※ 대리인 입찰참가 신청시 (법인)인감증명서가 첨부된 위임장을 별도 제출하여야 합니다.

분양가가 높을수록 공실이 많다

건물의 사연을 간략하게 정리하면 돈을 빌려준 채권은행이 어떠한 이유로 파산하게
되어, 여러 채권들에 대해 청산하는 절차에서 이 물건이 나온 것이었다.

상 가 명	○○○○타워	물건번호	A-11○○○○
주 소	서울 광진구 ○○동 2○○		지도보기
해당택지개발 지구정보			
상가형태	신축상가	분양현황	분양완료
상가종류	근린상가	세 대 수	- 세 대
공급형태	선착순등기분양	테 마	근린생활시설
분양신고번호	2010-건축과-분양신고-2	분양신고일자	2010-08-31
토지매입	토지매입완료	건축허가	건축허가완료
규 모	지하 3층 / 지상 6층	시 행 사	(주) 현거
총점포수	32	시 공 사	(주)성안건설
대지면적	1,117.40 ㎡	분 양 사	-
건축면적	-	자금관리사	하나다홀신탁
연 면 적	5,107.41 ㎡	주차대수	35 대
입점/준공관계	2011-8-31 준공예정	주차여유	법정주차대수 보다많다
특 징	상가전면및 외관 유리시공		

≫ 얼핏 본 외관(좌) 과 달리 임대가 잘 이루어지지 않은 것 같다

건물 전체는 총 6층으로, 그 중 1층 7개 호실이 신탁공매로 나왔으나 진행되는 회차 이전에 이미 4개 호실이 수의계약으로 매매가 완료되어 있었다. 남아있는 호수는 전면 4차선 도로에 노출되어 있는 3개 호실뿐이다.

신탁공매로 나온 물건 중 102호 전유부 건축물대장을 발급해 봤다. 다음으로 토지대장과 등기부등본도 발급받았다. 3가지에서는 큰 이상이 없어 보였다.

물건을 볼 때에는 이렇게 공부대장 자료들을 가지고 기본적인 정보를 파악하고 정리해야 한다. 그리고 각종 대장상에 나와 있는 정보를 분석해서 무엇을 어떻게 풀어가야 할지를 결정하면 된다.

다음으로 인터넷을 뒤지니 이전에 분양광고 했던 홍보물을 찾을 수 있었다. 이 물건이 왜 신탁공매로 넘어 갔는지를 생각해 보니 짐작컨대 기본 분양가가 너무 높게 책정되었던 것이 원인인 듯 보였다.

[단위 : 원]

층 별	평당 분양가	전용 15평 분양가	주변 임대 시세
지상 1층	3900~4400만	약 100,000만	정면 5000/250만 측면 5000/200만
지상 2층	2050~2100만	약 60,000만	-
지상 3층	1650~1700만	약 46,000만	-

A급 지역도 아닌 데다 경기도 안 좋은 때에 이 정도 가격에 분양하다니……. 주변 임대 시세를 감안하여 기대수익률을 5%로 잡는다면 적정한 이 상가의 분양금은 6억 원에서 6억 5000만 원이 적당하다(적정 매수금액 산정식은 7장에서 설명하겠다). 도대체 누가 10억 원을 투자하고 분양을 받겠는가! 이러니 미분양이 날 수밖에 없었을 것이다.

분양가가 높으니 수익률을 맞추기 위해 임대가도 많이 요구했을 것이고, 결국 분양과 임대가 안 되어 공실로 이어진 듯하다. 그 후 이자를 미납하고 채권은행이 경매 절차를 밟는 중에 주 채권 은행인 토마토저축은행이 경영부실로 부도가 났던 것이다.

분양가가 너무 높아 매매나 임대가 안 되는 상황이었지 물건 자체는 별다른 하자는 없어 보였다. 낮은 값에만 낙찰 받는다면 적당하게 임대료 받는 데에는 무리가 없는 물건이다. 다만 1층 각 호실에 붙어 있는 유치권이 해결해야 할 과제로 보였다. 유치권, 특히 신축 근린생활형 상가의 유치권은 *시행사나 *시공사 등 관계자들이 깊숙이 관여된 부분이 많기에 이들의 상관관계를 잘 풀어나가야 한다.

처음 공매공고에는 24개의 점포가 나왔는데, 하나둘씩 수의계약이 이루어졌다. 물건의 대부분이 신탁공매의 낙찰이 아닌 수의계약으로 처리되었다는 것은 사람들이 공매 입찰로는 유치권과 같은 문제를 해결할 수 없다고 판단했거나, 이 상가들이 많은 이들의 관심을 끈 물건이라는 의미일 수 있었다.

실제 주변 탐문 결과 분양가보다 훨씬 저렴한 금액으로 수의계약된 것이 확인됐다.

수의계약이냐, 낙찰이냐

수의계약으로 접근할 수도 있었지만 유치권을 해결할 수 있다는 확신이 있었으므로 낙찰을 받기로 결정했다. 건물의 외형이 주변의 것들에 비해 도시적이고 현대적인 느낌이 있었지만 유동인구가 그리 많지 않은 점 등 여러 가지를 종합적으로 판단했을 때, A급 위치도 아니고 분위기는 중간 정도의 물건이 아닌가 싶었다.

그래서 1층을 15차에 3억 원 초반 금액으로 낙찰 받을 계획을 세웠고 14차에 미리 입찰장에도 가 보았다. 하지만 아뿔싸! 15차 직전에 모두 수의계약이 이루어져 신탁공매의 진행이 종결되고 말았다. 더 저렴하게 매수할 욕심 때문에 좋은 기회를 아깝게 날리고만 것이다.

비록 A급 지역은 아니지만 서울 중심에 있는 새 건물의 1층 상가를 3억 원대에 낙찰 받고 임대를 맞춘다면 충분히 수익률이 높게 나올 수 있는 물건이라 두고두고 아쉬움이 남는다.

* **시행사** : 상가의 부지 매입부터 각종 인허가와 각종 대출, 공사의 전 과정 뿐만 아니라 상가의 분양과 입주의 세부적인 부분까지 관리하는 회사

* **시공사** : 시행사로부터 발주를 받아서 상가의 공사를 담당하는 건설회사

03 나에게 맞는 상가를 찾자

내 수준에 맞는 투자 방법을 선택했다면 이번에는 어떤 상가를 선택해야 할지에 대해 고민해야 한다.

우리가 일반적으로 투자하는 대상은 근린상가와 단지 내 상가이다. 각각 개별 특성이 있지만 기본적으로 근린상가 테두리에서 크게 벗어나지 않기에 근린상가를 중심으로 단지 내 상가, 아파트형 공장, 지원시설 상가, 상가주택에 대해 집중적으로 살펴보자.

(1) 단지 내 상가, 소형 평수의 대단지가 유리하다

단지 내 상가는 아파트 같은 공동주택 단지 내에 건축된 것으로, 단지 입주민들의 생활편익 제공을 위해 생활시설과 구매시설, 교육시설 위주로 입점한다.

공동주택의 입주자라는 고정고객이 어느 정도 확보되어 있어 수익이 안정적이며 위치 면에서 독점적 성격을 띤 생활밀착형 업종 중심이기 때문에 경기에 큰 영향을 받지 않아 공실의 위험이 상대적으로 적다는 것이 가장 큰 장점이다. 수익률이 높지는 않지만 안정적인 투자가 가능한 탓에 초보 투자자가 가장 많이 선택하는 부동산이기도 하다.

그리고 분양가가 저렴한 것도 특징이다. 서울이나 수도권 대도시 및 신도시의 상가 분양가는 1층을 기준으로 평 당 2000~4000만 원부터 시작한다. 하지만 단지 내 상가 같은 경우에는 평 당 1500~ 2000만 원 정도이다.

한편, 유념해야 할 점도 있다. 일반 근린상가는 건축 시 건축법의 적용을 받지만 **단지 내 상가는 아파트 입주민들의 생활편익을 위한 부대시설 및 복리시설에 속하기 때문에 주택법의 적용을 받는다.** 이 법의 적용을 받는다는 것은 건축법의 적용을 받는 기타 상가에 비해 법적인 제재가 더 엄격하다는 뜻이다. 가령 근린상가의 구조를 불법으로 용도변경 했다면 행정관청에서 부과하는 일정 정도의 이행강제금을 내고 원래 상태로 복구하든지 아니면 합법적인 절차를 거쳐 용도를 변경할 수도 있다. 그렇지만 단지 내 상가는 그보다 더 제약사항이 많으므로 주의해야 한다.

배후세대에 따라 임대료도 차이 난다

단지 내 상가는 임대아파트냐 분양아파트냐에 따라 매출의 편차가 크다. 또한 분양아파트일지라도 공공분양이냐 민영분양이냐에 따라서도 차이가 있다.

분양 방식에 따른 차이

공공	공공임대	임대 평형에 따라 매출의 편차가 큰 편이나 소득수준이 낮아 업종 구성과 매출의 한계가 뚜렷하다.
	공공분양	소득 수준이 낮지만 분양 상가의 수가 적고 업종의 독점권이 보장되기 때문에 상가 수익이 안정적으로 유지되는 편이다.
민영	일반임대	매출이 공공임대에 비해 안정적인 편이나 시공사에서 상가를 직접 운영하는 경우가 많이 있고 분양상가는 상가의 비율이나 업종의 독점 여부를 판단해야 한다.
	일반분양	가구 수 대비 상가 분양 수를 살펴보아야 하며 공급 과잉인 경우에는 매출에 오히려 부정적일 수 있다. 또 입지가 좋지 못한 상가는 신중하게 접근해야 한다.

배후세대의 소득이 낮고 연령대가 높은 단지 내 상가 업종은 가격대가 저렴한 것을 취급하는 점포로 구성될 수밖에 없다. 이런 업종은 태생적으로 매출의 한계가 있으므로 임대료 상승에도 한계가 있다. 연령대와 소득수준에 따라 상가의 업종 구성이 달라지고 그에 따라 매출액이 차이나며 결국에는 임대료에도 영향을 끼친다.

대체로 25평에서 30평형대의 중소 평형(국민주택 규모) 위주로 구성된 단지 내 상가가 유리하다. 대형 평형 위주의 아파트에 거주하는 사람들은 단지 내 상가를 이용하는 비율보다 근린상권이나 대형판매시설 등 주변의 외부상권 상가를 이용하는 비율이 높기 때문이다.

또한 월세 비율이 높은 단지보다는 전세나 자가 위주인 곳의 소비력이 훨씬 높으므로 그만큼 단지 내 상가의 매출도 높아진다. 소득에서 주거를 위해 지출되는 비용이 적으니, 필수적인 항목 말고도 지불할 의사가 상대적으로 더 있는 것이다.

단지 내 상가도 좋은 입지가 따로 있다

단지 내 상가에서 기본 매출이나 상권이 보장되는 기준은 보통 500세대이다. 그래서 이것에 투자할 때에는 단지 규모가 최소 500~1000세대 정도는 되어야 안정적이다.

하지만 세대가 많다고 무조건 좋은 것은 아니다. 상가가 접근은 편리한지, 배후세대의 이동 동선 위에 있는지도 검토해야 한다.

상가 위치에 따라 입주민들의 이용 빈도가 결정된다. 입지가 좋은 단지 내 상가는 입주민들이 이용하기 편하고 외부에도 노출되어 있어 비입주민도 쉽게 방문할 수 있는 형태다. 그래서 요즘 분양되는 단지 내 상가는 스트리트형으로 건축되는 경향이 많다.

>> 판교 백현마을 아파트(좌)와 강남 아크로힐 논현(우) 모두 단지 내 상가다.

입주민만 이용할 수 있는 곳과 외부인도 유치할 수 있는 곳 중 어느 상가에 투자해야 할까? 위 두 사진 모두 단지 내 상가다. 좌측 상가는 입구에 주차 차단기가 내려와 있어 오직 단지 내 주민들만 이용할 수 있는 상가다. 하지만 우측 상가는 외부에 노출되어 있는 스트리트형이다. 입주민들의 이용 동선 면에서는 우측이 조금 떨어지나, 수요가 한정적인 내부에만 중점을 두기보다 유동층이 많은 외부에도 개방할 수 있어 접근성이나 가시성 면에서 좋은 우측 단지 내 상가를 선택해야 하는 것이다.

원래 단지 내 상가는 일정 세대 이상의 규모를 갖춘 공동주택의 입주민들에게 편의를 제공하기 위한 시설로서 의무적으로 만들어졌다. 그렇기에 상가의 위치가 단지 내 사람들의 주출입구나 부출입구에 위치했고 단지가 큰 경우에는 중앙에 자리잡기도 했다. 하지만 요즘에는 단지 외 유동층이 많은 곳에 위치하고, 형태도 일반 근린생활형 상가의 모습을 띠고 있다. 내부형인 기존 단지 내 상가보다 다소 높은 분양가격과 분양률을 높이기 위한 방법으로 활용되기도 한다. **단지 내 상가도 다른 일반 상가와 같이 개별 입지가 가장 중요한 요소이다.**

상가의 전체 면적은 작을수록 좋다
세대 수에 비해 전체 면적이 지나치게 넓은 상가를 분양받는다면 공급과잉으로 인해 개별 점포의 수익이 떨어져 임차인을 구하거나 임대수익을 맞추기가 어려워 공실을 걱정해야 한다.

그렇다면 입주 세대별 적정한 상가 면적은 얼마일까? 일반적으로 세대별 상가 면적은 0.2평(0.66㎡)~0.4평(1.3㎡)을 적정선으로 본다.

단지 내 상가의 배후세대가 500 ~ 2000세대일 때 : 0.66~1.3㎡ / 세대

예를 들어 아파트 세대수가 500세대일 경우 적절한 상가 면적은 다음과 같다.

최소 면적	500×0.66㎡ = 330㎡
최대 면적	500×1.3㎡ = 650㎡

점포들의 전체 면적이 330~650㎡(100~200평)를 초과한다면 사실상 상가의 공급이 과잉 상태라고 할 수 있다. 물론 경우에 따라서는 이런 절대적인 면적 계산이 투자자 입장에서는 유효하지 않을 수도 있다. 하지만 상가를 공급하거나 취득하려 할 때 면적을 산출하고 세대 당 적정 상가 수가 어느 정도인지를 알고 있어야 기본적인 수익률을 분석하고 매입가를 결정하는데 도움이 된다.

단지 내 상가의 장점

① 단지 내 입주민들이 기본 수요층이기에 매출이 안정적이다.

② 업종의 독과점이 인정되기 때문에 매출 발생이 유리한 조건이다.

③ 요즘은 스트리트형으로 구성하여 접근성과 가시성 등 기존 상가의 단점을 개선해서 한층 외부 유동층을 흡수하기 좋아졌으며 상가가 아파트의 이미지를 상승시키는 하나의 방편으로 쓰이고 있다.

단지 내 상가의 단점

① 상가의 수요층이 단지 내 입주민들로 제한될 수 있어 매출 상승에 한계가 있다.

② 대형 평형대는 단지 내 상가보다는 외부 대형판매시설 등을 이용하는 경향이 강하다.

③ 가까운 곳에 근린형 상권이 형성되어 있으면 내부 입주민들이 그곳으로 유출될 수도 있다.

④ 민영아파트와 공영아파트의 단지 내 상가의 공급면적에 차이가 있다. 민영아파트는 분양상가가 너무 많고 업종이 독점적이지 않아서 경쟁력과 수익성이 떨어지는 경우도 있다.

⑤ 주 이동 동선에서 벗어나 있는 상가는 접근이 어려워 상가의 유동층과 이용층이 제한적이므로 입점하려는 임차인이 없어 장기간 공실이 될 가능성이 높다.

⑥ 업종을 제한하는 단지 내 상가에 후발주자로 투자했을 경우 이미 경쟁력 있는 업종으로 구성되어 있기에 새로 임차인을 들이기가 어려워질 수 있다.

고수의 투자포인트 : 알짜 단지 내 상가 고르기

㉠ 배후세대가 최소 500세대 이상이어야 한다.
㉡ 상가 연면적이 배후세대의 수에 적합해야 한다.
㉢ 30~40대 비율이 높은 중소형 평형의 단지를 노려라.
㉣ 아파트 주출입구와 외부 도로를 낀 곳의 상가를 선택하라.

★ 업종별 필요면적 ★

상가 면적은 크게 1층과 2층 이상으로 나누어 살펴볼 수 있다.

1층 상가는 대부분 10평에서 20평 사이가 주류를 이룬다. 업종에 따라 차이는 있지만 편의점은 최소 10~15평 정도 필요하다. 물론 내부 편의를 위해서 20평 이상은 되어야한다고 주장할 수도 있다. 하지만 현실적으로 임대료가 면적 단위로 계산되기 때문에 적정 매출과 유지 관리비를 생각해서 결정해야 한다. 또 식음료나 음식점은 15~30평은 되어야 기본 시설을 갖추고 내부에 적절하게 테이블을 배치할 수 있다.

2층 이상은 1층에 비해 임대료가 저렴하므로 굳이 1층이 아니어도 되는 대형 평형이 필요한 업종 위주로 입점이 된다. 은행 또는 금융 관련 업종이나 음식점과 식음료, 병의원 업종이 그렇다. 이때 필요한 상가 면적은 최소 30~50평 사이이다.

이외 고층 상가에는 대부분 노래방이나 PC방, 운동시설, 각종 학원 등이 들어서게 되는데 업종의 특성상 최소 면적이 50~100평으로 예전에 비해 대형화되고 있는 추세이다.

★ 공부서류로 위험을 파악하자 ★

투자 시 꼭 현황과 공적자료들을 비교하는 습관을 들이도록 하자. **건축물대장과 사용현황이 다르면 문제가 될 수 있다.**

어느 날, 직장인인 친구가 안정적인 노후생활을 위해 고정적인 월세 수입이 나올 만한 임대수익형 물건을 알아봐 달라며 연락을 했다. 투자금은 많지 않다고 했다. 친구가 사는 지역을 중심으로 경·공매 물건을 살펴보았다. 그러다 경기도 여주시에 위치한 6층짜리 상가 건물을 발견했다.

2013타경○○○ • 수원지방법원 여주지원 • 매각기일 : 2014.07.30(水) (10:00) • 경매 2계(전화:○○○-○○○○)

소재지	경기도 여주군 여주읍 하리○○○○ 도로명주소검색				
물건종별	○○○○실	감 정 가	601,083,320원	오늘조회: 1 2주누적: 1 2주평균: 0 조회동향	

				구분	입찰기일	최저매각가격	결과
토지면적	217.98㎡(65.939평)	최 저 가	(70%) 420,758,000원	1차	2013-12-27	601,083,320원	유찰
건물면적	734.8㎡(222.277평)	보 증 금	(10%) 42,080,000원	2차	2014-07-30	420,758,000원	
매각물건	건물전부, 토지지분	소 유 자	○○○	낙찰 : 587,950,000원 (97.82%)			
개시결정	2013-05-30	채 무 자	○○○	(입찰15명,낙찰:○○○) 매각결정기일 : 2014.08.06 - 매각허가결정			
사 건 명	강제경매	채 권 자	○○○외1	대금지급기한 : 2014.09.12 대금납부 2014.09.12 / 배당기일 2014.10.15			
관련사건	2014타경○○○(중복)			배당종결 2014.10.15			

※ 매각토지.건물현황 (감정원 : 대산감정평가 / 가격시점 : 2013.06.18)

목록	지번	용도/구조/면적/토지이용계획			㎡당 단가	감정가	비고
토지	하리 1○○○○	도시지역, 제3종일반주거지역, 소로3류(폭 8M 미만)(접함), 중로3류(...☑)		대 217.98㎡ (65.939평)	1,034,000원	225,391,320원	표준지공시지가: (㎡당)485,000원 ☞ 전체면적 1840.2㎡중 갑구4번 정연순 지분 369.58/3120 매각
건물	하리 9○○○ 철근콘크리트조 슬레브지붕	1	1층	소매점(편의점), 화장실, 계단실 등	100.8㎡(30.492평)	540,000원	54,432,000원	• 사용승인:1993.06.16
		2	2층	학원, 화장실, 계단실 등	100.8㎡(30.492평)	540,000원	54,432,000원	• 사용승인:1993.06.16
		3	3층	학원, 화장실, 계단실 등	100.8㎡(30.492평)	540,000원	54,432,000원	• 사용승인:1993.06.16
		4	4층	주택구조, 계단실 등	100.8㎡(30.492평)	540,000원	54,432,000원	• 사용승인:1993.06.16 • 도시가스
		5	5층	주택구조, 계단실 등	100.8㎡(30.492평)	540,000원	54,432,000원	• 사용승인:1993.06.16 • 도시가스
		6	6층	주택구조, 계단실 등	100.8㎡(30.492평)	540,000원	54,432,000원	• 사용승인:1993.06.16 • 도시가스
		7	지하	창고, 계단실 등	90㎡(27.225평)	390,000원	35,100,000원	• 사용승인:1993.06.16
		면적소계 694.8㎡(210.177평)				소계 361,692,000원	
제시외 건물	하리 122-7 철근콘크리트조슬레브지붕	1	옥탑	계단실등	30㎡(9.075평)	350,000원	10,500,000원	매각포함
		2	옥탑	기계실	10㎡(3.025평)	350,000원	3,500,000원	매각포함
	제시외건물 포함 일괄매각	면적소계 40㎡(12.1평)				소계 14,000,000원	
감정가	토지:217.98㎡(65.939평) / 건물:734.8㎡(222.277평)				합계	601,083,320원	건물전부, 토지지분

현황 위치	•본건은 "여주고려병원" 남동측 인근에 위치하며, 공동주택(아파트)내 상가부지로서, 주위는 공동주택 및 다세대주택, 로변을 따라 근린생활시설 및 각종 상업용부동산 등이 혼재함. •본건까지 제반차량의 진·출입이 가능하고, 인근에 버스정류장이 소재하여 대중교통 이용여건은 보통시됨. •인접지와 등 평탄한 가장형의 토지로서, "상업용 및 주거용" 건부지로 이용중임. •본건지 남측으로 로폭 약8미터, 북측 및 동측으로 로폭 약6미터의 아스팔트 포장도로와 접함.
참고사항	• 주차장 54.736㎡ - 토지에 포함평가 • 기일변경 2014-02-05 (2014.07.15기준)

■건축물대장의 기재 및 관리 등에 관한 규칙 [별지 제3호서식] <개정 2015.7.7>
문서확인번호 1455-1124-9041-2591

집합건축물대장(표 제 부,갑)   공번호 : 1 - 1

고유번호	4167010700-3-01○○○○	민원24접수번호	20160210 - 0○○○	명칭	실한광변신아파트(상가동)	호수	세대/가구
대지위치	경기도 여○○○○	지번	122-7 외 1필지	도로명주소	경기도 여주시 양○○○○		

※대지면적 2,431.1㎡	연면적 11,247.988㎡	※지역 일반주거지역	※지구	※구역
건축면적 631.2㎡	용적률 산정용 연면적	※주구조 철근콘크리트조	※주용도 구매시설 및 생활권...	층수 지하 1층/지상 6층
※건폐율 25.96%	※용적률 383.725%	높이 19.7m	지붕 콘크리트플러스라브	부속건축물 동 ㎡
조경면적	공개 공지 또는 공개 공간의 면적	건축선 후퇴면적	건축선 후퇴거리	
지하수위 G.L	기초형식	설계지내력(지내력기초인 경우)	구조설계 해석법	

		건 축 물 현 황					건 축 물 현 황		
구분	층별	구조	용도	면적(㎡)	구분	층별	구조	용도	면적(㎡)
주1	지층	철근콘크리트조	구매시설	144.736	주1	6층	철근콘크리트조	서 겸	100.8
주1	1층	철근콘크리트조	소매점	100.8			- 이하 여백 -		
주1	2층	철근콘크리트조	학원	100.8					
주1	3층	철근콘크리트조	학원	100.8					
주1	4층	철근콘크리트조	삼화원	100.8					
주1	5층	철근콘크리트조	문구점	100.8					

이 등(초)본은 건축물대장의 원본내용과 틀림없음을 증명합니다.

발급일자 : 2016년 02월 10일
담당자 : 허가지원과
전 화 : ○○○○○○○○시

경기도 여주시장

경매정보지의 물건 종별에 '근린시설'로 표기되어 있다. 경매지에 표시된 물건 종별은 공법상 용어가 아니고 사설경매지에서 분류하기 편하게 통용되는 용어를 사용하는 경우가 많으므로 꼭 건축물대장을 기준으로 살펴보아야 한다.

건물의 용도와 경매지에 기재된 현황을 비교하기 위해 건축물대장을 발급해 보았다. 그런데 이상한 점을 발견했다.

건축물대장 상에는 명칭이 OOO 아파트(상가동)으로, 건축물 현황 상에는 소매점, 학원을 비롯한 잡화, 문구점 같은 근린생활시설 업종들로 표기되어 있었던 것이다.

대법원 경매 사이트와 유료 경매정보지의 물건에 대한 정보가 잘못 표기되어 있는 것을 알 수 있다. 꼭 경매가 아니고 일반 매매에서도 용도 부분을 사소하게 넘어가는데, 그러면 안 된다. 무조건 건축물대장을 발급해서 이것을 기준으로 확인해 보아야 한다.

OOO 아파트(상가동) 명칭이 갖는 의미는 해당 건물이 OOO 아파트의 단지 내 상가로 건축되었으며, 아파트의 부속시설로 입주민들의 기본적인 생활편익을 위해서 지어진 상가라는 뜻이다. 즉 현황상 4층에서부터 6층까지를 주택으로 사용하는 것은 불법적으로 용도를 변경했다는 의미이다. 만약 이 물건이 일반 근린상가라면 주차장, 정화조, 소방 설비를 비롯한 몇몇 가지의 요건만 갖춘다면 주택으로의 용도변경이 불가능하지는 않다.

하지만 단지 내 상가는 주택법의 적용을 받는 상가이기에 주택으로 용도변경 자체가 불가능하므로 불법건축물로 등재될 수 있는 위험을 항상 가지고 있다. 임대료가 상당하여 수익률 부분이나 투자 금액적인 부분에서는 참으로 매력적인 물건이라고 생각해서 불법건축물에 대한 부분을 무시하고 투자할 수도 있다.

그러나 혹시라도 나쁜 의도를 가진 임차인이 들어온다면 꼼짝없이 협박에 시달릴 수 있다. 민원을 제기하여 건축물대장에 불법건축물이라고 등재되면 원상복구가 될 때까지 매년 이행강제금을 지불해야 하고 1층에서부터 3층까지의 상가도 신규로 사업자등록을 낼 수가 없다는 문제점이 발생한다.

건축물대장상의 용도, 반드시 확인하자.

(2) 근린상가, 동선의 접점을 찾아라

근린이라는 단어가 일상생활권의 주변을 뜻하므로 근린상가를 생활권 상가라고 말하기도 한다. 일정 지역 거주민들의 생활의 편익과 여러 서비스를 제공하는 목적을 갖고 있기에 생활 밀착형 업종 위주로 구성된다. 일반적으로 집에서 도보로 10여 분 거리 내에 있으며 편의점, 약국, 병원·의원, 소매점, 미장원, 각종 학원, 이동통신대리점, 식음료 판매점 등이 밀집해 있다. 도심지의 주거 밀집지역 주변에 1~5층 이내의 건물로 형성되어 있거

>> 구도시 지역인 건대 주변(위)와 신도시 지역인 운정신도시 (아래)의 근린상가사진이다.

나 신도시와 택지개발지구의 공동주택 밀집지역에 5층 이내의 건물로 되어 있는 상가건물이다. 택지지구에 따라 고층으로도 건축이 가능하다.

근린상가 배후 3000~5000세대일 경우 세대 당 : 1.99㎡~2.7㎡(0.6평~0.8평)

배후세대가 1000세대일 경우 상가건물의 면적은 다음과 같다.

최소 면적	1000×1.99㎡ = 1990㎡(약 603평)
최대 면적	1000×2.7㎡ = 2600㎡(약 787평)

일상생활권에 속하므로 주변 세대의 이동 동선에 위치해 있는지도 중요하다. **동선이 많이 겹칠수록 투자가치가 높은 근린상가라고 할 수 있다.**

신도시 내에 있는 근린상가의 대부분은 초기에는 공급과잉으로 장기간 공실로 방치되는 경우가 많은데, 이후 입점이 많이 이루어진다고 해도 개별 상가의 업종 경쟁력이 약하다면 매출이 부진하게 된다. 이로 인해 임대 수익도 영향을 받고, 재계약 시점부터 월세가 지속적으로 하락할 가능성이 높다.

근린상가는 우리가 가장 흔하게 접할 수 있는 상가의 종류이고 실제로 가장 많이 투자하는 대상이기도 하다. 그만큼 고수익을 올리기 위해서 가장 치열하게 노력해야 하는 투자 시장이다. 때문에 투자하기 전에 현황과 미래까지 감안하여 다각도로 검토해 보아야 한다.

근린상가의 장점

① 근린상가는 주거 밀집지역 주변에 있기에 매출이 안정적인 편이다. 교통시설의 주변이나 상권이 발달한 대로변의 유동인구가 많은 곳은 매출이 높은 편인데, 이러한 곳은 지속적으로 임대료가 오르면서 이후 매도가 상승에도 긍정적이다.

② 학교 주변지역의 업종 제한 지역과 상업지역에서만 가능한 위락업종을 제외한 나머지 업종은 대부분 제한 없이 영업할 수 있다.

근린상가의 단점

① 근린상가는 주변에 특정시설의 입점이나 동선의 변화 같은 상권에 영향을 미칠 만한 외적인 변화에 아주 민감하다. 예를 들어 가까운 거리에 대규모 점포(판매시설)가 입점한다거나 관련된 유사 업종들이 들어오면 근린상가들은 자체 경쟁력이 취약하기 때문에 매출이 낮아지고 임차인이 자주 바뀔 수 있다.

② 건물 내 업종의 독점권을 인정하지 않을 시 경쟁업종의 난립으로 입점 업체의 경쟁력이 떨어지면 임대료의 하락으로 이어져 수익률이 감소하고 공실률이 증가할 위험성이 있다.

고수의 투자포인트 : 알짜 근린상가 고르기

㉠ 도보 10분 거리 내의 배후세대가 1000세대 이상이어야 한다.
㉡ 10~30대의 이용 비율이 높은 곳을 주목하라.
㉢ 유명 프랜차이즈 업종이 포진되어 있는 곳을 찾아라.
㉣ 주변 대형쇼핑몰과 업종이 겹치면 피하라.
㉤ 버스정류장, 건널목, 퇴근 동선상의 입지를 찾아라.
㉥ 교통이 편리한 곳을 검토하라.
㉦ 주차장 시설이 편리한 곳을 주목하라.

(3) 지식산업센터, 제약 많지만 이익도 크다

과거에는 아파트형공장으로 통칭되던 지식산업센터는 공업지역이나 기타 공장 설립이 가능한 지역을 효율적으로 개발해서 좁은 지역에 많은 산업체가 입점할 수 있도록 하기 위한 곳이다. 3층 이상의 집합건축물로 6개 이상의 공장이 입주할 수 있어야 하고 각종 부대시설과 편의시설도 갖추고 있다.

지식산업센터는 「산업집적활성화 및 공장설립에 관한 법률」에 의해 입주시 자격요건과 각종 혜택과 매도에 대한 제한 등 일정 요건을 규정하고 있다. 분양하고자 할 때에도 관할 지자체장의 승인을 받아 입주자를 공개로 모집해야 하며, 세제 감면 및 금융지원 등을 받았다면 분양 받는 날로부터 2년간 매각을 금지한다.

입주할 수 있는 시설은 제조업, 지식기반산업, 정보통신산업의 기업체 및 벤처기업을 운영하기 위한 업종이나 시설로 제한하고 있다. 그 밖에는 금융보험업

시설, 보육 및 기숙사, 근린생활 등의 시설 등 입주업체의 생산 활동을 지원하기 위한 시설은 가능하다.

지식산업센터 분양 및 입주 조건

구분	관련 조항	내 용
분양	제28조의 4	지식산업센터를 설립한자가 분양 또는 임대하고자 하는 경우에는 시장, 군수, 구청장의 승인을 받아 공개적으로 입주자를 모집해야 함.
처분제한	제28조의 3, 규칙 제25조	지식산업센터를 건설원가로 분양 받은 자는 분양 받은 날로부터 2년간 매각 금지
입주	제28조의 5, 시행령 제6조 시행령 제36조의 4	지식산업센터 입주할 수 있는 시설은 – 제조업, 지식기반산업, 정보통신산업, 벤처기업 등을 운영하기 위한 시설 – 지원시설(금융, 보험, 의료, 무역, 판매업, 물류, 보육, 기숙사, 근린생활시설, 문화 및 집회시설, 운동시설 등)
입주자의 의무	제28조의 7	입주 대상 시설이 아닌 용도로 활용할 수 없음. 또한 다른 용도로 활용하려는 자에게 지식산업센터의 전부 또는 일부를 양도하거나 임대하는 행위를 금함

자료 : KB경영연구소

입주대상 시설이 아닌 용도로 활용하거나 입주대상 시설이 아닌 용도로 활용하려는 자에게 지식산업센터 전부 또는 일부를 양도하거나 임대하는 행위를 금지하고 있다.

지식산업센터도 입지가 최우선조건이다

입지가 가장 중요하다. 입지가 좋아야 임대가 잘 되고 이에 따라 수익성도 높아진다. 더불어 각종 제조업이나 정보통신업 등 입점하려는 업종의 선호 조건은 대중교통이다. 대중교통이나 도로 사정 등 접근성이 좋아야 직원들이나 방문객들의 접근이 쉬워진다. 교통이 좋지 않은 일부 지식산업센터들은 입주 사업체들이 직원을 구하는 데 애를 먹는 경우가 있어서 입점을 꺼려하기도 한다. 따라서 입지가 안 좋은 물건에 투자하게 되면 장기간 공실로 고생하는 경우도 종종 있다.

또 주변에 사업과 관련된 인프라가 잘 갖추어져 있는 곳이어야 한다. 지식산업센터 역시 나 홀로, 또는 두어 동 있는 곳은 주변 제반시설이 빈약하기 때문에 사업체들이 들어오기를 꺼리게 된다.

지식산업센터도 입지가 좋은 곳은 수요가 많아서 임대료가 높게 책정되고 임대 수익률도 좋아서 매매도 가능하다. 하지만 이곳은 단기 투자가 아닌 고정적인 임대 수익을 보고 장기 투자의 관점으로 접근해야 한다.

기본적인 시설을 확인한다

건물이 갖추고 있어야 될 부분도 있다. **대표적으로 사업장의 기본 높이가 얼마인지를 살펴봐야 한다.** 기본 3m 이상에 7m는 되어야 이동식 크레인인 호스트를 설치할 수 있다. 대부분의 제조업들은 호스트 설치를 원하고 있기 때문에 혹시 입찰하려는 물건의 가능 업종에 제조업이 포함되어 있다면 당연히 호스트 설치 가능 여부를 확인해야 하고 사업장의 기본 높이를 확인해야 한다.

또 **건물에서 사용 가능한 전기 용량을 살펴보아야 한다.** 임차인이 전기 승압 비용을 지불하고 이것을 늘리게 되는데, 주어지는 용량이 크다면 임차인 입장에서는 이익이므로 같은 조건의 상가 중에 선호할 수 있다. 기본 100kw 정도면 안정적이다. 노후된 지식산업센터의 경우 공장 전체의 전기 용량이 부족하여 임차인이 원하는 만큼 승압할 수 없는 경우도 있다. 이럴 경우 대규모 변압기 설치가 필요할 수도 있는데, 비용이 1000만 원을 훌쩍 넘는다. 따라서 현재 전기 용량은 얼마인지 또 다른 사업체는 얼마를 쓰고 있고 지금 용량으로 임대를 놓는 것이 가능한지를 파악한 후 투자 여부를 결정해야 한다.

3000만 원 투자로 월 100만 원의 수입을 얻다

산업단지 안에 있는 점포의 경우 수요가 꾸준하므로 적정 금액에 매입하거나 경·공매로 낙찰 받으면 안정적인 수익을 얻을 수 있다.

2012타경○○○○ (3)　　• 인천지방법원 본원　• 매각기일 : 2012.09.17.(月) (10:00)　• 경매 15계(전화:○○○○-○○○○)

소재지	인천광역시 남구 도화○○○○, 아파트형공장 1○○○호 도로명주소검색						
물건종별	아파트형공장	감 정 가	390,000,000원	오늘조회: 1 2주누적: 0 2주평균: 0 조회동향			
대 지 권	92.19㎡(27.887평)	최 저 가	(70%) 273,000,000원	구분	입찰기일	최저매각가격	결과
				1차	2012-08-16	390,000,000원	유찰
건물면적	222.75㎡(67.382평)	보 증 금	(10%) 27,300,000원	2차	2012-09-17	273,000,000원	
매각물건	토지·건물 일괄매각	소 유 자	○○○○	낙찰 : 282,311,000원 (72.39%)			
개시결정	2012-03-28	채 무 자	○○○○	(입찰1명,낙찰:○○○)			
				매각결정기일 : 2012.09.24 - 매각허가결정			
사 건 명	임의경매	채 권 자	중소기업은행외1	대금지급기한 : 2012.10.19			
				대금납부 2012.10.19 / 배당기일 2012.12.21			
관련사건	2012타경○○○○(병합)			배당종결 2012.12.21			

위 물건이 속한 인천지방산업단지는 서구 가좌동과 남구 도화동에 있는 공업단지로 인천의 제3공단으로도 불리며, 시 중심부에서 5㎞, 인천항 부두에서 6㎞ 떨어진 거리에 있다. 경인고속도로 인천 나들목 주변 일대에 새로운 공업단지를

세워 시내에 산재한 공장들을 재배치하고 도시 기능을 확충하고자 조성되었다. 이곳은 섬유, 목재, 화학·석유, 1차 금속, 조립 금속, 비금속 업체가 입점할 수 있는데 기계공업과 목재 공업이 주축을 이루고 있어 인천 공업의 특성을 잘 반영하고 있다.

➤➤ 제조업이 입점할 수 있다면 바닥에서 천정까지의 높이를 확인하는 것이 좋다.

물건을 보자마자 조사하기 시작했다. 주변 중개사무소 몇 군데에서 기본 수요와 낙찰 후 임대 가능 여부를 확인했다. 조사 결과 1층이고 건물 높이도 5m 정도 확보되어 있어서 호스트를 설치할 수 있었고, 전기 용량도 문제가 없었다.

그래서 경매로 나온 102호, 103호, 104호 중에 임차인의 업종과 내부 시설 등을 살펴보고 103호를 입찰하기로 결정했고, 2회차 72%에 단독으로 낙찰 받았다.

지금이야 지식산업센터가 인기가 높아져서 일부 지역은 감정가 100%를 넘긴 금액까지 낙찰이 이루어지지만 불과 몇 년 전만 해도 이 시설의 인기가 그리 높지 않았다. 물건에 대한 판단도 유행을 타는 경향이 있어서 다른 사람들이 좋다고 하는 물건은 분위기에 이끌려 자신도 모르게 고가에 매수하기도 한다. 평소에 부동산에 대한 다양한 공부가 필요한 이유가 여기에 있다.

이 물건은 한 번 더 유찰 가능성이 있음에도 2차에 입찰한 이유는 임대차 가격이 만족스러워서 대출 이후 **이자를 공제하고도 충분한 수익이 날 수 있다는 판단과, 산업단지의 경계에 있는 물건이지만 1층에 자동차가 출입 가능한 구조로 되어 있어서 경쟁력이 높다는 생각에서였다.**

낙찰 후 기존 임차인과 임대 협상에 들어갔지만 임대료를 조정해 달라고 해서 결국 이사를 보내고 새로운 임차인을 맞추기 위해 중개사무소에 내놓았다. 임대료는 입찰 전부터 목표로 했었던 월 200만 원에 계약할 수 있었다. 전체적으로 3000만 원 정도 투자했고 이자를 제하고도 한 달에 약 100만 원의 수익이 발생하고 있다.

> **고수의 투자포인트 : 알짜 지식산업센터 고르기**
>
> ㉠ 임대가 가능한 산업단지를 찾아라.
> ㉡ 주변에 일반공장이 산재되어 있는 지역이 좋다.
> ㉢ 앞으로 개발 가능성이 높은 지역을 골라라.
> ㉣ 출퇴근이 원활하도록 교통 시설이 발달한 곳을 물색하라.

(4) 지원시설 상가, 이용층의 특성에 주목하라

>> 가산디지털단지는 대표적인 지식산업센터 지역 중 하나이다.

지식산업센터나 산업단지에 입주한 업체들의 생산 활동을 지원하고 근무자들의 생활 편익을 꾀할 수 있는 업종 위주로 상가를 입점 시키는데, 통칭해서 지식산업센터 지원시설이라고 한다. 입주율과 주변 상가들의 평균 매출 조사가 선행되어야 실패할 확률이 줄어든다.

이곳은 상가임에도 불구하고 건축법이나 유통관련법이 아닌 지식산업센터의 설립 관련 법령 「산업직접활성화및공장설립에관한법률(이하 산집법)」시행령에 의해 설립될 수 있고 입점하는 업종에 대해 구체적으로 규제를 받는다.

지원시설에 대한 투자 시 국가가 제공해 주는 세제 혜택 및 금융 혜택은 없지만, **부동산 담보 내지 신용담보 형식의 대출이 모두 가능하다. 또 지원시설에 대한 매매는 보통 상가 매입이나 매도와 같다. 개인 또는 법인의 명의로 개별 호실에 대한 등기 및 취득도 가능하다.** 단, 다단계 판매, 음란 유흥업소, 경마, 불법 도박 및 사행성 영업소 등 사회적 폐해 발생 가능성이 높은 시설과 종교 집회장, 장례식장, 위험물 저장 및 처리 시설 등은 입주가 불가능하다.

지원시설 상가의 장점

① 가장 큰 장점은 상가의 독점권이 보장된다는 점이다.
② 건물의 상층부에 일정 정도의 수요층이 확보되고 있어 편의점이나 음식점 등 관련 업종은 안정적인 매출이 보장되는 편이다.
③ 지식산업센터가 집약된 곳 중 발달한 상권은 일반상업지역의 상권과 맞먹는 매출 규모를 지니고 있다.

지원시설 상가의 단점

① 지원시설 상권은 주말과 늦은 저녁시간에는 이용인구와 유동인구가 거의 없다. 오피스 상권과 유사하다. 그래서 매출을 평일 위주로 잡아야 한다.

② 수익성이 좋다 보니 시장에서 매물을 만나기가 어렵다. 경매에서 접할 수 있는 지원시설 상가는 대부분 지하층 위주로, 외부 접근성이 떨어져 지식산업센터 입주자들을 상대로만 영업활동을 해야 하는 등 한계점이 뚜렷하다.

> **고수의 투자포인트 : 알짜 지원시설 상가 고르기**
>
> ㉠ 교통시설이 편리한 곳을 찾아라.
> ㉡ 배후 입주율이 높은 곳을 골라라.
> ㉢ 식음료에서 유흥까지 원스톱으로 가능한 곳을 주목하라.
> ㉣ 과잉 공급은 아닌지 주의하라.

(5) 상가주택, 1층 상가의 위치가 포인트다

>> 구도심(위)과 신도시(아래)에서 1층은 점포, 2층 이상은 주거용인 상가주택이 주를 이룬다.

상가주택의 정식 명칭은 점포겸용 단독주택이지만, 일반적으로 상가주택으로 불리고 있다. 상가주택은 상업용과 주거용이 서로 융합되어 발전된 패턴으로 1층은 상가, 2층 이상부터는 주택으로 구성되어 있기 때문에 상가와 주택의 임대가 모두 이루어진다면 수익이 안정적이고 효율적이다. 그래서 주로 노후의 은퇴자금으로 많이 투자하는 부동산이다. 주로 3층 또는 4층으로 지어져 있는 것이 대부분이다. 구도심의 근린주택과 신도시나 택지개발지구의 상가주택이 이에 속한다.

가장 좋은 위치는 사람이 모여드는 재래시장이나 대단지 아파트의 입구 등 적당하게 상권이 형성되어 있는 곳이다. 적당한 상권이라는 의미는 주거 전용도 아니고 완전 상업지역도 아닌 주거, 상업 혼재 지역을 말하는 것으로 이러한 지역이 상가주택으로서는 최적지라고 할 수 있다.

주거 부분은 주변에 형성된 시세에서 크게 벗어나지 않기 때문에 **1층 상가에 최적화된 입지를 선택해야 한다.**

상가주택의 장점

① 상가와 주거 임대를 통한 임대 수익이 높다.

② 택지개발지구의 초기투자나 구도심의 상가주택 투자는 개발이익을 기대할 수 있다.

③ 직접 거주하면서 임대 수익을 올릴 수 있다.

④ 상가주택에 주인이 거주하면서 관리한다면 공실률을 줄일 뿐만 아니라 직접 건물관리까지 할 수 있어서 관리비도 절약되고 건물 상태도 좋아지기에 향후 매매 시에도 상당한 도움이 된다.

⑤ 매매하기가 수월하다. 상가주택은 거주하면서 고정적인 월세 수입이 가능하기에 은퇴계층에게 인기가 높다.

상가주택의 단점

① 상권 형성이 안 되어있는 곳은 1층 활용도가 낮다.

② 구도심의 경우 주변 상권에 따라 임대와 매매가의 영향을 많이 받는다. 주거지역에 있다면 상대적으로 임대료를 높게 받기 힘든 경우가 많다.

택지지구에 상가주택을 짓다

단독주택지는 점포겸용과 주거전용으로 나뉘는데, 점포겸용 단독주택지는 1층이 상가이고 2층과 3층은 주거용 건물인 이른바 상가주택을 지을 수 있는 땅을 말한다.

가구 수, 층수 제한이 완화 적용된 곳에서는 4층까지 주거용 건물을 지을 수 있다. 이에 반해 주거전용 단독주택지는 2층까지 주거용으로만 지을 수 있는 땅으로, 점포겸용에 비해 훨씬 싸고 인기도 덜하다.

그렇다면 택지지구 내 상가주택은 어떻게 탄생할까.

특정 지역이 택지지구로 정해지면 그 지역에서 살던 사람들을 이주시킨다. 그리고 그 대가로 집을 소유했던 사람들에게는 이주자택지를, 땅을 소유했던 사람들에게는 협의자택지를 준다. 공짜로 주는 것은 아니고, 택지 조성 원가의 80% 선에서 공급해 보상한다.

그리고 원주민들에게 보상해 주고 남은 땅들을 원주민에게 준 가격의 1.5배에서 2배 가격에 일반인에게 공급한다. **그래서 원주민들의 토지를 구매하면 일반 분양가보다 낮은 금액에 소유할 수 있어서 건축 원가를 크게 줄일 수 있다.**

택지지구에서의 가격 흐름

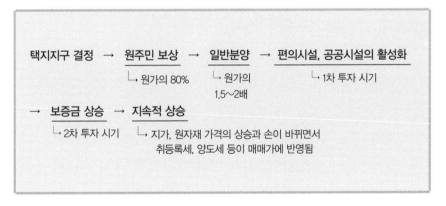

택지지구 땅의 초기 시세는 대체로 LH공사에서 일반인들에게 분양하는 분양가가 기준 가격이 된다.

① 이주자택지 매입하기

이주자택지는 자금이 없어 건축할 수 없는 원주민에 대한 배려 차원으로 **합법적으로 1회에 한해 전매가 가능하다.** 따라서 원가의 80% 수준인 이주자택지를 프리미엄을 주고 살 수 있다. 보통 공인중개사를 통해서 구입한다.

지금까지 원주민들에게 주어지는 이주자택지는 대체로 택지지구에서 가장 좋은, 소위 노른자 위치이거나 가구 수 제한에 혜택을 주는 등 일반인에게 분양하는 곳보다는 항상 조건이 유리한 편이었다.

② 한국토지주택공사에서 분양받기

원주민들에게 보상해 주고 남은 단독주택지를 인터넷으로 분양받는 방법이 있다. 땅을 구입해서 직접 건축을 하든, 이미 지어진 급매 물건을 구입하든, 건축업자가 땅을 사서 짓고 있는 건물을 매입하든 주변 전월세 시세를 가지고 거꾸로 역산해서 수익률을 분석해 보고 매수 여부를 결정하도록 한다.

당연히 좋은 필지는 경쟁률이 치열하다. 하지만 미달이던 토지들도 결국에는 비슷한 시세를 형성하게 된다는 것을 알아두면 좋을 것이다. 좋은 토지는 가격이 빨리 상승하는 것일 뿐이고, 택지지구 내에서 대로변의 토지를 제외하고 B급, C급 땅은 오랜 시간이 지나면 가격이 평준화되는 편이다.

원주민에게서 매수하는 이주자택지와 LH공사에서 분양받는 택지를 비교하면, 서로 장단점을 가지고 있다. 이주자택지는 위치가 좋거나 세대 수 제한 규정에서 유리한 장점이 있는 반면 목돈이 필요하다. 이주자택지는 토지 조성 원가의

80% 선에서 공급이 되는 까닭에 감정가가 낮고, 이로 인해 대출이 적게 나오며, 프리미엄을 주고 사는 형식이어서 초기자금이 많이 들어가기 때문이다.

이와 반대로 LH공사에서 분양받는 택지는 원주민으로부터 구입하는 이주자택지에 비해 위치가 나쁘거나 세대 수를 더 적게 구성할 수밖에 없는 단점이 있지만, 감정가가 높아서 대출이 많이 나오므로 초기자금이 훨씬 적게 들어간다는 장점이 있다. 당장은 계약금 10%만 있어도 되고, 나머지 금액도 6개월 단위로 분할납부하며, 자금이 없을 때는 연체시켜서라도 소유할 수 있는 것이다.

광교신도시 주택용지 낙찰가

■ **구분 : 단독(점포)주택용지 / 총 10블럭**
■ **규제 : 건폐율 60% / 용적률 180% / 최고층수 4층 이하 / 5가구까지 가능**
■ **입찰 : 추첨 방식**

가지 번	면적(㎡)	평균 공급금액(원)	평균 평당 금액(원)
단독1블록	41,844	4억 7963만 5000	594만 5000
단독2블록	34,882	4억 7714만 0000	578만 8000
단독3블록	17,238	4억 5504만 2000	567만 2000
단독4블록	9,570	4억 6510만 6000	562만 3000
단독5블록	35,888	4억 6188만 5000	578만 6000

★ 생활 대책 용지란? ★

토지 보상과는 별도로 사업시행으로 인해 영업·영농 등의 생업종사자가 생업을 꾸려나가지 못하는 경우를 대비해 생활 안정을 도모키 위해 일반상업용지 또는 근린생활 용지를 우선 공급하는 제도다. 생활 대책 대상자는 조합을 구성하거나 조합에 가입해야 생활 대책 용지를 공급받을 수 있다. 필지 신청은 2차례에 걸쳐 신청을 받으며 회차별로 3순위까지 선호 필지를 신청할 수 있다. 순위별로 동일 필지에 신청의 경합이 있을 경우 전산추첨으로 대상자를 결정한다. 단독신청일 경우 신청 조합이 대상자로 결정되며 신청이 없는 잔여 필지의 경우 향후 일반에게 공급된다.

상가주택을 사기 위한 체크리스트 8가지

한 택지지구 안에서는 2층과 3층 주거용에서 나오는 임대료는 위치가 달라도 비슷하다. 공실의 위험도 거의 같다. 그러므로 상가주택지의 가치를 결정하는 것은 '1층 상가에서 얼마나 받을 수 있는가'에 달려 있고, 이에 따라 건물의 가격이 결정된다.

① 중심상업지구와 연계가 되는지 살펴보라

중심상업지구와 가까운 곳에 위치한 상가주택은 상권이 통합되는 경우가 많아 좋다. 가령 근린 상권 1층을 평당 3000만 원에 분양하는 곳과 마주보고 있는 상가주택 1층의 가치는 어마어마하다 할 수 있다. 마주하고 있지 않더라도 가까운 곳도 좋다.

장기적으로는 다른 지역도 상권이 형성되어 평준화 되어 가지만, 먼저 발달되어 한발 앞서 시세차익을 형성하는 곳의 위치는 이렇다. 하지만 이런 곳은 시간이 지나면 값에 장점이나 가치가 미리 반영되어 매우 비싸다. 아무리 좋은 곳이라도 가격에 모두 반영이 되어 있다면 소용이 없다. 높은 가치를 지니고 있는 곳을 싸게 사야 좋은 것인데, 그러려면 이런 곳은 택지지구 개발 초기에 접근해야 한다.

② 땅 근처 아파트의 세대 수가 많은지 알아보라

배후세대가 상권에 미치는 영향은 설명할 필요가 없다. 중소 평형의 아파트면서 세대 수가 많은 곳은 소비력이 높은 편이다. 한편 분양 직후에는 담보대출 등의 이유로 소비력이 더 적다는 것이 정설이다. 그래서 분양아파트보다는 임대아파트의 소비력이 더 좋을 수도 있으나 연령대, 아파트의 구성 등 다각도로 판단해야 하는 부분이다. 특히 대형평형 아파트 단지 근처는 면적 대비 인구 수도 적고, 근거리 점포를 굳이 선호하는 것은 아니어서 주변 점포에서의 소비력이 가장 약하다는 것이 상권 분석가들의 일치된 의견이다.

③ 코너에 있으면 더 좋다
코너는 임대료를 더 받을 수 있거나 같은 면적이면 더 빨리 세가 나간다. 한 면이 더 도로와 접해 있어 광고 효과가 크고 매장을 내기에 유리하다.

④ 남향인지, 북향이라면 임대료를 조사하라
택지지구에서 같은 가격이면 일조량이 많은 남쪽이 선호도가 높아 환금성도 좋다. 대부분 남향을 선호하는 편이지만 값의 차이가 많이 날 경우에는 북향을 사는 편이 오히려 낫다. 세는 차이가 없어 땅이 싼 만큼 수익률이 더 높기 때문이다. 또 팔 때도 가격이 낮아 수요층이 더 많아 팔기가 오히려 쉽다.
북향은 수익률로 승부하는 것이고, 남향은 직접 3층에 거주하려는 수요층을 겨냥한 것이다. 1층 상가는 진입로가 북에서 남으로 나 있는 단지인 경우 오히려 북향이 유리하기도 하다.

⑤ 도로의 폭이 넓은지 따지자
도로는 10m, 11m, 15m, 30m 등의 폭으로 이루어져 있다. 본능적으로 사람들은 넓은 도로를 이용하므로, 도로 폭이 클수록 그 길을 지나가는 인구가 많은 편이다. 주차도 용이하다. 그래서 넓직한 도로를 끼고 있으면 땅의 시세가 더 치고 올라가는 경우가 많다.
하지만 30m 이상의 도로인데다 빨리 달리는 주도로인 경우에는 고객이 고이는 상권이 아니다. 그 도로는 양쪽 상권을 갈라 놓는 역할을 하며, 사람들이 잘 걸어 다니지 않을 수도 있다. 유동인구가 많다 하더라도 주변 점포를 그냥 지나쳐 버리기 십상이다.

⑥ 주차장 옆이면 기대되는 곳이다

장기적인 관점에서 좋은 곳이다. 초기에는 인근에 아직 건물들이 다 들어서지 않은 상태이기 때문에 차를 댈 곳이 넘쳐나서 주차장 근처라는 효과가 별로 없는 편이다. 하지만 도시가 완성되면 차량 문제가 심각해져서 이런 점포는 매력적이 된다.

주차장이 근처에 있는 1층 상가는 영업에 매우 유리하다. 1층 점포의 위치가 상가주택의 가치를 가르므로 장기적으로 볼 때 주차장이 근처에 있으면 좋다.

⑦ 적절한 평수의 땅인지 검토하라

너무 작은 땅은 건축 면적이 잘 나오지 않는다. 반대로 큰 토지인데 가구 수 제한이 있는 경우에는 수익률에 문제가 생긴다. 이윤이 한정적인데, 땅값과 건축비는 땅에 비례하여 증가하기 때문이다.

세대 수가 정해져 있지 않다면 큰 땅이 좋지만, 정해져 있고 그것을 지켜야 하는 경우에는 70평대의 토지를 찾아야 한다.

다만 이 면적도 지을 때의 상황에 따라 약간 달라진다. 건축업자에게 맡겨 도급을 주고 진행할 때에는 70평대의 땅이 평 당 건축비 대비 수익률이 좋지만, 직영으로 직접 짓는 경우에는 80평대와 70평대 땅의 건축비가 비슷하기에 80평대 땅이 유리할 수도 있다.

⑧ 가구 수 제한이 적은 땅인지 알아보라

가구 수, 즉 세대 수가 3가구보다는 5가구로 제한된 땅이 더 가치 있다. 왜냐하면 원룸 두 채의 월세가 투룸 하나의 월세보다 높은 편이며, 투룸 셋의 월세가 쓰리룸 두 채의 월세보다 높은 탓이다. 따라서 세대 수는 수익률과 직결된다.

그러나 지구단위계획에는 항상 가구 수를 제한하는 규정이 있다. 지구 밖의 땅은 가구 수가 정해져 있지 않아서 좋기는 하지만 세가 싼 편이며, 지구 안쪽보다 주거 선호도가 떨어지는 단점이 있다. 이렇게 보면 어디든 일장일단이 있는 양날의 검이다. 지구 내의 토지는 가구 수 제한으로 수익률이 적은 대신 매매가 유리한 측면이 있기 때문이다.

고수의 투자포인트 : 알짜 상가주택 고르기

㉠ 상업지역과 연계되어 있어야 한다.
㉡ 배후세대의 수가 넉넉해야 한다.
㉢ 가구 수 제한이 적어야 한다.
㉣ 주차 시설이 잘 되어 있어야 한다.
㉤ 교통 시설이 편리해야 한다.

2부

성공적인 투자를 위한 효율적인 상권 분석

3장

초보도 프로처럼 한눈에
상권 분석하기

---

01 지도는 초보를 고수로 만든다

처음 상가를 공부할 때 1년 동안은 눈이 오나 비가 오나 매주 1회씩 **지역을 정해 임장을 가고 보고서를 작성했다.** 그 경험이 상가투자를 잘할 수 있는 안목과 분석력을 키워준 것 같다. 상가투자에서 입지나 지역을 보는 눈은 결코 단시간에 해결되는 부분이 아니다. 또한 어떤 지름길도 없다. 그저 묵묵히 꾸준히 노력하는 방법밖에는 없다.

(1) 상가투자 지도 만들기

상가투자를 결심했을 때 참 막막했다. 무엇을 어떻게 시작해야 할지 알 수 없었다. 특히 상권이라는 분야는 너무 생소했다. 그래서 우선 생각했던 것이 가장 좋다는 상권을 임장하다 보면 소위 A급 상권의 기준이 잡혀질 테고 그것을 기준으로 투자할 물건을 판단할 수 있지 않을까 하는 것이었다.

임장하기 전 우선 임장 대상 상권을 지도에서 살펴보았다. 다행히 포털사이트 지도에는 유용한 정보, 용지별 쓰임새, 개발계획, 건설 중인 지하철역 등이 나타나 있다. 이를 통해 1차적으로 관심 지역을 정해 놓은 뒤 그곳 지역의 임대 시세, 관리비, 동선, 업종 등 상권을 조사하고 임장했다. 임장 후에는 지도에 임대가 등을 표시하며 어느 위치의 평당 임대료가 왜 낮고 높은지 그 원인을 찾아보았다.

주거용 부동산에 비해 시간과 손품이 많이 들지만 6개월 정도 이러한 연습을 지속하다 보면 입지가 보이고 물건이 눈에 들어오게 된다. 6개월까지가 힘들 뿐이지 이후부터 실력이 쑥쑥 올라가는 것이 느껴진다.

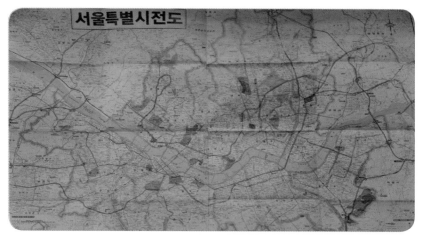

(2) 지적도의 색깔, 숫자만 보고 척척! 상권 예측하기

지도에서 무엇을 중점적으로 보아야 할까? 지도의 어떤 부분들이 상권에 영향을 미칠 수 있을까?

상가를 조사할 때에는 택지개발지구와 관련된 곳은 *토지이용계획원과 같은 분석 지도가, 구도심의 일반지역은 *지적편집도처럼 주변 지역을 용도별로 세분화해 놓은 지도가 필요하다. 이와 관련해서는 다음이나 네이버의 지도 검색을 통해 대부분의 궁금증을 해결할 수 있다.

분석하고자 하는 지역을 지도 검색 서비스의 지적편집도를 통해 살펴보자. 화면에서 지도를 클릭하고 검색란에 지역을 입력하면 된다. 아래와 같이 지도의 지적편집도 기능을 클릭하면 사진처럼 노란색과 분홍색 계열의 화면이 나타난다.

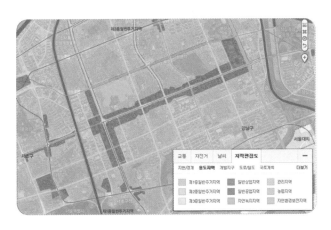

다음지도 중 하단부분 박스에서 지적편집도를 클릭하면 지도에 칠해진 색깔의 정확한 용도, 설명이 표시된다. 지도를 보면 분홍색과 노란색 계열로 덮혀 있는데, 분홍색 계열은 상가들이 몰려있는 상업지역, 노란색 계열은 주거지역이다. 지적편집도를 확대하면 제2종 일반주거지역, 제1종 일반주거지역, 제1종 전용주거지역, 일반상업지역 등 각각의 구역으로 다시 나뉘는 것을 볼 수 있다.

용어
톡톡!

* **토지이용계획원** : 정확한 명칭은 '토지이용계획확인원'으로, 토지에 대한 도시계획의 결정사항 및 도시계획구역 내의 행위에 대한 허가제한 등을 확인할 수 있도록 만든 문서이다.
* **지적편집도** : 임야 등 땅의 모양을 나타낸 도면을 편집하여 주요 내용만을 간략하게 추린 것이다. 포털에서는 편의상 제공하는 것이므로 참고로만 하고 반드시 각종 대장을 확인해야 한다.

이러한 지역별로 건폐율과 용적률이 지정되어 있다. 건폐율은 대지면적에 대한 건축면적의 비율인데, 이것이 클수록 같은 땅이라도 건물을 넓게 지을 수 있다. 토지 100평에 건폐율 70%인 곳과 50% 지역이 있다면 전자가 이득이다. 용적률은 대지면적에 대한 건축물의 *연면적의 비율로, 이것이 높다는 것은 고밀도, 고층으로의 개발이 가능하다는 의미이다. 만약 지역 내 건축 범위를 법으로 제한하지 않는다면 이익을 극대화하기 위해 건축주들은 땅 위에 건물을 최대한 넓게 지을 것이고, 모든 건물은 작은 틈도 없이 빽빽하게 붙어 있을 것이다. 이러한 폐단을 막기 위해 건폐율과 용적률 등을 지정하여 관리하고 있다.

용도지역별 건폐율과 용적률

구분(법)		세분(시행령)	건폐율(% 이하)		용적률(% 이하)		비고
			법	시행령	법	시행령	
도시지역	주거지역	1 종전용	70	50	500	50~100	개발이 완료
		2 종전용		50		100~150	
		1 종일반		60		100~200	
		2 종일반		60		150~250	
		3 종일반		50		200~300	
		준주거		70		200~500	
	상업지역	근린	90	70	1,500	200~900	
		유통		80		200~1100	
		일반		80		300~1300	
		중심		90		400~1500	
	공업지역	전용	70	70	400	150~300	
		일반		70		200~350	
		준공업		70		200~400	
	녹지지역	자연	20	20	100	50~100	개발이 가능
		생산		20		50~100	
		보전		20		50~80	
관리지역	계획관리지역		40	40	100	50~100	보전목적
	생산관리지역		20	20	80	50~80	
	보전관리지역		20	20	80	50~80	
농림지역			20	20	80	50~80	
자연환경보전지역			20	20	80	50~80	

용어 톡톡!

* **연면적** : 대지에 들어선 하나의 건축물의 각 층 바닥면적의 합계를 말한다. 지상층은 물론 지하층, 주차장 시설 등을 모두 포함한다. 다만 용적률 산정시 적용하는 연면적에는 지하층, 주차장 시설, 주민공동시설 면적을 제외한 바닥면적의 합계를 적용한다.

≫ 지도에서의 각 지역 색만 보아도 어느 정도 특성이 드러난다.

용도지역별로 살펴보면 주거지역에 비해 상업지역의 건폐율이나 용적률이 훨씬 높다는 것을 알 수 있다. 이유는 주거지역은 쾌적성을 위해 상대적으로 낮게 잡고, 상업지역은 활용도를 높이기 위해서이다. 지도에서 보았던 분홍색으로 구분되는 곳은 상업용 부동산이 지어지는 상업지역이다. 이것은 중심상업지역, 일반상업지역, 근린상업지역, 유통상업지역으로 나누어진다.

노란색 계열의 주거지역도 전용주거지역, 일반주거지역, 준주거지역으로 구분된다. 전용주거지역으로 갈수록 용적율과 건폐율이 낮아짐에 따라 주거 밀도도 낮아지므로 쾌적한 환경을 보인다. 반대로 준주거지역으로 갈수록 주거 밀도가 높아지고 주거와 상권이 혼합된 모습이다.

상업지역과 주거지역을 분류하고 건폐율과 용적률의 기준을 외울 필요는 없다. 지적편집도는 대부분 색깔로 용도지역을 표시하기 때문에 용도별 색깔만 알고 있으면 된다. 단지 이 기준들이 지적편집도에서 상권을 해석함에 있어서 어떻게 적용될 수 있는지가 중요하다. 여기서 풍부한 상상력을 발휘해 보아야 한다.

일반상업지역의 건폐율은 80%, 용적률은 1300%까지 가능하다. 즉 네모난 대지가 있다면 땅의 80% 내에서 건물의 바닥 넓이를 정할 수 있고, 1300%가 될 때까지 층을 높이 올릴 수 있다는 의미이다. 때문에 지하철역 중심으로 고층 빌딩이 빽빽하게 늘어서 있으며, 이런 건물들은 오피스로 채워져 있을 것이고 이들을 대상으로 하는 상권이 주변 지역에 갖추어져 있으리라고 예상할 수 있다. 다만 일반상업지역이라고 무조건 건폐율 80%, 용적률 1300%로 건물을 지을 수 있는 것은 아니다. **지역적 특성과 상황에 따라 조례로 제한을 둘 수 있으므로 정확한 용적률과 건폐율을 알고 싶으면 해당 지역의 조례를 확인해야 한다.**

또한 분홍색 계열의 중심상업지역 뒤편으로 노란색 계열로 표기된 제3종 일반주거지역이 있다. 일반상업지역 바로 뒤에 위치해 있고 건폐율이나 용적률을 보더라도 주거의 쾌적성은 좀 떨어진다. 하지만 지하철역이나 사무실이 가까우니 가족 단위보다는 싱글족이 많이 거주하고, 그 중심으로 이들을 대상으로 하는 상권이 어느 정도 형성되어 있는 편이다.

앞장의 지도에서와 같이 3종 일반주거지역에서 더 북쪽으로 올라가 보면 제1종 전용주거지역이 보인다. 제1종 전용주거지역은 건폐율과 용적률이 용도지역별 내에서 가장 낮다. 그만큼 주거지역으로 쾌적하나 면적 대비 세대 수가 많지 않기 때문에 상권 형성에는 많은 도움이 되지 않을 것이고, 지역 내 상권 또한 잘 갖추어져 있지 않으리라고 예상할 수 있다. 다만 일반상업지역과 거리가 그리 멀지 않기 때문에 일반상업지역의 상권으로 흡수될 수 있다. 지도상 주거지와 지하철역 등의 위치로 배후세대의 동선까지 파악하면 내가 조사할 상권에 대한 대략적인 추정이 가능하다.

참고로, 제1종 전용주거지역이 아니더라도 주변에 별다른 상권이 형성되어 있지 않다면 잘 발달된 지역으로 쏠림 현상이 생긴다. 이를 상권의 빨대 효과라고 한다. 이것은 컵에 담긴 음료를 빨대로 마시면 주변의 모든 것을 빨아들이는 것과 같은 현상을 말한다. 예를 들면 크게는 고속도로나 고속철도의 개통으로 인하여 대도시가 지방 중소도시의 소비력과 경제력을 흡수해서 대도시로 상권이 집중되는 것이다. 작게는 소상권의 소비자를 주변 큰 상권이 빨아들이는 현상을 말한다. 신분당선 연장 개통으로 강남역 상권이 더욱 활기를 띠는 것이 그 예이다. 물론 용도지역별 해석은 지역마다 다를 수 있기에 위와 같은 해석을 모든 지역의 잣대로 적용할 수는 없으므로 적절하게 통찰할 수 있어야 한다. 단순히 한 구역을 볼 것만 아니라 좀 더 넓게 지역별로, 구별로 볼 수 있는 것도 중요하다. 근거리 지역의 변화로 인해 특정 지역의 상권이 변화될 수도 있기 때문이다.

02 A급 상권에는 특별함이 있다

지도를 통해 상권의 모습을 대략적으로 예측했다면 이제 그 속에서 A급, B급, C급 상권을 찾아보도록 한다.

상권 분류	A급	- 상권의 범위가 업종의 특성상 비교적 넓은 편으로 반경 1~2㎞까지도 영향권이다. - 커피전문점, 제과·제빵전문점, 은행, 액세서리, 이동통신대리점, 안경점, 유명 의류판매점, 화장품전문점, 패스트푸드점, 대형미용실, 전문학원 등이 형성되어 있다. - 임대료 및 권리금이 가장 높다.
	B급	- 상권의 범위가 생활 편의품은 500m 이내이지만 전문음식점은 1~2㎞까지도 영향권에 속한다. 업종별 영향권의 범위가 다양하게 혼재되어 있다. - 대형음식점, 전문 의류점(아웃도어, 신발가게), 중형마트, 2군 프랜차이즈점 등 주로 생활용품을 취급하는 업종이 주류를 이루고 있다. - 임대료 및 권리금이 중간이거나 없는 경우도 있다.
	C급	- 상권의 범위가 기술서비스(카센터)는 500m 이내이고 배달전문점은 1~2㎞까지도 영향권으로 보며, 업종별 영향권의 범위가 다양하다. - 소형 미용실, 카센터, 세탁소, 보습학원, 분식점, 각종 부품판매점, 수리점 등 소형서비스 업종과 각종 배달전문점 등 매출이 높지 않은 업종이 대부분이다. - 임대료와 권리금이 가장 낮게 형성되어 있고 권리금이 없는 곳이 많다.

지금 거리에 나가 업종과 간판만 살펴봐도 이 거리가 A급 상권인지, B급 상권인지, C급 상권인지를 판가름할 수 있다. 당연한 말이지만 A급 상권 내 1급지의 상가 임대료가 가장 높다. 그런데 이런 자리의 대형 평형은 상징성과 홍보효과 등을 목적으로 대형 프랜차이즈 본사에서 직접 운영하는 경우가 많다. 그래서 개인이 접근하기에는 자금이 만만치 않게 들어간다. 소형 평형은 임차인들이 대기하는 물건이다 보니 매년 임대료를 상승시킬 수 있고 그에 비례하여 매년 이익률이 높아지다 보니 쉽게 매물로 나오지 않는다. 또 나온다고 하더라도 시장에까지 풀리지 않고 전문 투자자들 사이에서 처리된다.

때문에 우리가 흔히 볼 수 있는 물건은 A급 상권 내에서 3급지의 상가이거나 B급 상권이나 C급 상권의 물건이다. 아니면 이제 막 도시의 형태를 갖추면서 형성되어가는 택지지구 내 상가로, 불확실성이 높아 미래 가치에 대해 확인이 필요한 상가들이다. 이런 상가 중에서 돈이 될 만한 알짜 물건을 찾아내기 위해서는 체계적인 분석과 함께 미래의 상권까지 예상할 수 있는 장기적인 안목이 필요하다.

A급 상권에서 가장 중요시 되는 요소는 배후세대, 교통, 문화이다. 각각의 요소를 자세하게 살펴보자.

한 번에 A급 상권 파악하기	1. 배후세대(수요)를 살펴라
	2. 다양한 대중교통을 살펴라
	3. 상권 내 독창성(문화 관련)을 살펴라

(1) 다다익선, 배후세대

물건을 처음 선별할 때 기준이 되어야 할 것은 배후세대이다. 이것은 내 상가, 내 상권을 이용하리라고 예상되는 수요자, 고객층을 뜻한다. 상권을 파악할 때에 배후세대의 계층, 연령대까지 포함해서 조사해야 한다.

배후세대의 범위는 상권의 힘에 비례한다. 즉 상권이 강할수록 더 많은 이들이 이용한다. **또한 수요와 공급의 법칙도 적용된다.** 배후세대는 많고 그들이 이용할 상권은 작으면 작을수록 좋은 것이다. 1차적으로 배후세대를 확인하기 위해 필요한 자료가 바로 앞서 살펴보았던 지도와 지적편집도이다.

배후세대별 활성화된 업종을 찾아라

상권에 직접적인 영향을 주는 직접 배후세대와 달리 간접 배후세대는 거리가 떨어져 있지만 상권에 영향력을 미칠 만한 범위 내에 위치한 세대를 의미한다. 관심 있는 물건을 발견했다면 본인이 잘 이용하는 지도 사이트에서 주소를 입력하여 그 위치를 확인한 후 해당 상권이 유동층, 주거용 , 업무용 중 누구를 대상으로 영업하는 곳인지 파악한다. 방법은 쉽다. 주변에 주거지역이 밀집해 있으면 주거용 배후세대이고 사무실, 오피스텔 등이 밀집해 있으면 업무용 배후세대이다. 업무용이나 주거용 없이 오직 식음료, 음식, 판매, 유흥업종 등만 몰려 있다면 유동층이 고객인 상권이다. 배후세대별로 형성되어 있는 업종이나 활성화된 상권의 범위는 조금씩 다르다.

배후세대별 특징

	주거용 배후세대	업무용 배후세대	유동층 유효수요
상권 특징	근린형 업종 위주로 형성	식음료 및 음식업, 유흥업	식음료 및 휴게음식점, 소매업, 유흥업, 판매업
임대료 및 권리금	중하	상중	상
상권 이용 계층	가족 단위, 학생층 위주	청, 장년층의 직장인	20~30대
상권 범위	도보 10분 이내	도보 10분 이내	광역 상권 가능

배후세대별로 활성화된 상권의 특징을 이해하게 되면 내가 관심 있어 하는 물건이 현재 주 이용층에게 어필할 수 있는 업종인지 아닌지를 판단할 수 있다. 예를 들어 업무용 배후세대인데 투자시장에 나온 물건은 1층 이불가게라고 하

자. 영업이 잘 되지 않기에 임대료가 낮게 책정되어 있을 것이다. 하지만 입지만 나쁘지 않다면 업무용 배후세대들이 이용할 수 있는 업종으로 전환시켜서 매출도 높이고 임대료를 상향 조정할 수 있다는 생각을 가져야 한다.

배후세대가 이용하는 상권의 범위를 그려라

배후세대에서 특히 중요하게 다루어져야 하는 부분이 상권의 범위이다. **즉 내 상가를 이용할 수 있는 사람들의 범위를 그릴 수 있어야 한다.** 일반적으로 도보 10분 이내의 거리를 기준으로 삼되 절대적으로 여기지 말고 지도를 중심으로 주변 상권 단절 요인 등에 유의하며 상권의 범위를 확인하도록 해야 한다.

주거용 배후세대일 경우 대개 도보로 10분 이상 거리에 있는 상가를 이용하지 않아 심리적, 물리적 한계를 도보 10분 거리로 본다. 하지만 10분 이상의 거리에 매머드 급의 상권이 활성화되어 있으면 빨대 효과로 인해 그 상가의 힘으로 끌려갈 수도 있다. 반면 상권까지 도보 10분 이내더라도 중간중간 장애 요인이 있다면 방해물 전까지를 상권의 범위라고 규정해야 한다.

또한 상가 뒤편으로 6차선 도로가 있다면 그 길 전까지가 해당 점포의 배후세대 범위이다. 그렇게 큰 도로 너머의 고객이 내 상가까지 접근하기에는 거리적,

상가와 상권의 장애 요인

상권의 장애 요인	하천, 둑, 공원, 관공서, 6차선 이상의 넓은 도로, 대형교회, 육교, 경사진 곳, 커브길이나 구부러진 길, 다리, 기차역이나 시설물, 주유소, 철길이나 건널목, 대형 편의시설, 학교, 나대지, 대형병원, 관공서, 지하도
상가 내부 장애 요인	- 엘리베이터가 없는 2층 이상의 상가 - 일반 서비스업과 병의원이 같은 층에 있는 경우 - 상가건물임에도 사무실로 임대한 경우(내부동선 단절) - 층별 계단 구조가 불편한 경우
상가 외부 장애 요인	- 전면에 주차장이 있는 상가　　　- 전면에 있는 공개공지 - 상가 전면이 가려지는 가로수 상가　- 상가 전면이 좁은 상가 - 상가 입구에 있는 몇 단 이상의 계단　- 상가 전면에 있는 조형물

심리적 제약이 있기 때문에 건너오지 않고 근처의 상가를 이용하게 된다. 단 6차선 도로 너머에 상가가 없거나 뒤편으로 보행자 통로가 연결되어 있다면 상가 영향력이 미치는 범위가 또 달라진다.

배후세대 대비 상권의 면적을 확인하라

상권의 장애 요인에 유의하며 지도에 상권의 범위를 그렸다면 다음은 상권 내 지적편집도의 색깔을 살펴본다. 가령 주거지의 노란색과 상업지의 분홍 계열의 비율을 확인해 보자. **주거용 배후세대의 면적 대비 상가 지역의 면적이 약 3% 정도로 보인다면 우선 5점 만점이다.** 무조건 조사할 가치가 있는 물건이다. 대단지의 배후세대에 둘러싸여 있지만 상업지의 분홍색 계열이 지도 곳곳을 많이 물들이고 있다면 마이너스 지역이다. 이처럼 나만의 기준표를 만들어 지도 위에 플러스, 마이너스 요소를 확인하고 표시하다 보면 가치 있어 보이는 지역이 선별된다.

유동층의 유효수요를 잡아라

배후층이 어떤 모습이냐에 따라 상권의 현재 모습이 다를 수 있기에 상권을 판단하는 핵심 중 하나가 배후세대의 파악이다. 기본적인 고객층 외에 유동층의 유입은 상권을 확대시키는 요인이 된다.

현재 서울 시내에서 손꼽히는 상권의 대부분은 주거지의 배후세대가 많을 뿐만 아니라 유입되는 유동인구가 많다. 대학가 상권은 대학생들과 학교 주변 원룸, 오피스텔, 다중주택 등에 거주하면서 주변 상권을 이용하는 고정 고객층이 함께 유입되어 상권이 발전했다. 강남역, 가로수길도 상권의 기본 배후세대는 주변에 있는 밀집도 높은 주거단지였다. 이후 대기업들이 자리 잡으면서 소득이 높은 고정 고객층이 확보되었고 거기에 더해져 초광역적으로 여러 지역에서 유동층이 지속적으로 유입되었던 것이다.

주거 배후세대를 통해 판단할 수 있는 부분들은 다양하다. 단독지역, 다세대, 다가구 혼합지역, 아파트 밀집지역, 오피스텔이나 다중주택 같은 원룸지역 등 배후의 주거형태에 따라 상권의 색깔이 결정된다. 또한 소득이 낮은 지역과 높은 곳의 상권은 성격이 다르고, 소비력이 큰 편인 신혼부부를 비롯한 젊은층이 거주하는 지역 상권과 노년층이 거주하는 곳의 성격이 다르다. 상권의 성격에 따라 분포되어 있는 업종이나 프랜차이즈 업종의 급도 차이가 난다.

연령별 상권의 특징

항목＼세대	10~20대	30~40대	50대 이상
상권 특징	1. 중소형 및 대형 평수의 점포 혼재 2. 대형 프랜차이즈 업종 밀집 3. 대중교통의 발달 4. 상권의 확장성이 큼	1. 대형의 전문음식업 발달 2. 위락 관련 업종이 발달 3. 근린형과 오피스 형상권 4. 주차시설 발달 5. 상권 확장성 제한적	1. 근린형 위주 상권 2. 전통시장 주변 상권 3. 토착지역 상권 4. 교통시설 영향력이 적음
업종 분포	커피전문점, 패스트푸드, 1군 프랜차이즈 업종 위주 분포	음식업종과 유흥업종 위주 형성	빵집, 떡집, 만두집
임대료 및 권리금	최상	상중	중하
교통이용	대중교통	자가용	도보
기타	도심 핵심지역이나 지역별 핵심 상권	오피스 상권과 결합된 핵심 지역이나 유흥밀집지역	시장상권 중심이나 주거지 근린상권

(2) 다양한 대중교통이 갖춰진 곳을 고르자

누구나 알고 있는 유명 상권인 명동, 종로, 신촌, 홍대, 건대, 신림, 가로수길과 같은 상권들의 공통점은 적게는 하나, 많게는 여러 개의 복합 역세권이라는 점이다. 서울 시내에서 과거에 활성화되었거나 현재 번화한 상권의 공통점은 첫째 지하철역을 낀 곳이거나 대중교통이 발달한 곳이다.

아무리 좋은 시설과 규모가 큰 시설이 있다 해도 접근성이 떨어지면 그 상권은 오랜 기간 상권의 영향력을 유지하기 어렵다. 상권의 에너지는 무한 유입하는 소비층이다. 접근이 까다로운 곳은 소비자가 지속적으로 유입되기 어렵다.

물론 자가용 시대이므로 주차 시설이 갖추어진 상권이 발달한다고 주장하는 사람도 있으나 구도시의 성격을 띠고 있는 서울의 지역적 특징상, 상권 내 넓고 큰 주차장을 제공하기에는 토지 이용을 위한 비용이 막대하여 대형 상권일수록 한계가 따를 수밖에 없다.

홍대, 강남, 건대, 가로수길, 이태원, 신림 등 대표적인 상권들은 자가용을 이용하기 보다는 퇴근 후 대중교통으로 이동해서 식사하고 술 마시고 노래방이나 클럽을 이용하고, 다시 대중교통을 활용하여 귀가하는 젊은 세대가 다수를 이루는 곳이다. 물론 여기에 덧붙여 주차공간이 확보되어 있으면 금상첨화다.

목적 구매 형태의 백화점이나 대형마트 등은 물품을 구매해서 운반하기 위한 자가용 이동 고객이 많다보니 넓은 주차장은 필수다. 하지만 젊은층이 이용하는 A급 상권은 대중교통을 통해 외부에서 유입되는 사람들이 상권의 주 소비층이다. 따라서 A급 상권이 되기 위해서는 대중교통이 다양하게 잘 갖추어져 있어야 한다.

(3) 남다른 문화가 있는 상권은 번성한다

과거에 활성화되었던 A급 상권은 오직 마시고, 먹고, 노는 등 1차적인 욕구 충족과 극장 정도의 문화 업종이 발달한 곳이었다. 하지만 현재까지 계속 활발한 상권을 유지하고 있는 곳들은 여기에 덧붙여 독특한 문화가 형성된 곳들이다. **상권이 지속되기 위해서는 상권의 독창성, 즉 문화가 있어야 한다.**

문화가 있는 대표적인 상권으로는 대학로와 홍대, 이태원, 강남역 등을 꼽을 수 있다. 이곳들은 대부분 대한민국을 대표하는 상권으로 성장했다. 이대와 신촌 주변은 대학가 상권을 대표하면서 홍대 이전에는 강북 최고의 상권으로 꼽히던 곳인데, 주 이용층이 겹치는 경쟁 상권인 홍대 지역에 지속적으로 유동층을 빼앗겼다. 설상가상으로 연세대 1학년생들이 송도캠퍼스로 옮겨 가면서 상권의 쇠퇴가 더 빨라졌다.

이후 신촌 일대는 서대문구청과 상가협의회, 노점상협의회의 노력으로 주중에는 '대중교통 전용지구'와 주말에는 '보행 전용지구'로 바뀌게 되었다. 이 상권을 관통하는 연세로가 4차로에서 2차선으로 축소되었고 차량통행을 최소화하여 그마저도 주말에는 보행자들을 위한 공간으로 변화 된 것이다. 유동인구를 늘리기 위해서 진행된 보행 프로젝트는, 이와 함께 각종 문화행사를 노상에서 열리게 함으로써 신촌이 취약했던 문화 요소를 상시 공연과 문화 행사를 접할 수 있게 하는 것으로 해결하고자 했다.

이러한 노력에 힘입어 축제가 있는 곳, 문화가 있는 곳으로 신촌은 탈바꿈하였고, 빠져 나가던 젊은층의 발길을 돌리는 것뿐만 아니라 찾아오는 이들도 늘게 되었다. 요즘 신촌 상권은 조금씩 활기를 되찾고 있는 듯 보인다.

하지만 몇 가지 보완해야 할 부분들도 보인다. 신촌오거리에서 연세대까지 550m인 폭 3~4m의 보행도로를 최대 8m까지 넓힌 부분이다. 상권 측면에서 보행도로는 너무 좁아도 문제이지만 너무 넓어도 문제가 된다. 고객들의 눈을 지속적으로 끌어당기기가 어렵기 때문이다. 또한 늦은 새벽까지 주변 상권을 이용하고 택시를 잡으려면 차 없는 거리를 벗어나 대로변으로 걸어 나와야 되는데 이용자 측면에서는 불편하다.

만약 30~40대의 배후세대가 이용하는 상권의 중심도로를 차 없는 거리로 만든다면 어떻게 될까? 자녀가 있는 등 그들의 특성상 도보로 상권을 이용하기 보다는 자가용으로 접근하기 쉽고 주차가 편한 곳으로 이동할 가능성이 높다. 따라서 이들이 주로 이용하는 상권에 보행 전용지구 같은 제도를 도입하게 되면 상권을 빨리 쇠락시키는 역할을 할 것이다. 실제 지방 몇몇 지역에서는 상권을 활성화시키기 위한 방편으로 신촌을 모델로 '대중교통 전용지구'나 '보행 전용지구'를 도입하고 있지만 실제 상권의 이용층이 30~40대여서 도입이 실패했다는 이야기가 들려온다. 이처럼 **상권은 개별적인 요소들이 너무나 다양하기 때문에 언제나 전체적으로 인과관계를 따져가며 통찰해야 한다.**

>> 변화 전(가운데)와 변화 후(아래). 문화를 만들면 거리가 바뀐다.

반면 이대 상권은 꾸준하게 침체되는 모습이다. 과거 스타벅스, 미스터피자 등 유명 프랜차이즈가 국내 1호점 매장을 오픈하는 등 당시 이곳이 갖는 상징성은 대단했다. 하지만 임대료가 과하게 상승하고 프랜차이즈 위주로 가게들이 재편되면서 의류, 액세서리, 미용실 등의 특색 있던 점포들이 사라져 업종 경쟁력이 떨어지고 소비력만 강조한 탓에 문화가 접목된 홍대 상권으로 꾸준하게 고객들을 빼앗겼다. 젊은층이 주 고객임에도 이대만의 독특한 문화가 부재한 결과다. 그래서 요즘 문화가 있는 곳을 만들기 위한 노력으로 건물주와 서대문구청, 문화활력생산기지가 2015년 9월 '이화여대 뒷골목 임대료 안정화를 위한 협약'을 맺고 건물주는 임대료를 올리지 않고, 서대문구는 공방예술인과 청년창업자와 함께 특색 있는 거리를 만들 수 있도록 지원하고 있다. 상권을 공부하는 입장에서는 이런 실험이 과연 성공할 수 있는지를 면밀하게 관찰해 볼 필요가 있는데, 참고로 지금 이대 상권은 갈수록 쇠락하고 있는 실정이다.

항아리 상권을 찾아라

항아리 상권이란 일정 정도의 배후세대가 갖추어진 특정 지역에 제한적인 상권이 형성되어 있고 지역적인 특성상 상권이 더 이상 확장하지 못하는 권역이다.

항아리 상권의 또 다른 특징은 근거리에 역세권이나 기타 상권이 없거나 타 지역으로 이동이 제한적이고 역을 중심으로 한 대체상권으로의 소비층의 유출이 없다는 것이다. 또한 상권 내에 세대 수가 일정 규모를 갖추고 있고 학교 등이 근거리에 있어서 교육열 덕분에 개별상가들의 층별 구성이 빼어나다. 고층부를 중심으로 다양한 종류의 학원가와 헬스 관련 업종들이 형성되고 저층부에는 근린생활 업종의 식음료업종, 대형슈퍼마켓, 이동통신대리점 등이 입점한다. 중층부에는 은행과 각종 병의원과 프랜차이즈형 음식업종들로 구성된다. 일반적으로 투자하기를 꺼려하는 고층 상가도 이곳에서는 임대 수익이 좋고 거래 또한 활발한 편이라 임차인 수요가 항상 있다.

항아리상권은 지역의 특징상 외부에서 유입되는 고객이 거의 없다고 보아야 한다. 그래서 **유동층보다는 배후주거세대의 특징을 파악해야 한다.** 전체 주변이 아파트 단지라면 아파트의 평형대와 가격대, 전월세의 동향 등을 파악해야 하고 상권과 관련해서 주거지와 연결된 동선을 잘 살펴야 한다. 또 대중교통으로의 이동동선도 중요하다. 주 이용시설들과 대중교통과의 동선에 최대한 많이 노출된 상가들이 좀 더 안정적인 매출을 올릴 수 있기 때문에 임대료나 매매 가격이 타 상가에 비해 10% 정도 높은 편이다.

항아리 상권은 특히 임차인들이 선호하는 상권으로 개별 점포의 *바닥권리금이 높게 형성되어 있으며, 업종에 따라 시설권리금도 같이 받을 수 있고 상가의 제한적인 공급으로 인해 2층, 3층, 4층에도 권리금이 형성되어 있기도 하다.

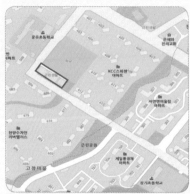

》 김포신도시 운유초 주변

만약 위 지도의 빨간 선 안의 상가를 투자할 것인가를 결정할 때 어떤 결정을 내릴 것인가?

먼저 배후세대의 범위를 지정해보자. 상가를 중심으로 최소 4000세대 이상의 범위가 그려진다. 지적편집도를 살펴보면 분홍색의 상가지역은 주위 사방으로 오직 중앙밖에 안 보인다. 아파트 배후세대들은 이 상권을 이용할 수밖에 없다. 다른 상권을 이용하려고 해도 거리도 멀고 넓은 대로변이나 공원을 통과해야 하니 참으로 불편하다. 근거리 학교가 있는 주거용 배후세대의 특징을 감안하면 생활밀착형 업종과 학원 업종이 성행할 수밖에 없을 것이라고 짐작할 수 있다. 유흥업종은 없을 것이고, 좀 더 쾌적한 상권이 될 수도 있어 전형적인 주거지 상권일 것이라고 예상할 수도 있다. 임대료를 쉽게

* **바닥권리금** : 상가의 위치가 좋아서 유동인구가 많고 독점적으로 장사할 수 있는 곳에 발생하는 권리금을 말한다.

올릴 수 있는 업종이 유흥업종이다 보니 임대인의 입장에서는 이러한 주거 전용의 임대가는 아무리 높아진다고 해도 어느 정도 한계가 있을 것이라고 생각할 수도 있다. 하지만 항아리 상권은 그 자체로 큰 힘을 가지고 있기에 그런 상권 내에 바로 투자해야 한다. 이런 지역의 상가는 매년 꾸준하게 임대료를 올릴 수 있다. 높은 임대 수익률 탓에 매매가도 지속적으로 상승하므로 상가를 매입하겠다는 투자자들이 지속적으로 유입되는 매도자 우위의 시장이다.

다만 항아리 상권이라고 해도 구도심과 신도시에 따라 상권의 차이가 있을 수 있다. 신도시의 항아리 상권은 정형화된 특징이 있는 반면 구도심의 항아리 상권은 지역적 특징에 따라 조금씩 다르다. 현장 답사 때 도시의 유형의 특징을 파악하는 것이 핵심이다. 구도심은 신도시에 비해 패턴이 다양하기 때문이다. 시장에서는 항아리 상권을 저수지 상권이나 섬 상권, 포켓 상권이라는 용어로 쓰기도 한다.

항아리 상권의 특징

장 점	안정적이고 충성도 높은 수요층 확보로 상권 내 매출이 꾸준하게 유지되고 개별 상가들의 권리금이 높게 형성된다.
단 점	수요의 한계로 매출 성장의 한계가 뚜렷하고 교통편이 불편해 외부에서 접근성이 떨어져 유동층이 제한적이다.

03 동선, 가시성, 접근성을 파악하자

일반적으로 상권 분석을 어렵게 생각하는 경향이 많다. 처음부터 너무 복잡한 이론을 공부할 필요는 없다. 가장 중요하고 기본적인 것으로 한정해서, 큰 틀로 분류해 보면 상권은 가시성, 접근성, 동선으로 간단하게 요약이 가능하기 때문이다.

이중 가장 중요한 요소는 동선이다. 동선이 좋으면 가시성이나 접근성이 조금 나쁘더라도 충분히 극복할 수 있는 여력이 생긴다. 또한 동선은 입지와 일맥상통하기 때문에 동선만 충분히 파악하면 상권의 절반은 이해한 것이라고 해도 과언이 아니다.

중요 요소	내 용
가시성	- 상가의 노출 정도와 고객이 식별할 수 있는 정도(가능성) - 상가를 쉽고, 빠르게 찾을 수 있는 정도(가능성)
접근성	- 고객이 상가에 쉽게 접근할 수 있는 정도(가능성) - 상가에 출입하기 쉬운 정도(가능성) - 통행 및 유동 발생지역으로부터 접근할 수 있는 정도(가능성)
동선	- 상가 주변의 도로와 보행도 및 상권 내 유동인구의 이동선

한편 동선이 가장 중요한 요소이지만 어느 한 가지 요소만으로 상권이 좋다, 나쁘다를 판단하기는 어렵다. 물론 이상적인 투자 가치를 가진 물건은 모든 요소들을 만족해야 하지만 투자 시장에서는 찾기 어렵다. 대안으로 요소별 특징을 파악하고 가중치를 매기며 나만의 물건을 선별할 수 있어야 한다.

(1) 좋은 동선, 나쁜 동선, 이상한 동선

동선의 사전적 의미는 '건축물의 안과 밖에서, 사람이나 물건이 이동하는 자취나 방향을 나타내는 선'이다. 한마디로 '사람이 건물의 내부나 외부에서 이동하는 선의 연결'이다. 동선상에 사람의 시각에 많이 노출될수록 내 상가의 매출이 상승할 가능성이 높다. 그래서 **상권은 배후세대로, 상가는 동선으로 판가름한다.**

넓은 도로나 통행로가 주동선일수도 있고 유동층이 이면도로를 주로 이용하는 경우도 있기 때문에 넓은 통행로가 꼭 주동선이라는 생각은 맞지 않다. 주변 교통과 배후세대와 통행로의 여건에 따라서 다르기 때문에 일률적인 적용은 피해야 한다.

주동선	사람이나 자동차의 통행이 가장 빈번한 길이나 도로
보조동선	주도로가 아닌 이면도로나 통행로 등의 이동 경로
이용동선	상가나 건물 등에 목적을 가지고 이동하는 길이나 도로
이동동선	유동층이 특정지역의 길이나 도로를 이동하는 경로
유효동선	유동층의 방문이 점포까지 이어지는 길
흐르는 동선	특정지역의 길이나 도로를 목적 없이 이동하는 경로

※ 동선의 적용은 상권이나 입지에 따라 다소 유동적인 적용이 필요하다.

① 내부동선, 고객에게 많이 노출되어야 좋다

도로나 인도가 접한 상가가 아닌 건물에 들어가 내부에서 입구를 찾을 수 있는 상가를 흔히 먹통 상가나 오픈형 상가라고 한다. 먹통 상가는 가시성과 접근성이 떨어진다. 사방이 외부와 단절되어 막혀 있다. 반면 오픈형 상가는 상가건물의 내부에 일정공간을 오픈해서 구획선으로만 상가의 자리를 표시하며 벽과 출입문이 없이 사방이 뚫려 있다. 이런 상가들은 내부동선에 따라 매출이 크게 달라지기 때문에 몇 걸음의 차이로 상가의 권리금과 임대료가 차이난다.

핵심 상권마다 한때 유행처럼 들어선 오픈형 쇼핑몰 대부분은 현재 극히 건물

일부분에서만 영업하고 있고 건물 대부분이 경매 시장에 반복적으로 나오고 있는 실정이다. 주로 동대문에 많이 분포되어 있는데, 이런 상가들의 공통적인 특징은 1층 입구에서부터 2층으로 이동하는 에스컬레이터나 엘리베이터 주변으로 주요 동선이 잡혀 있고, 그 주변 점포의 권리금과 임대료가 높다. 1층에 위치한 경우에는 입구 주변의 상가가 가장 임대료가 높다.

》 먹통형 상가(위)와 오픈형 상가(아래)는 모두 내부동선이 중요하다.

또 민자역사에 환승이나 교통시설을 이용하고자 방문한 유동층을 고객으로 끌어들이기 위해 입점한 대형쇼핑센터도 내부동선을 효율적으로 배치하고 있다. 유동층의 내부동선에 따라 노출되어 있는 곳과 그렇지 않은 곳의 매출 차이가 벌어지고 있는데 이를 통해 내부동선이 매출에 얼마나 영향을 미치고 있는지 알 수 있다. 사람들의 움직임에 따라 소비가 이루어지기 때문에 동선의 중요성

은 시간이 지날수록 더 커지고 있다.

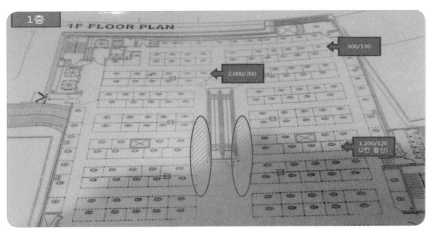

» 1층은 입구 주변이 그 외 층은 에스켈레이터 주변이 임대료가 높다.

② 사람의 심리를 파악하면 외부동선이 보인다

예전에 '목'이라는 단어는 '다른 곳으로 빠져 나갈 수 없는 중요한 통로의 좁은 곳'이라는 뜻으로 불렸다. 상권에서 '목'은 상가가 자리한 위치이다. 흔히 "목이 좋아야 장사가 잘 된다."고 하는 말은 동선상 좋은 위치에 자리하고 있는 상가의 중요성을 나타내고 있다. 외부동선은 예전이나 지금이나 장사를 하는 사람들에게는 매우 중요한 부분이다.

사람들이 지나다니는 곳이나 꼭 가야 되는 통로, 주변 유동층의 동선과 흐름이 이어지고 끊어지는 곳을 파악하고 또한 분석하고자 하는 상가나 건물이 외부동선상에 얼마나, 어떻게 노출되어 있는지를 판단하는 것이 상가 외부동선의 핵심이다. 주동선과 다양한 형태의 여러 동선이 복수로 걸쳐 있는 곳의 상가가 가장 좋은 동선에 위치해 있다고 할 수 있다.

그렇다면 동선을 예측할 때 어떻게 그려나가야 하는 것일까? 갈림길에서 오른쪽으로 갈지 왼쪽으로 갈지 직진할지 돌아갈지 등 사람의 동선, 통행에 영향을 미치는 몇 가지 심리적 요인이 있다. 그 중에서 상가 동선과 관련해서 가장 많이 응용되는 이론은 3가지이다.

최단거리 실현

목적지까지 최단거리의 동선을 이용하려는 심리는 크고 발달된 주도로보다 빠른 이면도로의 길을 이용하는 모습으로 나타난다. 대로의 상가보다 이면도로 가게들이 활성화되는 경우가 이 영향이다.

안전 중시

위험 요소나 안전상 문제가 있어 보이는 곳을 기피한다. 어둡거나 사람 통행이 뜸한 곳은 피한다. 이런 곳은 상권도 형성되지 못한다.

집합(추종)

전체의 흐름이나 군중 심리에 의해 많은 사람들이 주로 모이는 곳이나 다니는 곳으로 같이 동참하게 되는 심리를 말한다. 상권도 주동선과 이미 형성된 곳으로 더 확장되거나 몰리게 되는 경우가 일반적이다.

동선 심리 7가지

① 추종 본능	사람들이 많은 곳으로 더 몰리는 경향
② 지광 본능	환하고 밝은 곳에 사람들이 몰리는 경향
③ 일상 동선 지향성	평상시에 자주 사용하고 있는 경로를 사용하는 경향 (한번 형성된 주동선은 외부 요인에 의해 바뀌기 전까지는 영원하다.)
④ 향개방성	닫히고 막힌 곳보다 열려진 느낌이 드는 방향으로 이동하는 경향
⑤ 지근거리 선택성	다소 먼 거리의 편한 길보다 다소 불편하더라도 가까운 거리를 선택하는 경향
⑥ 직진성, 좌회 본능	정면의 계단과 통로를 선택하거나 막다른 곳이 나올 때까지 직진을 하거나 갈림길에서는 왼쪽의 길을 선택하는 본능
⑦ 안전 지향성	불안한 길보다는 안전하다고 생각한 경로로 향하는 경향

실제로 접목해 보면 동선의 흐름이 일시적이거나 단순한 현상이 아닌 인간의 본능적 선택에 기초해서 발달했고 어느 정도 효용성이 있다는 걸 알 수 있다. 구체적으로 특정지역의 상가나 상권 분석에 적용해 보자.

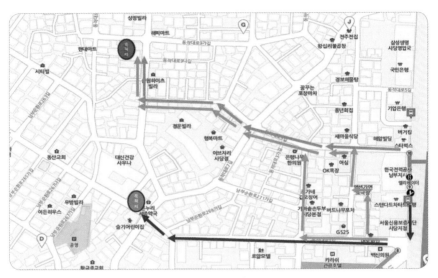

>> 빨간색은 북쪽 주거지를, 파란색은 남쪽 주거지를 향하는 동선을 나타낸다.

구도심의 2호선과 4호선 지하철이 환승되는 역의 지도에 북쪽 주거지역과 남쪽 주거지역을 목표로 가정해 각각의 이동동선을 그려 보았다. 지도상으로 예측하건데 동선이 많이 겹치는 곳 중심으로 상권이 발전되어 있을 것으로 보인다. 따라서 이 선 위에 내 관심 물건이 포함되어 있다면 임장할 가치가 있는 것으로 판단되므로 실제 임장을 통해 예측을 확인하는 과정을 거치면 된다.

위 지도만을 보면 북쪽 주거지역이 남쪽보다 배후세대가 훨씬 많아 보인다. 그러므로 북쪽으로 움직이는 동선에 있는 점포들이 더 활성화되어 있으리라 예측할 수 있다. 주거지 주변의 상권은 식사나 생필품 등 목적 구매가 가능한 업종 위주의 근린생활형 상권이 형성되므로 관련 업종에는 유리한 동선이다.

여기에 실제 적용하고 있는 동선의 분석 방법을 몇 가지 더 추가해 보면, 배후 주거지의 대중교통 이용동선은 출근보다는 퇴근 동선이 매출에 도움이 된다. 출근 때에는 직장이라는 목적지로 정해진 시간 내에 움직여야 하기 때문에 주변 상가를 이용하는 횟수가 적을 수밖에 없다. 그렇지만 직장 주변 오피스 상권에는 간단한 식사나 커피 같은 식음료 판매점의 매출이 높다.

반대로 퇴근 동선상의 직장 주변 오피스 대상 점포는 식사와 1, 2차 회식이 가능한 업종이 유리하다. 다만 유흥 및 위락이 불가능한 상권은 직장인들이 회식 시 주변에 위락이 가능한 대형 상권이 있다면 회식 장소를 바꿀 수도 있다. 또한 퇴근 때에는 출근 동선에 비해 여유가 있으므로 상가를 이용할 때에도 맛과 멋, 그리고 문화가 있는 곳이 발달하게 된다.

물론 대개의 경우 출근과 퇴근 동선은 일치하는 경향이 있다. 하지만 같은 길이라도 근무지로 향할 때보다는 집으로 돌아갈 때 상권이 발달하게 되어 길을 중심으로 좌우 점포 매출이 다를 수 있다.

퇴근 동선의 상권은 다시 주거형과 오피스형 상권으로 나눌 수 있고, 또 주로 이용하는 곳과 부수적으로 이용하는 동선의 상권으로 구분된다.

동 선	대상 수요층	특 징
출근 동선	주거형 상권	유동층의 단순한 통행동선
	오피스형 상권	제한적인 식음료, 편의점 발달
퇴근 동선	주거형 상권	근린생활형 상권 및 마트업종 발달
	오피스형 상권	회식 및 위락형 상권 발달

이외에도 대학교, 아파트 단지 등 고정고객이 있는 지역의 상가가 좋다. 배후의 고정 이용층이 쉽게 접근할 수 있는 접근성 좋은 지역에 위치한 상가를 선택하라. 단 고정고객에 대한 의존도가 지나치게 높아 야간이나 주말이면 썰렁해지는 지역의 상가는 피해야 한다.

배후에 아파트 단지를 끼고 있으면서 지하철이나 버스 정류장에서 50m 이내에 있는 상가가 좋다. 길목을 지켜야 고객을 만날 수 있기 때문이다.

그러나 지하철역이나 버스 정류장과 가깝다고 반드시 목이 좋은 상가라고 할 수는 없다. 주민들의 동선이 어디로 움직이느냐가 중요하다. 상가는 지하철역 서쪽에 있는데, 주민들은 동쪽으로 주로 움직인다면 위치가 좋은 상가라고 볼 수 없다. 이는 현장답사를 통해 확인할 수 있는 사항이다.

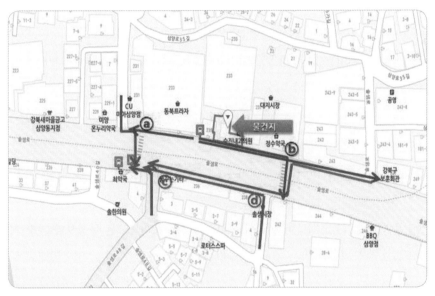

>> 빨간색은 퇴근, 파란색은 출근 동선이다.

화살표 위치에 있는 상가의 매수 여부를 결정한다고 하자. 일단, 입지적인 부분은 고려하지 않고 해당 물건의 동선을 그려 보면, 건널목을 사이에 두고 버스 정류장이 각각 있다. 북쪽은 일반 주택가, 남쪽은 아파트, 일반 주택가가 배후 세대이다. 지도에서 보기에는 남쪽보다 북쪽의 배후세대가 훨씬 많아 보인다. 정확한 세대 수나 계층 등을 알아보는 방법은 뒤에서 다시 살펴보도록 한다.

지도에서는 자세하게 나와 있지 않지만 좌측에는 뉴타운 지역으로 대단지 아파트가 자리 잡고 있다. 이런 대단지는 단지 내 상가도 조성이 잘 되어 있다. 아파트와 일반 주택지가 혼재되어 있는 지역인 경우 상권을 이용하는 사람들이 구분되는 경향이 있다. 특히 건축된 지 얼마 안 된 아파트 세대는 꼭 가까운 거리가 아니어도 자가용을 이용해 대형마트를 이용하는 경향이 강하다. 간혹 급하게 필요한 물품들은 아파트 단지 내 상가에서 해결한다. 구역 내 재래시장이라든지 중형규모의 마트 등이 있으면 유입층이 조금 더 증가하지만 큰 상권으로 발돋움하기에는 한계가 있다.

버스 정류장과 건널목을 살펴봤을 때 빨간 선은 퇴근 동선이고 파란 선은 출근 동선이다. 물건지는 퇴근 때 두 개의 선이 중복되어 있고 북쪽의 배후세대가 훨씬 많기에 임장할 가치가 있어 보인다. 실제로 임장했을 때 ⓐ부터 ⓑ까지 약 80m만 활성화된 상권이었다. 이곳에만 큰 대형마트가 2개나 양쪽에 자리 잡고 있어서 지나다니는 사람으로 언제나 복잡했다. 하지만 4차선 건너 ⓒ부터 ⓓ 지역은 재래시장이 있음에도 불구하고 ⓐ부터 ⓑ까지 상권에 비해 사람들의 이동이 훨씬 적었다.

상권을 파악할 때 고객들이 유입되는 상업지역을 제외하고는 동선보다 가장 최우선적으로 살펴봐야 하는 것이 배후세대다. 동선을 그릴 때도 어떤 지역의 배후세대가 어느 쪽으로 움직일 것인지를 지도만을 보고 그려볼 수 있도록 꾸준한 현장 활동을 통해 연습을 해야 한다.

지도상 유동인구가 많아 보이고 실제 답사를 갔을 때에도 붐비는 도로변에 있는 상가라고 해도 주의해야 할 동선이 있다. 바로 흐르는 동선이다. 유동인구의 보행속도가 빠르며, 상권 외의 목적지를 향한다. 이런 동선은 상가투자 시 많이 속는 유형의 동선이다. 속도는 출근 때의 유동인구 흐름을 생각하면 되는데, 즉 지나다니는 사람은 많은데 정작 내 상가를 이용하지 않아 매출에는 하등 이익이 없다.

③ 흐르는 동선에 주의하라

많은 사람들이 이용하는, 또는 노출되는 동선이라고 무조건 좋은 상가는 아니다. 단순히 교통시설 등을 이용하기 위해 거쳐야만 하는 동선, 즉 흐르는 동선이 존재하기 때문이다.

이것의 특징을 살펴보면 우선 유동층이 굉장히 많아 속기 쉬운 동선이라는 것이다. 또한 목적을 위해 지나가는 동선이므로 사람들의 발걸음이 굉장히 빠르고 도보 도로의 폭이 좁아 느긋하게 주변을 살필 여력이 없다. 지하철역이 함께 있는 잘 발달된 지하차도도 고객이 흘러가 버리는 요인이 될 수 있다. 지하철까지 갈 수 있는 주 이동동선임에도 불구하고 상권의 힘이 약하다.

≫ 인도 폭이 2m가 채 안 되어 2명씩 지나쳐도 어깨를 스치고 지나가야 한다.

이런 동선에 상가가 노출되어 있다면 고객이 내점해서 매출로 이어지기에는 한계가 뚜렷하다. 겉보기에는 좋아 보이나 실제로는 실속이 없다.

이처럼 동선을 파악할 때에는 단순 이동 선인지 이용 선인지를 알아야 한다. 물론 편의점 등 일부 업종은 어느 동선에 노출되어 있어도 된다.

이외에 좋지도, 나쁘지도 않은 애매한 동선이 있다. 가장 흔히 볼 수 있다. 이럴 경우 기본적인 유동 인구 흐름이 보이고 나쁜 동선만 아니라면 배후세대, 입지, 업종의 경쟁력에 대한 부분에 주력해서 투자할 상가의 가치를 판가름할 수밖에 없다.

> 조경시설이 전면을 막고 있음에도 광역 철도 노선이 개통되는 등 변화가 생기면 투자 가치가 달라질 수 있다.

위 사진은 조경시설 같은 방해물에도 불구하고 경의중앙선 망우역이 개통되면서 역까지 이동동선에 위치해 있다며 홍보되고, 투자 가치가 높게 평가되었던 상가건물이다. 하지만 수로시설로 막혀 있는데다 인도 폭도 좁아 외부에서 잘 보이지도 않고 접근하기도 쉽지 않다. 동선도 망우역이라는 목적지까지 흐르는 이동 선과 쇼핑몰을 이용하는 이용 선으로 나누어질 가능성이 높아 보인다. 전철역이 동선상에 있어 매우 좋아 보이지만 실제 사람들이 얼마나 쇼핑몰을 이용하는지를 투자하기 전 평일과 주말에 충분히 확인해 보면 흐르는 동선일 가능성이 크므로 면밀히 조사할 필요가 있다.

동선상 위치가 좋은 상가

- ㉠ 지하철역 연계 가능한 버스 노선이 많은 정류장 주변
- ㉡ 대단지 아파트 단지 초입
- ㉢ 이동동선에 점포의 수가 많은 지역
- ㉣ 차량의 저속주행이 원활하고 보행자의 이동 경로가 단순한 지역
- ㉤ 지하철 출구 중 이용률이 가장 높은 곳의 상가
- ㉥ 노점상과 같은 비상가판매점이 몰려 있는 곳
- ㉦ 고정고객이 있는 상가
- ㉧ 주거지역과 동선이 연결된 곳

★ 피해야 하는 상가 7가지 ★

① 공개공지로 막힌 상가

길거리를 걷다가 건물의 휴식공간에 잠깐 앉아 쉬거나 사람들이 모여 담배를 필수 있는 공간들을 많이 보았을 것이다. 공개공지다. 이곳은 건물의 주변을 지나다니는 누구에게나 개방되어 있는 휴식 공간이다.

만약 건물 1층 상가 앞에 지나치게 넓은 공개공지가 있다면 접근성과 가시성이 떨어져 유동층을 흡수하는 데 장애요인으로 작용하기 때문에 가급적 피해야 한다. 물론 예외도 있다. 공개공지를 고객들이 휴식 공간으로 적극 활용하는 경우이다. 투자 시 주의 깊게 살펴보아야 한다.

이것은 구도심보다는 신도시 또는 신축건물에서 흔히 볼 수 있는 공간이다. 예전에는 건물을 건축할 때 공개공지라는 공간을 별도로 두지 않아 공개공지를 접할 수 없지만, 현재 새로 지어지는 건물에서는 대부분 이 공간을 확보해야 한다.

>> 공개공지 뒤의 상가는 투자 전에 한 번 더 검토해야 한다.

② 조형물이나 조경수에 가려진 상가

대형 조형물이나 공지의 조경수 탓에 가시성과 접근성이 떨어지는 1층 상가들도 현장 답사에서 조사를 꼼꼼하게 할 필요가 있다. 단순 충동 구매형 업종이라면 매출에 상당히 부정적인 영향을 미칠 수 있으므로 투자를 신중하게 판단해야 하며, 목적 구매형이나 우수한 프랜차이즈 업체가 입점한다면 부정적인 부분이 해소될 수도 있다. 수익성 분석을 철저히 해야 한다.

>> 조형물로 가려진 1층에 유명 커피전문점이 입점해 있다.

③ 전면에 주차장이 있는 상가

상가나 건물 내 주차장의 중요성이 갈수록 강조되고 있다. 몇몇 프랜차이즈 업종은 높은 매출을 올리기 위한 필수 전략으로 입점의 기본 조건 중 하나를 주차공간이 넉넉한 건물로 내세우고 있다.

그런데 과거에는 건축 비용이 더 드는 지하 주차장보다는 건물의 전면이나 옆면, 후면에 주차장을 만드는 경우가 많았다. 하지만 이럴 경우 상가에서 영업을 하는 임차인에게는 부정적인 영향을 미칠 수가 있다. 특히 규모가 작은 건물은 전면 공간에 주차장을 두고 있기에 상가의 가시성과 접근성이 현저하게 떨어진다. 이런 형태의 상가들은 월세나 권리금이 낮게 형성되는 경우가 많다. 그러나 상권이 좋은 곳에 위치한 이런 형태의 가게들은 월세나 권리금이 다른 상가에 비해 결코 낮지 않으므로 업종이 자주 바뀌는 악순환이 일어날 수 있다.

참고로 상가를 신축할 때 적용되는 주차 관련 법령을 살펴보면 주거용 부동산에 비해 주차 공간이 덜 필요하다. 근린생활시설은 건축법상 100~134㎡(33~40평) 당 1대의 주차 공간이 필요하기 때문에 많은 공간이 갖추어져야 하는 것은 아니다.

④ 완충녹지로 막혀 있는 상가

공개공지가 있는 경우보다 더 상가가 잘 보이지 않고 접근하기에도 방해가 된다. 녹지는 그 기능에 따라 「도시공원 및 녹지 등에 관한 법률」 제35조에 의거 구분된다.

ㄱ. 완충녹지 : 도시지역 내에서 자연환경을 보전 또는 개선하는 기능과 각종 공해나 재해를 방지하고 도시경관을 향상 시키는 기능을 위해 「국토의 계획 및 이용에 관한 법률」에 의한 도시 · 군 관리계획으로 결정된 녹지를 말한다. 용도지역의 녹지지역과는 다른 개념이다.

ㄴ. 경관녹지 : 도시의 자연적 환경을 보전하거나 이를 개선하고 이미 자연이 훼손된 지역을 복원 · 개선함으로써 도시경관을 향상시키기 위하여 설치하는 녹지이다.

ㄷ. 연결녹지 : 도시 안의 공원·하천·산지 등을 유기적으로 연결하고 도시민에게 산책 공간의 역할을 하는 등 여가 · 휴식을 제공하는 선형의 녹지를 말한다.

» 완충녹지는 상가와 인도, 도로 등의 사이를 가르게 된다.

⑤ 간판이 잘 보이지 않는 상가

1층 상가일지라도 경우에 따라 간판이 잘 보이지 않거나 부착할 곳이 없는 경우가 있으니 임장 시 주의깊게 살펴보아야 한다. 상가를 알릴 수 있는 가장 확실한 홍보 방법 중 하나는 간판에서 시작한다고 해도 과언이 아니다. 상가관리단이나 번영회에서 임차인들끼리 가장 의견다툼이 많은 것 중의 하나가 간판이다. 임차인 입장에서는 사람들의 눈에 가장 잘 보이면서 강렬한 인상을 남길 수 있는 자리를 원하는데, 문제는 그런 곳은 누구든 원한다는 것이다. 그래서 서로의 이해가 충돌하지 않는 선에서 간판을 달 수 있는 자리가 결정된다.

⑥ 접근성이 나쁜 상가나 먹통형 상가

상가 전면부나 후면부 어디에도 입구를 찾아 볼 수 없고 외부에 간판이 있어야 그나마 있는지 알 수 있는 상가들이 있다. 이런 가게들은 유동층을 흡수하기가 쉽지 않다. 그러다 보니 매출에도 한계가 있어서 임대료가 다른 상가들에 비해 낮은 가격대에 형성되어 있다. 물론 분양가도 낮은 편이다.

≫ 내부형 상가나 접근성이 나쁜 상가는 더욱 신중해야 한다.

⑦ 대중교통의 시작점과 먼 상가

일반적으로 상가는 상업지를 중심으로 많이 들어선다. 하지만 상업지라고 해서 교통편이 잘 발달된 것은 아니다. 서울 같은 경우에는 워낙 많은 지하철역들이 있지만 없는 곳도 더러 있고 상권 내에 있다 해도 거리나 동선이 전혀 영향을 미치지 않는 물건들이 투자시장에 자주 등장한다.

이런 상가들을 투자할 때는 업종의 선택이 중요하다. 투자할 때 입지의 단점을 어떻게 해결할 수 있는지를 생각하고 투자해야 한다.

(2) 누구나, 어디서나 돋보이는 가시성을 가진 상가

사람들이 자주 다니는 도로변에 접한 건물에서 일직선으로 전면이 노출되어 있는 상가도 건물 모양새와 위치에 따라 가시성이 달라질 수 있다. 간판도 잘 보이지 않는 건물의 뒤쪽에 있는 상가들은 더 그렇다. 결국은 매출과 임대료와 권리금으로 그 상가의 가치가 반영된다.

특정 상가를 정하지 않은 고객이 길을 지나가다 상가의 외관을 보고 구매를 결정하는 시간은 불과 몇 초가 안 걸린다는 것이 통설이다. 간판과 외부의 시각적 이미지만 보고 구매를 결정한다고 한다.

강남역 사거리에 처음 가면 가장 먼저 무엇이 보일까?

누구는 길거리의 많은 사람을, 누구는 기업 타운을, 누구는 고층 빌딩을, 혹자는 상가들의 휘황찬란한 간판과 개별 점포의 사이즈를, 또 다른 누군가는 업종과 브랜드에 대해 인상 깊게 본다. 이렇듯 사람들은 자신의 관심사와 호기심에 따라 보고 느끼는 게 다르다.

하지만 공통적인 부분이 있다. 바로 가시성이다. 가장 사람들에게 잘 보이고 또 쉽게 볼 수 있는 자리, 누구나 볼 수밖에 없으면서 누구든 볼 수 있게 하는 곳, 즉 가시성이 좋은 위치에 우선적으로 눈이 간다.

좋은 점포란 누구나 쉽게 찾을 수 있어야 하며 접근할 수 있어야 한다. 그래야 상가의 목적인 영업 활동을 통해 수익을 창출할 수 있기 때문이다. 가시성이란 여기서부터 출발한다. 가시성을 확보하는 일은 매출과 직결되는 문제이므로 매우 중요하다. 아무리 접근성이 좋아도 가시성이 나쁘면 고객의 접근이 어려울 수밖에 없다.

점포의 가시성은 도로에 접한 면의 길이, 보도에서 안쪽으로 들어가 있는 이격 폭, 코너 여부, 간판 색상 및 건물의 외부디자인 등에 의해 결정된다. 그래서 가시성을 확보하려면 상가의 전면 부분을 최대한 넓게 설정하는 것이 좋다. 예를 들어 점포의 전면 폭이 3.5m 이상이면 입점 업종의 선택 폭이 넓어지고 임대료도 올라갈 수 있다. 특히 몇몇 프랜차이즈의 경우 전면 폭이 최소한 3.5m 이상이 되어야 입점 가능한 경우도 있다. 또 삼거리나 사거리의 코너 자리 상가는 각도가 양쪽으로 노출되어 있는 것이 좋다.

거의 모든 점포들이 세로로 긴 모양인 세장형 점포들이고 가로로 넓은 모양인 가장형 점포들은 많지 않다. 전면을 최대한 쪼개서 앞쪽으로 노출된 상가를 많이 분양하기 위한 꼼수다. 하지만 세장형 점포보다는 가장형 점포가 좋고, 최고의 입지 조건은 코너형 점포이다. 같은 10평의 점포라고 해도 세장형 점포는 전면이 3m에 불과하지만 가장형 점포는 10m가 나오며, 코너형 점포는 13m의 노출면을 갖게 된다.

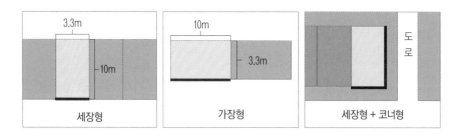

>> 세장형 상가(좌)가 전면 노출면이 가장 적고, 가장형이자 코너형 상가(우)가 가장 크다.

간판이나 점포 외부디자인도 가시성 확보를 위해 신경써야 할 부분이다. 만약에 상가 자체가 눈에 띄지 않는 곳에 위치한다면 외형적인 조건을 강조해서라도 눈에 잘 보이도록 해야 한다.

가시성은 상가 주변이 혼잡할수록 더 중요하다. 사람들의 시선이 분산되어 있으므로 간판과 인테리어 등으로 사람들의 이목을 끌어들여야 하기 때문이다. 그래서 사람들의 시선을 모으기 위해 각종 입간판이나 네온사인, LED 등의 도구들을 이용한다.

이렇게 **이용층의 눈길을 끌기 위해 다양한 시각적 조건들을 만들어 가는 것이 가시성의 핵심이다.** 그리고 가시성이 높으면 상가 매출이 지속적으로 창출된다. 물론 사업 아이템과 상권이 잘 맞아야 한다.

>> 좌측 상가는 노출면이 많아 가시성이 좋지만, 우측 상가는 상부구조와 전면기둥 탓에 그렇지 못하다.

가시성을 떨어뜨리는 요소들

㉠ 상가 전면을 가리는 육교나 가로수, 조형물, 조경수
㉡ 소형상가 바로 옆의 높은 빌딩이나 대형상가
㉢ 간판이 노출되지 못하거나 가려진 상가
㉣ 상가 전면이 주차장으로 가려져 노출이 안되는 상가
㉤ 건물의 전면이 아닌 측면에 위치해 보행통로로만 접근이 가능한 상가

(3) 고객을 끌어들이는 접근성이 좋아야 한다

가시성과 동선은 좋은데 상가 전면에서 상가까지 접근하기가 어려운 경우도 있다. 고객이 특정 상가를 찾아가거나 내점할 때 장애물이나 방해 없이 출입하기가 좋아야 한다.

접근성이 좋은 상가란 유동인구나 주 이용층이 움직이는 주요 동선에 위치한다. 가급적 주요 움직임 안에 포진해야 고객의 점포 접근이 용이하다. 그래서 사람들의 이용이 많은 횡단보도나 지하철 주출입구 앞, 버스 정류장이 유리한 위치이다. 접근성이 떨어지면 점포의 가치도 같이 하락하기 때문에 입지 선정 시에 주의해야 한다.

교통시설이나 편의시설, 고객집객시설 등과 상가와의 주요 동선을 파악해 고객이 특정지역에서부터 점포를 방문하기까지 과정 중에 별다른 문제나 불편 없이 이용할 수 있는 정도를 확인하는 것이 중요하다.

1층 상가라 해도 전면의 인도 폭이 넓어 이동동선과 지나치게 떨어진 곳이나 상가 앞면에 조경시설이나 환풍구, 주차장 등이 있어 상가의 접근을 어렵게 하거나 출입을 방해하고 있는 상가는 좀 더 조심스럽게 접근해야 한다.

또 상권의 끝자락에 위치한 상가도 조심해야 한다. 점포의 연계성이 없어 소비자들의 발길을 막기 때문이다.

편의점, 분식점, 베이커리, 커피전문점 등과 같은 단순판매점, 식음료점은 가시성과 함께 접근하기에 얼마나 좋은가에 따라 매출과 권리금이 결정된다.

접근성은 가시성에 비해 인위적으로 개선하기가 어렵다. 그래서 입점 업종의 브랜드 경쟁력이나 영업력과 함께 부대시설이 매우 중요하다. 요즘은 자동차를 많이 이용하기에 차량의 주정차가 쉬워야 하고 주차장 시설이 잘 갖추어져 있는 상가 등이 플러스가 된다. 고객이 도로에서 바로 상가로 유입하거나 접근할 수 있는 편리성을 갖춘다면 다소 접근성이 떨어지는 단점이 보완될 수도 있다.

결국에는 점포의 경쟁력을 갖추는 것이 중요하다. 경쟁력은 고객을 끌어들이는 힘이다.

접근성을 떨어뜨리는 요소들

㉠ 상가 전면을 막는 높은 계단이나 화단 등
㉡ 건물의 모양이 계단형이거나 경사가 높은 곳
㉢ 교통시설이나 도로 등으로부터 이동거리가 먼 곳
㉣ 인도가 단절되어 있거나 노출 폭이 좁은 곳

4장

상가투자,
수익성 물건 골라내는
분석요령

01 상권별 투자 포인트에 주목하라

상권을 특징별로 세분화하는 방법에는 여러 가지가 있다. 대형판매시설 상권, 다운타운 상권, 신도시 상권 등 다양하지만 실제적으로 가장 많이 접근하는 몇 가지 분석방법만 살펴보도록 한다.

(1) 생활권역 상권은 입지에서 판가름 난다

주거지에서 도보로 움직일 수 있는 10분 내 거리를 중심으로 생활밀착형 위주의 편의 업종으로 형성되어 있는 상권이다. 생활권역 상권은 주거 밀착형 상권 또는 점포 상권이라고도 말하며, 일상생활과 관련된 용품들을 중심으로 음식업, 식료품, 생필품, 세탁소, 미용실, 학원 등 다양한 업종이 혼재된 비교적 작은 규모의 상권을 말한다.

생활권역 상권의 특징

① 주거지 생활수준에 따라 상권의 크기와 업종이 달라진다.
② 소비가 주로 도보로 이루어지기에 입지의 중요성이 크다.

③ 상권의 이용층이 주거 배후세대 등으로 한정되기 때문에 업종이 다양하지
않다.

④ 주변에 대형마트 등 경쟁상가와 유사업종이 입점하면 상권이 위축되는 등
외부 변수에 취약하다.

⑤ 7~15분 거리의 주변 배후인구가 최소 4000명일 경우, 점포 수가 50점일 경
우 가장 이상적이다.

(2) 대학가 상권의 한계, 임차인이 자주 바뀐다

특정 지역 내 대학을 중심으로 형성된 상권으로 대학의 규모나 역세권 여부에
따라 규모가 결정된다. 주 이용층은 배후의 학생, 대학을 중심으로 형성된 원룸
촌과 고시원 등에 거주하는 20~30대의 싱글들, 외부에서 유입되는 유입층 등
이다.

일반적으로 대학교의 특성상 방학 등으로 실제 학생들이 지역 내 상권을 이용
하는 기간은 일 년에 채 몇 달이 안 된다. 그렇다 보니 학생층을 대상으로 하는
업종과 일반인을 대상으로 하는 업종의 매출 편차가 큰 편이어서 상권 성장에

는 다소 부정적인 영향을 끼친다.

한편, 특정 대학가 상권의 영업일수가 타 대학에 비해 많은 지역도 있다. 신촌, 홍대, 건대 같은 대표적인 대학가 상권은 학기가 진행되는 평일에는 학생과 일반인 수요가 함께 있고, 학생들이 적은 방학이나 주말에는 직장인이나 일반 이용객들이 학생들의 수요를 대체한다.

상권의 성격은 대학에 따라 조금씩 다르게 나타난다. 보통 학교 근처는 상권이 한정적이다. 이용층의 한계로 직장인을 주 타깃으로 하는 상권에 비해 판매업종의 단가를 높이지 못하는 경우가 대부분이다. 결국 상가의 임대료와 관리비는 높지만 이윤이 적은 상품을 판매해야 하며 유효고객은 적은 경우도 많다. 그러다 보니 1층에 자리 잡은 상가들은 오래 영업하지 못하고 자주 업종이 변경되기도 한다.

반면 예외도 있다. 대학가 상권에서도 여대 상권은 더욱 소비성이 높은 곳으로 꼽힌다. 유행에 민감한 여대생들이 의류나 액세서리 구매에 많은 비용을 지출하기 때문이다. 따라서 여성이 주 고객이 되는 의류판매점, 액세서리점, 미용실 등이 상권의 절반 이상을 이루고 있다. 또 스타벅스, 카페베네 등 유명 테이크아웃 커피점이나 샌드위치 가게 등 젊은 여성들이 좋아하는 트렌드 업종이 호황을 누린다. 음식점도 소규모이지만 깨끗하고 고급스러운 느낌의 점포들이 대세이다. 일반 대학가의 음식점보다 판매 단가도 다소 높은 수준을 보인다.

또한 대학가 상권이 접근성이 좋은 역세권 상권과 함께 형성되는 경우가 많은데, 이럴 경우 유입 인구가 큰 것은 물론이고 확장성도 좋아 몇몇 상권은 규모가 상당하다. 건대, 홍대, 신촌 상권은 이미 지역의 한계를 뛰어넘어 수도권 및 전국에서도 찾아올 만큼 자생력을 갖추고 있으며, 젊은층의 독특한 색깔과 개성적인 문화를 무기삼아 전국에서 유동층을 흡수하면서 서울의 대표적인 상권으로 자리 잡고 있다. 유동인구가 많고 입지가 좋은 만큼 임대료나 권리금이 지속적으로 상승하고 있다. 하지만 상권 특성상 외부에서 유입되는 대기수요가 많고, 유명한 대학가 상권은 이미 대형 평형의 업종이나 대기업 위주의 브랜드가 입점하고 있어 상가의 공실 기간이 길지 않고 바로바로 임차인이 채워지기도 한다.

대학가 상권의 특징

① 판매 대상이 고정적이기 때문에 구매 단위 역시 고정적이다.
② 학생 취향과 구매 형태를 고려한 고도의 마케팅 전략을 활용하는 전문점이 성공한다.
③ 중저가품을 취급하면서 학교의 성격과 잘 부합해야 한다.
④ 고객 관리를 우선해야 한다.
⑤ 방학 등 비수기를 고려하여 정확하게 수익성을 분석해야 한다.

(3) 역세권 상권이라고 다 좋은 것은 아니다

역세권이란 '역의 영향력이 미치는 권역'을 말한다. 요즘 역 주변은 단순한 운송 기능을 뛰어넘어 휴식과 쇼핑이 가능한 복합 공간으로 강화되는 추세이다. 그래서 수요층을 확대 창출하고 있다. 유동층이 증가되니 자연스럽게 상권이 확대된다.

사통팔달 접근성이 좋으므로 역세권 주변에는 대개 업무시설을 포함한 택지 개발 행위가 많아진다. 또한 대중교통 이용도가 높은 젊은 소비층의 비율이 높아짐으로써 판매시설과 유흥시설 등 다양한 업종으로 소비층이 유입된다.

그러나 역세권이라고 무조건 상권이 형성되는 것은 아니라는 사실을 알아야 한다. 상권이 갖춰야 할 기본 요소를 갖추지 못하면 별반 효과가 없다. 적어도 대규모 주거단지와 업무시설들이 밀집된 지역이라야 기본적인 소비층을 확보할 수 있다. 지하철 1호선처럼 지상으로 철로가 지나는 지역이나 도심 고속화도로에 의해 상권의 연계성이 떨어지는 곳은 상권 형성이 쉽지 않다.

>> 외곽순환도로 옆인 탓에 상권 발달이 쉽지 않아 보인다.

역세권 상권의 강자인 대형백화점 등의 유통시설이 단순쇼핑몰을 배제한 민자역사 형태로 개발된 곳들은 유동층 흡수력이 매우 뛰어나 대부분 인근 근린상가의 매출에 부정적인 영향을 준다. 하지만 광역철도가 아닌 지하철역을 중심으로 개발된 역사 중에는 주변 상권에 긍정적인 영향을 미치기도 한다. 대표적인 사례는 분당 서현역의 AK프라자와 주변 상가, 지하철 2호선 강남역의 지하상가를 꼽을 수 있다. 하지만 민자역사의 활성화로 역세권 주변 상권이 쇠퇴하는 경우가 더 많기에 이런 곳에 투자할 때는 상권을 면밀하게 분석해서 결정해야 한다.

역세권 상권의 특징

① 도심 교통의 요충지에 있는 지하철역 등은 상권을 강화시킨다.

② 환승 상권의 특성상 서민적이고 부담없는 중·저 가격대의 업종이 중심이다.

③ 주 출구와 유동층의 기본 동선에 따라 상권의 편차가 크다.

④ 지하철역과 연계된 지하상가의 경우, 제한되고 한정된 공간에 상권을 형성한다.

⑤ 다른 교통수단과 연계된 역세권은 유동층이 많아 상권에 긍정적이다.

(4) 흐름 타면 영원히 가는 오피스 상권

일명 넥타이부대들을 대상으로 관련 업종이 모여 있는 곳을 오피스 상권이라고 말한다. 일반적으로 오피스 가에서는 일반 음식점과 차별성을 갖춘 전문 음식점 등이 인기이다. 이곳은 **직장인의 특성에 맞는 업종을 선택하는 것이 중요하다.** 오피스 가는 업무시간 외, 주말, 공휴일에는 고객이 없어서 거리가 한산하다. 그러므로 역세권 상권 또는 대학가 등 다른 요인과 결합된 오피스 상권이 좋다.

오피스 지역에서는 판매, 서비스 업종이 유망하다. 판매 업종 중에서 영업이 잘 되는 곳은 식음료판매점, 문구점, 편의점 등이다. 편의점의 경우 주택가 입지에 비해 평균 매출이나 성장률이 훨씬 높은 것으로 나타나고 있다. 또한 퇴근 후 회식과 관련 있는 노래방, 호프집 같은 유흥·위락업종도 유망하다.

서울에서 오피스 밀집지는 강북 도심의 광화문, 종로1가, 무교동, 소공동, 남대문로 일대와 여의도, 마포 지역, 상암 일대 그리고 강남 테헤란로와 강남대로가 대표적이다.

오피스 상권은 지상 상권과 지하 상권으로 나뉜다. 여기서 지하 상권이란 빌딩 아케이드를 말한다. 그렇다면 지상과 지하 중 어디를 택하는 것이 좋을까? 이는 입지, 상권에 따라서 다르겠지만 전반적으로 지하 아케이드보다는 지상 상권이 유리하다. 지하의 경우 해당 빌딩의 오피스 종사자들만이 주로 이용하기 때문이다. 교보문고처럼 광역상권으로 발전하는 경우도 있기는 하지만, 대개의 아케이드는 하루 중 점심시간에만 고객이 붐비고 점심시간 외에는 가동률이 극히 낮은 것이 일반적이다.

오피스 상권에서 지상의 업종은 일반 지하 아케이드와는 다소 차이가 있다. 음식점이 가장 많은 것은 유사하지만 지하 아케이드와는 달리 유흥 · 위락업종이 많은 부분을 차지한다.

요즘에는 지상과 지하의 아케이드는 물론이고 복합형으로 발달한 오피스 상권이 각광을 받고 있다. 특히 선릉역, 양재역, 강남역, 교대역, 종각역, 광화문역 등 주로 강남지역과 강북의 일부지역의 오피스 상권과 역세권이 결합된 곳이 관심을 받고 있다. 이 지역의 상가 가격은 수 년 전과 비교되지 않을 정도로 상승하고 있으며 특히 종각에서 광화문 사이의 지역은 20층이 넘는 대형 오피스 건물이 대거 신축되면서 배후층의 많은 유입으로 오피스 상권뿐만 아니라 일반 상권인 종로구 관철동 상권까지 다시 활성화되고 있는 추세다.

오피스 상권의 또 다른 특징으로는 대기업이 많이 몰려 있는 곳보다는 중소기업이 집적된 상권이 상대적으로 양호하다는 것이다. 대기업의 경우 사내 식당이 있거나 아케이드형 매장이 있는 경우가 많아 주변 상권을 이용하는 빈도가 상대적으로 낮기 때문이다.

당분간 서울을 중심으로 특히 강북 지역에 대형 오피스타운 개발이 지속되고 그에 따라 이러한 유형의 상권은 계속 늘어날 것으로 보인다.

오피스 상권의 특징

① 사무실 밀집지역은 주로 다양한 음식업종이 50% 이상을 차지한다.

② 공휴일, 토요일, 일요일에는 판매 대상이 거의 없다.

③ 주간 업무 인구가 대부분이므로 퇴근시간에 영업을 맞춰야 한다.

④ 지속적으로 변화를 추구하면서 영업을 전개해야 한다.

(5) 학원 상권에 주목하라

학원 상권이란 초·중·고 학생 및 일반인들의 취업과 관련된 자격증 및 각종고시 등과 관련된 교육사업이 타운화 되어 형성된 상권이다. 학생들의 학원 상권으로는 서울의 경우 대치동, 목동, 중계동이 있고, 경기권으로는 평촌과 일산신도시에 대규모 학원가가 있다. 또한 일반인들의 자격증이나 취업과 관련해서는 노량진 학원가와 신림 고시촌이 대표적이다.

≫ 노량진 학원가의 상권은 안정적이다.

신림고시촌 상권은 노량진과는 달리 역세권이 아닌 곳에 자리 잡고 있는 데다 로스쿨이 도입되면서 급격하게 쇠락하고 있다. 최근 상대적으로 저렴한 주거비 때문에 학생이나 직장인 유입이 다소 늘긴 했지만 침체된 상권을 살리기에는 역부족으로 보인다.

그리고 직장인과 취업지망생 등이 주요 소비층인 노량진 학원 상권은 외환위기 이후 평생고용이 사라지면서 공무원 시험이나 각종 자격증 취득이 높은 인기를 누리는 덕에 상권이 꾸준히 유지되었고, 상가의 임대료 오름 폭이 크지는 않지만 서서히 상승하는 등 상권이 안정적이었다.

(그러나 지금은 인터넷의 발달로 동영상을 통한 학습 때문에 노량진 상권도 시간이 지날수록 약화되고 있는 실정이다.)

학원권역 상권에서는 학생들이나 수험생들이 저렴하게 이용하는 각종 분식 및 음식업과 패스트푸드 관련 업종 등이 인기 있다. 성인층을 대상으로 하는 학원가는 점심이나 저녁에 간단한 식사와 식음료 관련 업종과 문구점, 의류점, 독서실, 고시원, 서점, 사무용품, 당구장 등의 점포들이 혼재되어 있다. 이 상권은 이용층이 비교적 젊은층이기에 가벼운 먹을거리, 다양하고 저렴한 업종과 브랜드가 입점해 있다. 그만큼 임대료에 비해 매출의 한계가 있는 곳이다. 그러면서도 학원가는 학원업 외에 분식점, 편의점이나 음식점 등 식당의 매출 비중이 고루 높게 나온다.

초·중·고등학생을 주 대상으로 하는 중계동 학원가와 안양·평촌, 일산의 학원 상권에서도 분식점, 패스트푸드점, 서점, 문구점 등의 매출 성장세가 높은 편이다.

학원 상권의 특징

① 학원생들을 대상으로 하는 저렴한 분식, 패스트푸드점이 강세다.

② 단가 낮은 업종이 포진되어 있어 매출 상승에 한계가 있을 수 있다.

③ 다른 상권에 비해 꾸준히 지속되는, 안정적인 상권이다.

★ 신도시 상권에서 최적의 투자 타이밍은? ★

구분	기업도시	혁신도시	수도권신도시	행정중심복합도시	산업단지클러스터	지식기반도시
목 적	민간기업이전	공공기관 이전	수도권주택난 해소	정부기관 이전	연구기능 및 산업집적	클러스터 배후도시
대상지역	시범지 6곳 지정	11곳 지정 (수도권과 충청 제외)	1기 : 5곳 2기 : 10곳	연기, 공주	청원, 구미 등 7곳	우선 6곳
개발주체	민간 원칙	공공부문	공공부문	국가	공공부문	공공부문
단지규모	100만평 이상	50만평 이상	100만평 이상	2210만평	제한 없음	50만평 이상

신도시는 넓게 보면 1기 신도시, 2기 신도시, 택지지구, 산업단지형 신도시까지 범위에 포함시킬 수 있다. 하지만 상권으로 접근할 때에는 개별적인 특징이 다르기에 신도시별로 구분해서 논의할 필요가 있다. 특히 1기 신도시와 2기 신도시는 개발 배경이나 건설 단계 등의 성격은 비슷해 보이나 상권은 매우 다른 양상을 보이고 있다.

1기 신도시는 대략 1995년을 전후로 입주하면서 상권이 형성되기 시작했다. 초기 상권은 배후 단지, 서울과 연결된 대중교통편이 있는 주변이 중심이었다. 이후 대규모 쇼핑시설들이 입점하면서 근처 상권을 함께 견인하며 발달했다. 1기 신도시가 입주를 시작한지 어느덧 20여년이 지난 지금은 주거단지가 빠르게 노후화되고 있어서 다소 변화가 있다.

주거단지 위주로 형성된 신도시와 *직주근접을 갖춘 신도시의 특징도 다르게 나타나고 있다. 개발축인 경부라인에 위치하면서 신도시 내 일정 규모의 산업시설이나 주변 배후시설을 갖춘 곳은 지속적으로 상권이 발달하고 있다.

2기 신도시는 1기와 다르게 신도시 내 직주근접을 기본적으로 갖추고 중소형의 산업단지가 인접해 있다. 대표적으로 동탄1기 신도시는 삼성전자가 신도시와 접해있으며, 판교는 신도시 내 수도권의 대표적 벤처타운인 판교디지털밸리가 자리 잡고 있어서 주거와 상권의 기본 배후 요건을 갖추고 있다. 2기 신도시 상권의 가장 큰 특징은 1기와 다르게 위락 및 유흥시설의 입주가 일부 신도시에 한해 제한적으로 가능하여 주로 쇼핑과 근린생활과 교육 및 식음료 상권이 번성한다는 것이다. 그리고 점포형 상가주택 상권이 발달하여 카페거리나 먹을거리가 모인 지역이 많은 편이다.

* **직주근접** : 회사와 주거지가 서로 인접한 곳에 있는 형태를 말한다. 신도시는 설계 단계부터 신도시 내에 산업체의 공간을 포함한다. 1기 신도시 중 분당, 2기 신도시 중 판교, 광교, 동탄 등이 대부분 이런 형태로 개발되었다. 또한 산업단지형 신도시도 여기에 속한다.

운정신도시나 김포신도시, 영종하늘도시 같은 경우에는 배후세대가 아직 입주 초기 단계라 상권도 제대로 모습을 갖추지 못하고 상권의 시작단계인 근린생활 업종 위주로만 발달하고 있다. 이런 신도시 상가는 초기에 높은 가격에 분양되었기 때문에 임대인들이 자금 압박을 견디지 못하여, 지속적으로 급매나 경매로 나오고 있는 경우가 종종 있다.

하지만 장기적인 관점에서 좋은 물건을 가려낼 수 있다면 저렴하게 취득한 후에 상권이 활성화된 시점에 큰 수익을 낼 수 있다. 그래서 아무래도 이미 성숙된 구도심의 상권보다는 신도시 상권이 초보자들이 접근하기에는 더 좋다고 할 수 있다. 신도시 상권은 초창기에는 주거지 중심으로 근린생활 상권이 형성되다가 차츰 시간이 지나면서 대형판매시설 등이 본격적으로 들어서기 시작한다. 그러면 기존 상권이 쇠퇴하고 새로 형성된 지역을 중심으로 확산된다. 즉 초기에는 일부 지역에 집중화되는 경향이 있고 이후 상권이 급속도로 성장하는 단계에서는 상권이 분산되는 현상을 보인다. 이런 과정 속에 임대료와 매매가도 함께 변화된다.

물론 이런 식의 패턴이 모든 신도시에 적용되는 것은 아니다. 주거용 위주로 좁은 지역에 건설된 신도시 등은 면적의 한계로 분산 개발이 어렵기에 상권의 변화가 별로 없거나 배후세대 규모의 한계로 기존 상권의 영향력이 꾸준하게 유지되기도 한다.

현재 1기 신도시가 도시의 노후화와 쇠퇴로 인해 상권도 변화할 것인가 아니면 재건축 등의 변화로 새로운 상권을 형성할 것인가는 신도시별로 차이가 있어 보이며 진행 상황을 좀 더 지켜봐야 할 것으로 보인다.

유입 단계		
- 도시 건설 - 점포겸용주택(상가주택)건설	- 가장 좋은 입지의 근생부터 분양 시작 - 건설 인력을 대상으로 한 음식업 성행 - 임대료 가장 낮음 / 권리금 무	
가속화 단계		매수최적시기
- 도시 건설 지속 - 부대시설 건설(오피스텔 등) - 대형판매시설 건축	- 점포겸용주택을 중심으로 상권 형성 - 주거단지 주변에 근생형상권 형성 - 임대료 초기에 비해 상승함 / 선별적 권리금 형성	
활성화 단계		
- 상업지역 상권 형성 - 복수의 대형판매시설(쇼핑시설, 대형마트)입점	- 점포겸용주택 상권의 입지별 차등 - 근생형 상권에서 중심상업지역 상권으로 이동 - 임대료 높게 형성됨 / 대부분 권리금 있음	
분산 단계		매도최적시기
- 신도시 내 거점 별로 상권 형성 - 신도시 내 모든 시설 완성	- 상권의 분산으로 근생형 상권의 매출 하락 - 대형판매시설 위주로 상권 형성 - 상권별 임대료 차등 / 권리금도 차등 적용	
쇠퇴 단계		
- 입주단지세대 교체로 상권이 쇠퇴기로 접어듬 - 시설의 노후화로 이용빈도 감소	- 상권의 쇠퇴로 인한 임대료 하락 - 메이저급의 업종에서 개별 브랜드화 - 상권별 임대료 차등 지속 / 권리금 차등 적용 가속화	

02 빅데이터를 활용하여 빠르고 정확하게 판단하기

과거에는 상가에 투자할 때 많은 시간과 노력을 들여 상권을 분석했다. 현장에서 직접 유동인구의 수를 세어보고 계층 및 세대를 분류하고 일일이 모든 통행로를 걸어보며 동선을 확인했다. 하지만 요즘에는 다양한 상권 관련 시스템이 개발되어 좀 더 빠르면서도 수치적으로 정확하게 상권에 대한 정보를 얻을 수 있다. 좀 더 세밀하고 체계적인 상권 분석이 가능해진 것이다. 무엇보다 직접 임장을 가기 전에 어느 정도 상권을 검증하고 실제 임장할 물건을 골라내기 때문에 그만큼 시간과 노력을 줄일 수 있게 되었다.

(1) 온라인으로 검증한다, 상권정보시스템

많은 사람들이 편리하게 이용하고 있는 시스템이 바로 **중소기업청에서 개발한 상권정보시스템**(sg.smba.go.kr)이다. 원래 임차인의 창업에 도움을 주기 위해 개발되었지만 상가투자자 입장에서도 활용도가 꽤 높다. 몇 가지 자료만 입력하면 내가 분석하고자 하는 상가와 관련된 핵심 자료들을 쉽게 얻을 수 있다. 가령 데이터가 필요한 지역의 범위를 입력하면 인구 통계, 배후세대의 연령대,

업종 현황, 임대 시세, 매출 통계 등 상권 분석을 할 때 필요한 중요 정보를 간편하게 파악할 수 있다. 이밖에도 주요 몇몇 상가의 과거 변화 이력을 통해 영업을 했던 업종과 기간 등을 알 수 있어서 상가의 경쟁력과 투자 이후에 대한 실체적인 접근과 이해를 돕고 있다.

또한 상가 임장 시 꼭 파악해야 할 부분이 바로 매출이다. 2015년 12월까지만 해도 카드 매출의 전산화 통합 작업 덕분에 개별 매장의 매출을 알 수 있었는데 정확도가 많이 떨어진다는 지적 탓에 해당 점포의 매출을 나타내는 카테고리가 없어지고 말았다.

그러나 업종과 지역을 설정하면 업종별 매출 추이 등을 확인할 수 있는 매출 분석 카테고리는 아직 사용할 수 있다. 이를 통해 투자 지역의 업종 경쟁력을 파악하는 자료로 활용할 수 있다.

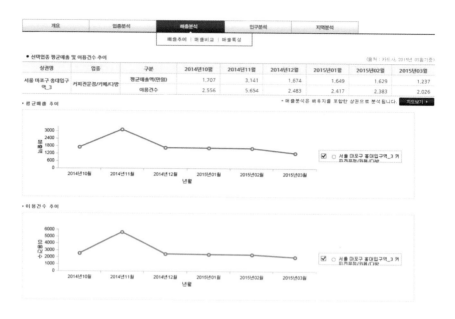

● 선택업종 평균매출 및 이용건수 추이 (출처 : 카드사, 2015년 03월기준)

상권명	업종	구분	2014년10월	2014년11월	2014년12월	2015년01월	2015년02월	2015년03월
서울 마포구 홍대입구역_3	커피전문점/카페/다방	평균매출액(만원)	1,707	3,141	1,674	1,649	1,629	1,237
		이용건수	2,556	5,654	2,483	2,417	2,383	2,026

위의 그래프는 투자할 지역의 커피전문점에 대한 평균 매출액과 이용건수를 나타내고 있다. 2014년을 정점으로 2015년 매출액과 이용건수가 줄어들고 있는 것으로 보아 해당 지역의 커피전문점의 경쟁력이 낮아지고 있음을 알 수 있다.

● 중분류 업종 평균매출 및 이용건수 추이 (출처 : 카드사, 2015년 03월기준)

상권명	업종	구분	2014년10월	2014년11월	2014년12월	2015년01월	2015년02월	2015년03월
서울 마포구 홍대입구역_3	한식	평균매출액(만원)	3,218	6,005	3,272	3,112	3,107	3,215
		이용건수	920	1,652	914	881	887	923
	중식	평균매출액(만원)	7,088	7,051	7,073	7,073	7,073	7,073
		이용건수	1,841	1,845	1,871	1,877	1,866	1,872
	일식/수산물	평균매출액(만원)	4,853	4,963	5,134	5,134	5,134	5,134
		이용건수	878	899	919	917	918	920
	분식	평균매출액(만원)	948	831	917	1,003	986	1,102
		이용건수	765	621	637	712	709	800
	닭/오리요리	평균매출액(만원)	1,820	1,877	2,362	3,016	2,340	2,332
		이용건수	644	666	840	1,079	836	833
	양식	평균매출액(만원)	3,881	3,195	3,769	3,771	3,668	3,817
		이용건수	2,260	1,987	2,134	2,134	2,024	2,069
	페스트푸드	평균매출액(만원)	5,020	16,650	5,213	5,162	5,120	7,055
		이용건수	4,085	8,228	4,220	4,231	4,234	6,056
	제과제빵떡케익	평균매출액(만원)	1,500	1,485	1,599	1,599	1,599	1,599
		이용건수	1,409	1,353	1,411	1,307	1,293	1,254
	유흥주점	평균매출액(만원)	2,396	2,760	2,664	2,380	2,177	2,154
		이용건수	651	778	782	682	630	626
	커피점/카페	평균매출액(만원)	2,915	4,673	1,667	1,622	1,586	1,679
		이용건수	3,866	5,978	2,408	2,305	2,244	2,345

그리고 표를 살펴보면 동종 업종 평균 매출 및 이용건수 추이가 함께 표시되어 있어서 현재 이 지역의 식음료업종에서 가장 경쟁력이 높은 업종, 또는 가장 경쟁력이 낮은 업종 등을 추측할 수 있다.

좀 더 자세하게 상권정보시스템의 데이터를 어떻게 분석하고 이해해야 하는지 알아보자.

① 상권정보시스템에 회원 가입한 후 상권 분석 카테고리에서 상세분석을 클릭한다

예를 들어 일산 화정역 근처 근린생활형 상가 1층에 떡볶이 프랜차이즈점이 경매로 나왔다고 가정해 보자

② 로드뷰 등으로 상가건물 주변을 탐색한다

로드뷰를 통해 주변 버스 정류장을 살펴보니 화정역 3번, 4번 출구 사이가 퇴근 동선으로 보인다. 또한 북쪽과 남쪽의 아파트 곳곳을 누비는 마을버스 총 12개의 노선을 확인할 수 있었다. 마을버스의 노선이 너무 발달되어 있으면 지하철 역 중심으로만 상권이 발달되고 그외의 지역은 그렇지 못하다. 그래서 화정역 3번과 4번 출구 사이의 전면 상가들을 중심으로 상권이 발달되어 있을 것이라고 짐작할 수 있다. 이처럼 현상을 있는 그대로 보는 데에서 멈추지 말고 왜 그러한 현상이 나타나는지 그 이면에 대해 생각해 보는 연습이 중요하다.

③ 상가 밀도에 대한 부분을 클릭한다

인구 밀도, 상가 밀도, 직장인구 밀도, 유동인구 밀도를 차례로 살펴볼 수 있다. 색깔이 진할수록 밀도가 높은 곳이다. 화정역 상가 밀도를 보건데 화정역을 중심으로 남쪽으로 길게 늘어진 지역의 상가가 북쪽 지역보다 더 많은 것으로 보인다. 유독 색이 진하다는 것은 그만큼 힘이 있다는 뜻이어서 다른 지역에 비해 활성화되어 있다는 의미로 해석할 수도 있다.

④ 유동인구 밀도를 살펴본다

화정역을 중심으로 남쪽의 주거지역으로 좀 더 내려간 곳의 유동인구가 많다는 것을 추측할 수 있다.

밀도와 버스 정류장 등을 종합적으로 분석해 보면 화정역 북쪽 지역은 지하철 역 3번과 4번 출구 사이 외에는 상권의 힘이 약해보이고, 남쪽의 상권이 더 발달되어 있을 것이라고 추측할 수 있다.

⑤ 상가를 중심으로 범위를 그려본다

만약 화정역 남쪽 상권에 투자 물건이 위치해 있다면 해당 물건을 중심으로 도보 10분까지 거리의 범위를 그려 본다. 도보 10분이 상권 범위의 기준이 되지만 지도상 6차선 이상의 도로, 넓은 공원 등 단절 요인이 보인다면 그 전까지만 범위로 설정한다. 도보로 10분 이상인 곳이지만 별다른 상권이 보이지 않는다면 그 이상을 상권의 범위로 설정할 수도 있다.

⑥ 업종을 정하여 분석한다

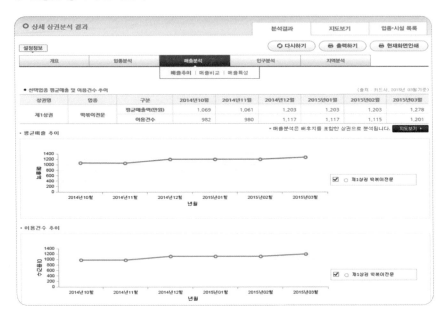

범위를 설정한 후 업종을 선택하면 상세 상권 분석 결과를 확인할 수 있다. 이때 해당 상권의 개요, 업종, 매출, 인구, 지역 분석을 통해 업종의 경쟁력 등을 살펴볼 수 있다.

특히 우리가 가장 주의 깊게 살펴봐야 할 것은 매출 분석이다. 해당 범위 내의 떡볶이 전문점의 매출을 따져 보면 이용 건수와 매출이 꾸준히 증가하고 있음을 알 수 있다. 따라서 이 지역은 떡볶이 가게가 경쟁력이 있다는 것을 확인할 수 있다.

⑦ 배후세대를 분석한다

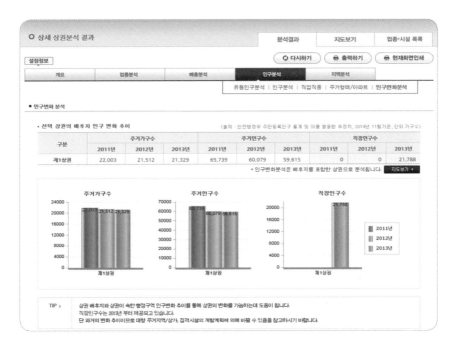

유동인구가 꾸준히 증가하고 있다면 긍정적인 지표로 봐야 한다. 하지만 소비성이 강한 20대나 30대 비율보다 50대 이상의 장년층이 많다면 상권의 활성화 면에서는 부정적이다.

또한 인구 변화 분석을 통해 해당 지역이 발전 및 활성화 단계인지, 아니며 분산이나 쇠퇴 단계인지 확인할 수 있다.

상권정보시스템의 상권 분석을 통해 입지나 지역을 간편하게 살펴보았다. 몇몇 창업컨설팅이나 프랜차이즈 상권보고서도 이 시스템의 데이터를 기반으로 작성된다. 따라서 본 시스템을 자유자재로 활용한다면 많은 도움이 될 것이다. 하지만 본 시스템을 절대적 기준으로 신뢰하기에는 애매한 부분들이 많으니 참고로만 활용하자. 우선 흐르는 상권에 대해 잘못된 판단을 내릴 수도 있고 위 사례와 같이 마을버스의 의존도가 높아 보이는 지역에서 상권의 범위는 어느 정도 오차가 있을 것이다. 본 시스템 데이터 외에 여러 자료를 추가하여 상권에 대해 통찰할 수 있어야 한다.

(2) 빅데이터 수치는 곧 수익률이다

상가나 상권에서 유동인구를 분석하는 것은 핵심적인 접근 방법이다. 사람들의 이동 흐름을 통해서 상가나 상권의 경쟁력을 파악할 수 있기 때문이다. 통계데이터 센터의 '유동인구 지도서비스'에서는 우리가 일상적으로 사용하는 통신회사의 빅데이터를 이용해 유동인구를 파악할 수 있다. 통계데이터센터에서 통신 사용자들의 데이터를 통해 전국의 유동인구를 구체적으로 알려주는 입체적인 정보 전달 데이터 서비스다.

- **접속 방법**

통계청 통계데이터센터 홈페이지 하단에 있는 '통신 모바일 빅데이터로 본 유동 인구 지도 서비스' 배너를 클릭하여 접속한다.

≫ 통계데이터센터(https://data.kostat.go.kr/sbchome/index.do)

• 용어 설명

유입인구는 타 지역에서 2시간 이상 머물던 사람이 해당 지역으로 이동하여 2
시간 이상 머문 경우를 측정한 값이고, 유출인구는 해당 지역에서 2시간 이상
머물던 사람이 타 지역으로 이동하여 2시간 이상 머문 경우 측정한 값이다.

• 화면 기능 설명

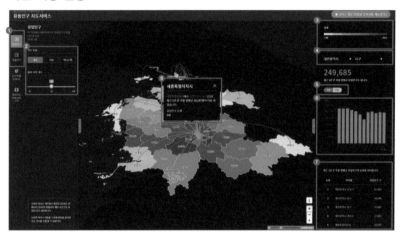

① 인구 : 유입인구, 유출인구 중에서 선택

– 유입인구 : 타 지역에서 선택한 시군구로 방문한 사람 수

– 유출인구 : 선택한 시군구에서 타 지역으로 방문한 사람 수

② 지도 유형 : 색상, 버블, 헥사곤 맵 3가지 중 선택

– 30, 50, 100은 지도상에 표시되는 상위지역의 개수를 의미

③ 범례 : 유입, 유출되는 인구의 양을 색의 농도로 표시

– 지도상에 표시된 색이 진할수록 유출입 인구가 많음을 의미

④ 지역 : 시도와 시군구를 선택

⑤ 주중/주말 : 주중과 주말 중 선택
– 주중은 수요일, 주말은 토요일 기준으로 작성

⑥ 월별 유출입
– 최근 1년 또는 월별(특정 막대) 일평균 유출입 인구 조회 가능

⑦ 상위 10개 지역 : 유출입이 큰 상위 10개 시군구와 인구수 표시

⑧ 지도상 지역 선택 : 선택한 시군구의 유출입 인구수와 순위 제공

• 이용 시 유의사항

유입·유출인구 수는 통신사(SKT) 모바일 위치정보와 시장점유율을 이용하여 전체를 추정한 값이므로 실제와 다를 수 있고, 지도 서비스는 크롬, 파이어폭스, 사파리 등의 브라우저에서 최적화되어 있으니 유의하기 바란다.

03 계산해 보고 투자하라

(1) 층별 투자금액을 결정하는 것은 1층이다

같은 건물 내에 있는 상가라도 위치에 따라서, 층에 따라서 임차인들의 선호도가 다르다. 아무리 A급 상권에 있어도 임차인들이 입주하기를 꺼려한다면 좋은 상가가 아니다. **임차인들이 영업하기를 원하는 상가가 좋은 상가인 것이다.**

은행 입점한 건물이 최고는 아니다

상가건물에서 최우선 순위는 1층이다. 그리고 2층과 3층 순이다. 그렇다면 층별 숫자가 선호하는 순서인 것인가 하고 의문이 들 텐데 사실이 아니다. **4층부터는 층수에 상관없이 가격과 업종에 따라 우선 순위가 달라진다.**

예전에는 1층에 은행이나 금융업종이 입점해 있는 건물을 높게 평가했다. 하지만 이들은 다른 상가들처럼 밤낮으로 문을 열어놓고 영업하지 않는 데다 저녁이나 주말에 문을 닫으니 밤에는 주변 분위기를 어둡게 만들고 유동인구 증가에도 하등 도움이 되지 못하여 상권에 따라서는 마이너스 요인으로 작용할 수도 있다.

>> 금융업종이 있다고 해서 무조건 괜찮은 건물이 아닐 수 있다.

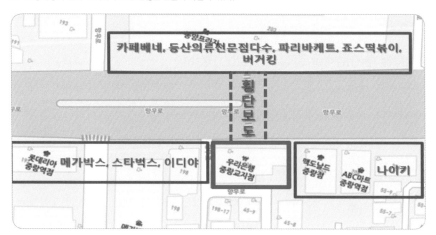

>> 중랑역 동부시장 주변 업종들.

위 지역은 롯데리아, 맥도날드, 스타벅스, 메가박스극장 등이 자리 잡고 있는 제법 활성화된 상권이라고 할 수 있다. 그런데 가장 메인 자리이자 건널목 앞 코너 자리에 우리은행이 자리잡고 있어서 상권이 단절되었다.

참고로 말하자면, 인터넷 이용 인구가 증가하여 금융업종이 1층이 아닌 2층으로 옮겨 가고 있는 추세이다. 앞으로는 금융기관의 1층 점포는 점점 찾아보기 힘들 것으로 보인다.

만약 투자할 상가가 은행 바로 옆이거나 영향권 안에 있는 곳이라면 업종 선택을 신중하게 판단해야 한다. 자칫 임차인들이 꺼려하는 자리이거나 월세가 생각했던 금액보다 낮을 수 있기 때문이다.

임차인이 일반적으로 가장 선호하는 자리는 양 모서리가 만나는 코너 자리이고, 그 다음이 건물의 내부로 들어가는 입구에 위치해 있어 앞면과 옆면으로 노출이 가능한 곳이다. 상가의 특성상 전면 창이 유일하게 홍보와 노출을 할 수 있는 곳인데, 이런 전면 창이 넓고 2면이라면 영업하기에는 매우 유리하다. 임차인들이 가장 선호하는 점포는 2면이 노출된 자리인 것이다. 그리고 다음으로 선호하는 곳은 그 옆자리이다.

지하 1층에도 버거킹이 입점한다

분양 시 점포별 가격은 1층을 100으로 할 경우 2층은 53 정도이며, 지하층 및 3층 이상의 경우는 37 정도가 보통이다.

분양가격에 의해 임대료가 책정되므로 당연히 지하 1층보다 1층의 분양가나 임대가가 훨씬 높다. 그런데 지하 1층임에도 불구하고 1층보다 임대가가 더 높은 상가도 있다.

≫ 사진에서 1층으로 보이는 곳에 버거킹이 입점해 있다.

앞서 본 사진은 2호선과 5호선 환승역에 위치한 상가이다. 뒤편이 오르막이어서 앞과 뒤에서 보이는 1층이 다르다. 지금 정면으로 보이는 곳은 사실 지층이다. 이러한 입지 조건인 경우 등기상 지하 1층이 실제로 1층이고 지상 1층이 2층이 된다. 그렇다면 등기상 지하 1층이지만 현황상 1층인 상가를 선택해야 하는 것이다. 도면만을 보고 분양 받을 때 저렴하다고 뒤편의 1층을 매수한 투자자는 건물이 완공되기 전까지 본인의 실수를 알지 못할 수도 있다. 참고로 버거킹은 절대 지하에 입점하지 않는, 상권과 매출을 장담하는 1군 패스트푸드 업체이다. 하지만 이 건물 지하 1층에 버거킹이 입점한 이유가 바로 지하 1층이 현황상 1층이었던 것이다.

대개 경매 시 지하 1층이나 지하 2층에 상가가 나오면 무시하고 넘어가는 경향이 많다. 간혹 등기부등본과 현황이 다른 경우도 종종 있으므로 입지를 중심으로 모든 물건을 조사하는 버릇을 들이면 저렴하게 좋은 매물을 취득할 기회를 갖게 된다.

1층을 기준으로 투자금액을 결정한다

근린상가를 기준으로 상가 분양가 산정 방법은 토지의 매입 대금이나 시행사의 재정 상태에 따라 조금씩 차이가 나지만 공통적으로 1층의 분양가가 기준이 된다.

상가의 분양가격은 1층을 기준으로 2층과 지하 1층, 그리고 3층, 4층 순으로 내리막 식으로 결정된다. 거기에 건물의 면적에 따라 층별 가중치가 적용되기도 한다. 또한 1층 전면, 측면과 중앙이 조금씩 다르고 옆면이나 후면에 노출된 상가도 가장 좋은 자리라고 할 수 있는 입구를 기준으로 금액이 조정된다.

3층 이상부터는 비슷한 분양가가 적용되는데, 건물이 높을 경우에는 최상층에 스카이라운지가 형성될 수 있는 여건을 조성하고 조망권을 더해 일반 고층 가격보다 높은 가격으로 책정되기도 한다.

투자자 입장에서 상가의 층별 분양가는 좀 더 차이가 나야 한다. 먼저 1층을 기준으로 지하층 같은 경우에는 공실과 유지 관리에 대한 위험성을 감안해야 하고, 또한 현실적으로 적정 임대가를 높게 책정할 수 없기 때문에 1층 매수가 대비 40% 전후가 적당하다. 따라서 지하층을 투자할 때에 월세를 많이 받을 수 있다는 상담사의 말만 믿고 너무 높은 가격에 분양받거나 매수한다면 이후에 매도할 때 값을 제대로 받을 수 없다.

결과적으로 2층은 1층에 비해 40~50% 선에서 투자하는 것이 위험을 최소화시킬 수 있다. 상권이 안정되어 있고 전체적으로 공실률이 낮은 지역에서는 지하층이나 2층이라고 해도 1층 대비 50% 선까지 투자금액을 고려해도 된다.

3층 이상에는 1층 대비 30% 선에서, 그 위층인 4층부터는 25% 아래에서 투자해야 적당한 임대 수익률을 얻을 수 있고 매매도 수월하다. **1층과 비교해서 어느 정도의 가격차가 적당한지는 상권이나 배후 조건에 따라 탄력적으로 판단해야 한다. 또 건물이 지닌 경쟁력과 상권의 힘도 잘 살펴보아야 한다.**

(2) 전용률과 ㎡당 금액을 계산하라

상가에서는 전용률이 더 좋은 물건이 매도나 임대 시에 더 유리하다. 일반인들이 가장 놓치기 쉽지만 활용하면 알차게 실속을 차릴 수 있는 부분 중 하나가 상가의 전용률이다.

전용 평형은 거의 똑같지만 분양평형은 다소 차이가 나는, 분양도 비슷한 시기에 했던 김포신도시의 몇몇 상가를 사례로 설명해 보겠다.

상호명	호수	분양평형(평) / 전용면적(㎡)	전용률 (%)	평당가	분양가	차액
광O 프라자	104	24 / 14.7	60.4	2500만 원	6억 원	0
한O 프라자	102	26.3 / 14.2	54	2500만 원	6억 5000만 원	5000만 원
베OO아	111	29.1 / 14.6	50.2	2350만 원	6억 8000만 원	8000만 원

김포신도시 분양상가 중 전용면적이 14평대로 분양한 상가들이다. 먼저 일반인에게 분양한 평형과 전용률을 비교해 보자. 전용률이 낮게는 50.2%부터 높게는 60.4%로 그 편차가 무려 10.2%나 벌어진다. 이런 차이는 고스란히 분양평형의 차이로 나타난다.

전용면적이 14.7평인 곳과 14.6평인 상가를 비교해 보면, 실제 사용하는 면적인 공간은 불과 0.1평 밖에 차이가 안 나지만 실제 분양가는 무려 8000만 원이나 난다. 평당 분양가로 계산을 해도 1.5평이 더 큰 상가를 살 수 있는 가격이고, 분양평형상으로 3평이 더 큰 상가는 임대료도 더 높게 받을 수 있어서 전용률에 따른 손해가 상당하다.

물론 부동산은 위치의 가치가 가격에 반영되기에 입지가 좋은 자리의 전용률이 낮고 분양가가 다소 높을 수 있다. 하지만 입지가 가격 대비 월등히 좋아 보이지도 않으면서 점포 값이 높으면 결국 이 가격의 차이가 임대가에 그대로 반영이 되어 같은 평형대임에도 불구하고 임대 경쟁력이 떨어진다.

참고로, 전용면적 14평 상가의 월세가 300만 원 이상이 되면 개인 업종은 월세를 맞추기 쉽지 않다. 그러면 이후에 임차인들이 자주 바뀌는 악순환이 반복되다가 임차인을 구하지 못해 임대가를 낮추든지 공실로 장기간 방치되다가 경매로 나오는 경우가 발생한다.

이처럼 상가에서 돈 버는 비결 중 한 가지는 전용률을 꼭 확인하는 것이다. **전용률을 구하는 공식은 '전용면적÷공급면적×100' 이다.** 공급면적에는 전용면적과 공용면적이 포함되어 있다.

(3) 현재 업종의 매출을 파악하자

투자를 결정하기 전 주위 시세와 상권을 조사하는 것은 기본이다. 그런데 현재 입점한 업종의 매출을 파악하는 일은 간과하는 것 같다. 특히 경매 입찰하기 전 꼭 필요한 단계이다.

창업할 것도 아닌데 왜 매출을 파악해야 하는지 의문스러워 하는 분들도 있을 것이다. 하지만 반드시 해야 한다.

그 이유는 첫째, **현재 임대료를 100% 신뢰할 수 없기 때문이다.**

임대료는 기본적으로 3일에서 5일까지의 매출로 통용된다. 따라서 매출을 알면 임대료를 가늠할 수 있다. 또한 임대료에 의해 상가 매매가가 좌우되는데 매출을 잘못 파악하면 그대로 투자 손실로 이어질 수 있다. 정확한 매출이 정확한 임대가를 대변해 준다. 또한 주변 임대료 수준을 파악하여 투자 대상 상가의 임대료가 낮게 책정되어 있는지 아니면 높게 책정되어 있는지 확인할 수 있다.

둘째, **매출이 파악되면 계약 만료 후 어느 금액까지 임대료를 인상할 수 있을지를 추정할 수 있다.** 부록에서 상가임대차보호법(이하 상임법)에 대해 다시 자세하게 알아보겠지만 상임법의 보호를 받은 임차인의 경우 5%까지 보증금과 임대료를 인상할 수 있다. 상임법의 보호를 받지 않는 임차인의 경우에는 제한 폭이 없이 임대인과 협의 하에 임대료가 인상될 수 있기 때문에 투자 상가의 지역이 미래에 발전 가능성이 있는 곳이라면 높은 금액이 될 수도 있다.

미래 임대료까지 추정하라

통상 3일 동안의 매출 또는 전체 매출의 10% 정도를 임대료로 판단하는 것은 일반적인 수치이지 절대적인 수치는 아니고 임차인의 능력에 따라 다양하게 나타날 수 있다. 또한 강남역과 같은 최상급 상권인 경우 매출 대비 임대료 비율이 더 높아질 수밖에 없는 부분은 감안해야 한다. 임차인의 영업 능력에 의해 매출이 좋은 점포인지, 높은 임대료로 인해 지속적으로 임차인이 변경되는 곳은 아닌지 등 세심하게 조사해야 한다.

초보라면 임장에서 현재 매출만을 조사하지만 고수라면 지금의 매출이 주변 시세에 비해 어떤 수준인지, 추후 업종과 임차인이 바뀐다면 해당 상가의 매출이 더욱 증가될 수 있는지까지 가늠할 수 있어야 한다.

기타 지역 부동산 신문, 상가를 전문으로 중개하는 사이트에서도 임대료의 단서를 찾을 수 있다. 또한 프랜차이즈 업소라면 해당 프랜차이즈 본사에 연락해 매출을 문의할 수도 있고, 업종별 사이트를 활용할 수도 있다. 예를 들어 PC방의 경우 창업자들의 모임이 다음카페에 다수 개설되어 있다. 또한 학원은 학원점포만 거래하는 사이트도 있다. 이렇게 업종별 사이트 내에 지역 매물 정보가 다수 올라와 있으니 충분히 활용 가능하다.

해당 업종의 원가가 매출의 근거이다

그렇다면 임장 시 매출을 어떻게 파악해야 할까?

해당 업종의 원가 부분 중 무엇을 기준으로 매출을 파악해야 할지 연구하면 가능하다. 예를 들어 분식점을 임장한다면 이곳에서 **가장 많이 지출되는 원가 항목을 나열해 보도록 한다.** 임대료, 식자재, 인건비, 공과금 등이 원가 항목으로 예상된다. 이 중 현장에서 눈으로 확인할 수 있는 항목은 인건비이다. 가장 바쁜 시간대 주인을 포함해 몇 명이 일하고 있는지 세어본다. 외식업의 경우 인건비는 매출액의 15~20%를 점유한다. 또한 근로자 1명당 25~35만 원의 매출이 발생되어야 한다는 것이 일반적이다. 이러한 몇 가지 수치를 바탕으로 1일 매출을 가늠하고 더불어 임대료를 추정할 수 있다.

다만 주의해야 할 부분이 있다. 생계를 함께 하는 식구들이 운영하는 가게라든지 단시간 알바생이 근무하는 곳은 예상 매출액에서 마이너스를 해야 한다. 변수에 대한 부분을 충분히 적용하도록 한다.

이외에도 만약 해당 분식점이 도시가스가 아니고 LPG 사용 업소라면 가스 배달하는 곳을 찾아 한 달 가스 사용액이 얼마인지 확인할 수도 있다. 분식점의 경우 한 달 LPG 사용액이 얼마 이상이면 1일 매출이 100만 원 내외라는 추측은 몇 번 임장을 통해 쉽게 밝혀낼 수 있는 부분이다.

술집을 임장한다면 해당 점포에 주류를 납품하는 유통 영업소를 확인하거나 새벽에 나오는 술 박스의 수를 보고 매출을 예상할 수도 있다. 편의점 경우 알바생을 통해 매출을 파악하거나 마찬가지로 유통 영업소를 확인한다. 그것도 아니면 일반적인 편의점 매출 분석 방식으로 접근할 수도 있다. 프랜차이즈 몇 개업소와 이야기해 보면 쉽게 산출된다. 모텔의 경우 세탁되는 침구시트의 양이라든지, 학원의 경우에는 원생 수를 확인하도록 한다.

(4) 경매에서 핵심은 투자수익률!

일반 매매에서도 마찬가지지만 특히 상가 경매의 핵심 중 하나는 투자수익률이다. **입찰 때부터 몇 퍼센트를 투자수익률로 잡을 것이냐가 곧 입찰 가격으로 이어진다.** 수익률을 너무 낮게 잡으면 입찰가가 높아져 낙찰 확률은 올라가지만 낙찰 이후 매매가 어려울 수 있다. 입찰가를 높게 잡는 것은 매도 전략보다는 임대 수익을 목표로 접근할 때 가능하다.

반대로 수익률을 높게 설정한 입찰 가격으로 낙찰만 받는다면 감정가격 대비 저렴한 가격에 상가를 취득할 수 있어서 시장 상황에 맞는 다양한 전략을 세울 수 있다. 가령 빠른 시일 내에 매도할 수도 있는 것이다. 하지만 높은 수익률을 고수하게 되면 내가 상가를 낙찰 받을 확률이 적어지므로 입찰만 하다 시간을 다 보낼 수도 있다.

요새야 입찰가가 높아져 수익률이 점점 내려가고 있지만 일반적으로 경매로 낙찰 받을 때 1층 투자 수익률은 5% 이상, 상층부는 7% 이상을 목표로 한다. 어떤 이는 8%로 잡기도 한다. 경매 수익률을 높게 책정하는 이유는 A급 상권보다는 B급이나 C급 상권의 상가 또는 아직 성숙되지 못한 곳의 상가가 경매로 나오는 경우가 많기도 하고 낙찰 후 공실 및 임대 등의 위험 및 관리 측면에서 일반 매매 상가보다는 한층 심화된 통찰력과 판단이 필요하기 때문이다. 다만 A급 상권이라면 수익률의 조정이 필요하다.

필자의 경우 1층 상가의 투자 수익률은 5% 이상, 상층부는 7% 이상으로 낙찰 받아야 매도 시 양도 차익까지 볼 수 있다고 생각한다. 이러한 수익률로 물건을 낙찰 받고자 한다면 꾸준하게 물건을 검색하고 임장해야 하지만, 낙찰가가 높은 시기라면 남들이 놓치는 물건, 풀어야 할 부분이 많은 일명 특수물건 등에서나 가능하다.

다만 누구를 따라 수익률을 결정하기보다는 자신의 수준에 맞춘, 스스로 감당할 수 있는 수익률 기준에 맞춰 물건을 선별하는 것이 좋다. 필자는 임장하기 전 나만의 수익 분석표를 통해 스스로 세운 기준에 합당한 수익률이 나오면 임장에 임한다.

매매가를 계산할 때에는 시장에서 투자자가 원하는 임대수익률을 역산해서 계산하면 된다. 앞에서도 언급했듯이 필자는 1층은 최소한 5%의 임대수익률에 맞

취 매매가를 계산한다. 수익률이 5% 정도 되면 투자자들이 충분히 매력 있어 하기 때문에 원하는 시기에 쉽게 매도할 수 있었다. 예를 들어 대지권이 없는 상가라도 7% 임대수익률에 맞춘 결과 낙찰 후 3개월 만에 거래가 성사되기도 했다.

상가 임대 수익률(%)

$$\frac{월세 \times 12개월}{낙찰가 - 대출금 - 보증금 - 필요경비} \times 100$$

3부
고수의
상가투자 요령

5장

남들이 보지 못하는
가치에 투자하는 노하우

01 앞선 행동, 남다른 안목 따라하기

모든 현상에는 원인이 있다. 좋은 상권, 나쁜 상권도 마찬가지다. 하늘에서 좋은 상권이 뚝 떨어지는 것도 아니고 갑자기 상권이 나빠지는 경우도 많지 않다. **주변에 영향력이 큰 대형 판매시설이 들어오지 않는 한 상권의 변화는 대부분 서서히 찾아온다.**

(1) 먼저 움직여야 선점할 수 있다

전국에서도 손꼽히는 홍대 상권 역시 초광역상권으로 변모하는 과정이 천천히 진행되었다. 지금이야 클럽과 유흥, 패션, 예술, 문화를 섞어놓은 복합 상권으로 변모했지만 80년대만 해도 홍대 주변은 일반 대학가 상권에 불과했다. 그러다가 1984년 지하철 2호선이 개통되고, 1990년대 초반에 압구정 상권을 이용하던 신세대들이 새로운 문화를 찾아 이쪽으로 모이면서 고급 카페와 인디 공연, 클럽 등 다양한 업종과 문화가 융화되고 발전하여 오늘날 젊음의 상징 같은 곳이 되었다. 이후 인천국제공항철도와 경의선이 개통되면서 홍대역은 삼중역세권이 되었고 유동인구가 더욱 늘어났다. 일반 대학가상권에서 현재의 초광역상권으로 만들어지기까지 20여 년이 걸렸다.

만약 몇 년 전에만 홍대 메인 상권에 투자했다면 지금쯤 그 가치는 배가 되어 돌아왔을 것이다. 이처럼 상권의 변화를 가늠하고 선점할 수 있다면 투자 이익은 극대화된다.

필자도 홍대와 마주보고 있는 6평 규모의 소형 오피스텔을 2007년에 7000만 원대에 입찰했다. 2회차에 단독으로 낙찰 받을 수 있는 것을, 당시에 오피스텔 인기가 높지 않아 보여서 수익률을 더 욕심내어 3회차에 입찰하다가 아깝게 놓치고 말았다. 그때 취득했더라면 매매가격이 2배에, 임대 수익도 많이 거두었을 것이다.

한편, 구도심은 각종 개발계획과 교통의 변화에 대한 다양한 정보를 인터넷으로 쉽게 얻을 수 있다. 이를 통해 활성화 시기나 방향을 예상할 수 있다. 다만 시기의 문제일 뿐이다. 또 넓디넓은 대지만 펼쳐져 있는 신도시나 택지지구도 개발계획 지도만 있으면 어느 정도 상권의 흐름을 예상할 수 있다.

산업단지와 함께 하는 상권을 찾아라

필자는 구도심보다 이제 막 조성되기 시작하는 신도시의 물건을 선호한다. 처음에는 분양가로 임대가가 맞춰지기 때문에 **초기 보증금과 월세는 믿을 수 없고 임차인이 1~2번 바뀌면서 임대가가 조정되는 그때가 가장 투자하기 좋은 시점이다.** 특히 이 시기에 급매나 경매 물건이 쏟아지는데 이것을 잘 선별해서 취득한 뒤 2~3년 정도 기다리면 상권이 안정화되는 시점에 다다르게 되어 효자 자산으로 탈바꿈한다.

충북 청원군 오창과학산업단지(이하 오창지구)도 그런 관점에서 접근한 물건이었다. 특히 오창지구에 더욱 끌렸던 이유는 대규모 주거 세대만 기획된 것이 아니라 산업단지가 함께 들어오는 도시이기 때문이었다.

이곳은 다수의 대기업과 외국계 기업, 벤처기업 등이 입주해 있는 첨단과학산업단 지이자 약 5만여 명이 생활하는 자족적 신도시로 개발이 예정된 곳이었다. 현재는 오창지구가 완료되고 인접한 지역에 오창2과학산업단지를 분양하고 있다. 신도시형 상가는 상권의 형성이 다소 더딘 편인데, 특히 오창지구 같은 산업형 신도시는 산업단지의 입주율에 따라 배후세대의 실제 규모와 상가의 업종이 결정된다.

그렇다보니 신도시가 형성되기 시작한 때에 입주한 점포들은 상권이 제대로 갖추어져 있지 않아 고전을 면치 못한다. 그로 인해 임차인도 자주 바뀐다. 더 나아가 점포가 장기간 공실로 방치되면 금융 비용을 감당하지 못한 주인들의 상가가 급매나 결국에는 경매로 나오는 패턴을 보인다.

그래서 신도시 상가는 주변의 상권 완성도와 입지 분석을 좀 더 꼼꼼하게 해야 한다.

미래의 먹자골목을 예상하다

오창지구의 물건을 발견하고 지도로 확인하는 순간 물건에 대한 확신이 들었다.

2011타경○○○○(12) · 청주지방법원 본원 · 매각기일 : 2012.03.12(月) (10:00) · 경매 2계(전화:○○○○○○○○)

소재지	충청북도 청원군 오창읍 양청리 ○○1. 오창온천 1층○○○호 도로명주소검색			
물건종별	근린상가	감 정 가	248,000,000원	
대 지 권	12.66㎡(3.83평)	최 저 가	(33%) 81,265,000원	
건물면적	49.78㎡(15.058평)	보 증 금	(10%) 8,130,000원	
매각물건	토지 건물 일괄매각	소 유 자	○○○	
개시결정	2011-05-23	채 무 자	○○○	
사 건 명	임의경매	채 권 자	○○○협	

오늘조회 : 1 2주누적 : 0 2주평균 : 0 조회동향

구분	입찰기일	최저매각가격	결과
1차	2011-09-19	248,000,000원	유찰
2차	2011-10-24	198,400,000원	유찰
3차	2011-11-28	158,720,000원	유찰
4차	2012-01-02	126,976,000원	유찰
5차	2012-02-06	101,581,000원	유찰
6차	2012-03-12	81,265,000원	

낙찰 : 88,100,000원 (35.52%)
(입찰2명,낙찰:○○○ /
2등입찰가 82,000,000원)
매각결정기일 : 2012.03.19 - 매각허가결정
대금지급기한 : 2012.04.24
대금지급기한 : 2012.04.24 - 기한후납부
배당기일 : 2012.05.21
배당종결 2012.05.21

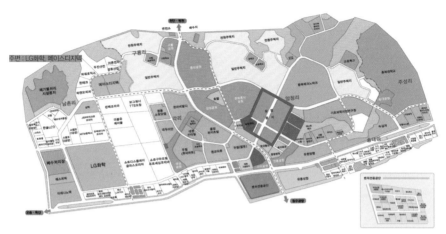

>> 초기 형성된 신도시 상가를 임장할 때에는 전체적인 그림과 함께 상상력이 무엇보다 중요하다.

입찰 당시 물건지 주변은 몇몇 핵심지역을 제외하고는 상권이 제대로 형성되지 못해 1층 상가조차 여러 군데 공실이 보였다.

하지만 주변은 향후 오창지구 내에서 가장 번화하고 발달된 지역이 되어 상권과 입지가 매우 좋아질 것 같았다. 특히 해당 물건은 핵심 상권지역에 자리잡고 있어서 어느 정도 시간이 흐르면 먹자골목이 형성되기 좋은 위치라고 판단했다. 이유를 들어보면 다음과 같다.

첫째, 오창지구의 중심 상권은 8차선인 중심 상업로를 기준으로 동서로 나뉘는데, 서쪽에는 대표적인 고객 집객시설로 분류되는 홈플러스가 있다. 둘째, 홈플러스 주변에는 도보로 이동할 수 있는 대규모 아파트가 있고 남쪽으로는 산업단지가 펼쳐졌다. 셋째, 서쪽은 동쪽에 비해 입주율이나 산업단지 가동률이 훨씬 높은 것으로 파악됐다. 종합해 보면 홈플러스를 중심으로 가장 먼저 상권이 발전할 수밖에 없고 주요 업종이 가장 먼저 몰릴 가능성이 컸다. 또한 당시 이용객의 주동선이 이 지역의 반경에서 움직이고 있었기 때문에 가장 가까운 곳에 먹자골목이 생기리라고 예상했다.

>> 먹자골목은 입찰시 형성되지 않은 상태였지만 지역의 특성상 형성될 만하다고 필자가 머릿속으로 상상한 그림이다.

>> 입찰 전 모습(위)과 현재(아래)이다.

일반적으로 대로변은 유동인구가 많고 시선에 많이 노출되기에 대기업의 프렌차이즈 및 금융업 등이 입점하므로 임대가가 굉장히 높이 형성되는 경우가 많다. 그에 비해 이면도로는 초기 투자 비용이나 유지 관리 비용에 대한 부담이 대로변에 비해 낮기에 소규모 음식업이나 주류업이 창업한다.

대로변, 이면도로 1층 상가들이 여럿 경매로 나왔다. 하지만 상황을 판단하건데 임대가가 높으므로 낙찰가도 오를 것이라 예상되는 대로변의 상가보다는 가장 먼저 창업이 시작될 곳, 먹자골목 이면도로 물건의 경쟁률과 낙찰가가 낮을 것 같았다.

유치권 등 여러 요소 덕분에 전용 15평 1층 상가를 8800만 원에 낙찰 받았다. 이후 낙찰가의 80%를 대출 받고 보증금 2000만 원에 월세 118만 원으로 임대했다.

(단위 : 원)

	금액	비고
* 총 소요비용(A)	92,505,000	
낙찰가	88,100,000	35.52%
기타	0	
취등록세 및 법무비	4,405,000	5.00%
* 총 회수금(B)	90,000,000	
대출금	70,000,000	낙찰가의 약 80%
보증금	20,000,000	
월세	1,180,000	
* 임대시 실투입금	2,505,000	(A) - (B)
대출금리	6.0%	
대출 연이자	4,200,000	
대출 월이자	350,000	
* 월세 수익	830,000	
연 월세 수익	9,960,000	
* 예상 매매가	250,000,000	
예상 매매 시 수익금	155,595,000	세전

대출과 보증금으로 투자금을 회수하여 실제로는 250만 원을 투자했고, 대출 이자를 제하고도 월 83만 원의 순수익이 발생하고 있다. 현재 거래 시세도 2억 5000만 원에 달하고 있어 투자금 대비 6200%가 넘는 수익률을 보이고 있다.

(2) 임차 대기가 있는 물건을 선별하자

상가를 취득하면 가장 염려되는 부분이 현재 임차인과 재계약 여부이다. 경매일 경우 더 그렇다. 경기가 안 좋다 보니 임차인이 재계약을 포기하는 경우가 급속히 늘고 있기 때문이다. 이런 상황에서 누군가가 내 물건을 꼭 매수해야만 한다면 무조건 임차해야만 한다면 얼마나 좋을까! **대기자 수요가 많을 필요도 없다. 딱 1명만 있으면 된다.**

누군가에게 필요한 것

2013년 가을 무렵, 향남2택지지구 안의 D 주차장 용지를 매수하기 전에 입지를 분석해 달라는 지인의 청을 받고 해당 지역을 방문했다. 겸사겸사 경매로 나온 주변 상가를 함께 조사하던 중 우연히 한 점포를 발견했다.

당시 향남지구의 중심상업지구는 형성된

화성 향남택지개발사업(1지구)

- 총 169만㎡, 3만 1500여 명을 수용하는 택지개발지구로 1만여 가구 공급
- 2008년 사업 준공
- 위치 : 경기 화성시 향남읍
- 기간 : 2002년 2월~2008년 6월
- 인구 : 1만 625세대 / 3만 1518명

지 10여 년이 된 곳으로 안정적인 배후세대를 확보하고 있고, 홈플러스라는 대형 할인마트가 자리잡고 있어서 꾸준하게 상권 수요가 늘고 있었다.

조사 당시 1층에도 공실이 많이 보였지만 2016년 이후에 공실을 찾아보기 힘들 정도로 상권이 많이 안정되었다. 해당 물건은 사거리 코너에 있었다. 하지만 당시 경매로 나온 건물 내 다른 점포보다는 조건이 매우 좋지 않았다. 조사 당시에는 건물이 먹통형 상가처럼 보여서 출입구가 건물 내부에 있는 것이 아닌가 싶었는데 자세히 보니 대로 쪽이 아닌 이면도로에 접한 상가였다. 먹통 상가로 보였던 이유는 놀부보쌈 주방으로 해당 호수가 사용되고 있었고, 물건 출입문은 건물의 내부쪽으로 연결되어 있기 때문이었다.

소재지	경기도 화성시 향남읍 행정리 ◯◯◯ 정메디프라자농협젬프라자 1◯◯◯호 도로명주소검색						
새 주 소	경기도 화성시 향남읍 발안로◯◯◯ 정메디프라자농협젬프라자 1층◯◯◯						

물건종별	근린상가	감 정 가	495,000,000원	오늘조회: 1 2주누적: 1 2주평균: 0 조회동향			
				구분	입찰기일	최저매각가격	결과
				1차	2013-10-15	495,000,000원	유찰
대 지 권	9,163㎡(2,772평)	최 저 가	(34%) 169,785,000원	2차	2013-11-12	346,500,000원	유찰
					2013-12-10	242,550,000원	변경
건물면적	36,24㎡(10,963평)	보 증 금	(10%) 16,980,000원	3차	2014-01-09	495,000,000원	유찰
				4차	2014-02-19	346,500,000원	유찰
				5차	2014-03-19	242,550,000원	유찰
매각물건	토지·건물 일괄매각	소 유 자	◯◯◯	6차	**2014-04-18**	**169,785,000원**	
개시결정	2012-10-05	채 무 자	◯◯◯	낙찰 : 243,500,000원 (49.19%)			
				(입찰7명,낙찰:◯◯◯/ 2등입찰가 227,770,000원)			
				매각결정기일 : 2014.04.25 - 매각허가결정			
사 건 명	임의경매	채 권 자	현대스위스2저축은행	대금지급기한 : 2014.06.05			
				대금납부 2014.05.22 / 배당기일 2014.09.18			
				배당종결 2014.09.18			

≫ 경매 당시 (좌)와 2016년 3월 모습(우)이다

놀부보쌈은 총 3개 점포를 합체해 이용하고 있었는데, 물건은 주방 자리였다. 각종 주방 도구와 닥트가 설치되어 있었기에 주방 특성상 쉽게 이전하기는 어려울 것으로 보였다. 낙찰 후에도 주방을 쓰는 조건으로 재계약 하면 수월하게 진행될 것 같았다.

그런데 입찰가를 속으로 고민하며 몇 번 방문해서 식사도 해 보았지만, 손님이 없어도 너무 없어 보였다. 마지막에 슬쩍 임차인과 이야기해 보니 장사가 심각하게 안 되어서 그만두고 싶다고 하소연을 했다.

당시에는 이면도로가 활성화되려면 아직 멀어보였고 점포 면적도 너무 작아 단독으로 임대 놓기에도 부담스러웠다. 그후 다른 물건에 정신을 집중하면서 이곳은 잊어버렸다.

그런데 몇 개월 전 우연히 지나가다가 확인해 보니 그때의 물건이 현재에도 놀부보쌈의 주방으로 사용되고 있었다. 임차인과 낙찰 받은 사람이 원활하게 계약이 성사된 듯하다.

이런 물건은 앞 상가의 소유주와 매도 협상을 하면 짧은 시간 안에 제법 알찬 수익을 올릴 수 있는 물건이고 매각대금을 완납하는 순간 바로 임차인과 재계약을 통해 임대 수익을 올릴 수 있다.

남들이 보지 못하는 틈새를 잘 찾아보면 제법 쏠쏠한 상가가 가끔씩은 눈에 띈다.

(3) 상권의 변화를 읽어야 큰 수익을 얻는다

상권은 커다란 변화에 직면하기도 한다. 주변이 어떻게 변하는지 보면서 연습을 하면 좋다.

2012타경○○○○(4)			* 수원지방법원 본원 · 매각기일 : 2014.02.19(水) (10:30) · 경매 9계 (전화:○○○-○○○)				
소재지	경기도 화성시 향남읍 행정리○○○, 정매디프라자농협점프라자 1○○○ 도로명주소검색						
새 주소	경기도 화성시 향남읍 발안로○○○정매디프라자농협점프라자 1○○○						
물건종별	근린상가	감 정 가	438,000,000원	오늘조회: 1 2주누적: 0 2주평균: 0 조회동향			
				구분	입찰기일	최저매각가격	결과
대 지 권	7,859㎡(2,377평)	최 저 가	(70%) 306,600,000원	1차	2013-10-15	438,000,000원	유찰
				2차	2013-11-12	306,600,000원	유찰
건물면적	31.08㎡(9.402평)	보 증 금	(10%) 30,660,000원		2013-12-10	214,620,000원	변경
				3차	2014-01-09	438,000,000원	유찰
매각물건	토지·건물 일괄매각	소 유 자	○○○	4차	2014-02-19	306,600,000원	
				낙찰 : 338,300,000원 (77.24%)			
개시결정	2012-10-05	채 무 자	○○○	(입찰3명,낙찰:○○○/2등입찰가 333,500,000원)			
				매각결정기일 : 2014.02.26 - 매각허가결정			
				대금지급기한 : 2014.03.31			
사 건 명	임의경매	채 권 자	현○○○○○○은행	대금납부 2014.03.26 / 배당기일 2014.09.18			
				배당종결 2014.09.18			

앞 사례와 마찬가지로 이것도 향남지구에 있다. 사거리 대로쪽 1층 상가 대부분이 경매에 나왔고, 당시에는 공실이었던 상가에 옷집으로 깔세를 주고 있었다. 경매 절차가 시작되어 임차인을 구하지 못하니 낙찰까지 몇 달 동안 임대료를

받을 수 있는 *깔세를 놓았던 것이다.

하지만 현재 상태를 살펴보면 그때 좋은 물건을 놓친 것을 안타까워할 만한 물건으로 바뀌었다.

* **깔세** : 깔세는 입지나 상권이 좋은 곳을 위주로 하는 단기 임대 형식으로 임대 기간의 월세를 보증금 없이 한꺼번에 선불 계산하는 방식이다. 임대 기간이 맞지 않거나 공실인 상가에서 주로 활용하고 있다. 경매로 나오는 상가도 임차인을 구하지 못해 깔세로 임대를 주고 있는 경우가 종종 있다.

≫ 경매 당시(위)와 현재의 업종(아래). 음식점과 분식집이 입점하고 편의점 위치가 바뀌었다.

이 건물 앞에는 수원행 버스 정류장이 있었다. 그래서 분식집이나 편의점을 생각하고 분석을 했는데 경매로 나온 물건 중에 편의점이 있었고 분식집은 없었으므로 분식점으로 창업하면 좋을 것 같았다.

현재 편의점 자리에 죠스떡볶이가 입점했고 당시 문구점 자리에 편의점이 새로 입점했다. 상가의 업종을 살펴보니 전체적으로 상권이 안정되어 피자, 분식, 편의 업종으로 이루어져 있다. 이렇게 된 가장 큰 이유는 건물의 옆으로 향남시외터미널이 문을 열고 시외 지역인 경기도 및 충청도 지역으로 운행을 시작했기 때문이었다. 유동층이 한정적이었던 곳이 입지가 좋은 자리로 바뀌게 된 것이다. 불과 2년 만에 상권이 바뀌었다.

» 상권의 변화는 언제나 놀라운 결과를 가져온다.

(4) 상권 변화 요인에 주목하라

상권은 변화무쌍해서 어떤 상권은 날마다 쇠락한다. 반면 과거부터 현재까지 한결같이 잘 나가고 더욱 커지는 상권도 있다. '상권이 살아있다!'라는 말이 절로 실감난다.

활성화되었다가 겨우 명맥만 유지하고 있는 상권들 중 하나를 꼽으면 바로 전문업종 밀집 상권이다. 용산 전자 상권, 아현 웨딩타운 상권, 아현 가구거리 상권, 청계 공구 상권, 지역별 로데오거리, 전문 시장 상권 등 전문업종 밀집 상권은 특정 업종이 모여 형성되면서 상권의 영향력 확대를 통해 초광역상권으로 발돋움했다. 상권 내 동종 업종 간 경쟁이 치열해서 모여 있는 것이 매출에 악

영향을 끼칠 것 같지만 오히려 외부에서 목적형 유입 인구를 흡수하며 상호 시너지 효과를 내었다.

하지만 현재 서울 시내 몇몇 전문업종 밀집 상권은 대내외 요인으로 인해 점점 약화되고 있다. 침체된 요인 중 하나로 인터넷의 발달을 들 수 있다. 영향을 가장 많이 받은 전문업종은 용산 전자 상권으로, 예전에는 방문 고객을 대상으로 영업했지만 지금은 대부분 인터넷으로 영업이 해결되기에 비싼 임대료를 주고 굳이 매장을 둘 필요가 없어진 것이다. 또 공교롭게도 현재 용산 역세권 개발 사업과 맞물려 몇몇 대형 건물이 철거되면서 그 규모도 점점 축소되고 있다.

또 다른 전문업종 밀집 상권인 아현 웨딩타운 상권은 인구의 감소, 젊은 세대의 만혼과 결혼 포기, 강남으로의 상권 이동, 웨딩산업 자체의 하향이 진행 되면서 겨우 상권이 명맥만 유지하고 있다. 아현가구타운 상권도 인터넷 쇼핑몰의 발달과 이케아 같은 대형 업체의 진출로 인해 쇠락하고 있다. 현재 아현대로 쪽의 가구점들은 겨우 몇 개만 남아 있고 이면도로에 형성된 점포들이 명맥을 유지하고 있다.

>> 사람들로 북적이던 과거와 달리 전문업종 밀집 상권들은 한산하다.

전문업종 상권은 현재, 교대 법무 상권 같은 몇몇 특화된 곳을 제외하고는 전체적으로 쇠락하고 있으며 그 자리를 근린생활 관련 업종이 메우면서 이전의 특징이 사라지는 추세다.

아래 사진은 용산 전자 상가 교차로 대로변에 위치한 가장 핵심 상권 중의 한 곳이다. 2008년 당시만 해도 통신 업종, 컴퓨터 관련 업종이 성황을 이루었다. 그런데 2016년의 모습은 확연히 다르다. 통신 업종, 컴퓨터 업종이 나간 자리를 커피전문점, 편의점, 분식업이 하나둘씩 채우고 있는 추세다.

》 용산 전자 상가의 2008년(위)과 2016년(아래)의 모습. 통신업 간판이 사라졌다.

만약 이런 상권 내에 있는 상가를 접근할 때에는 임대업종의 제한 여부나 임대시세를 꼭 확인해야 한다. 전문업종 상권에서 임대는 일반상가와는 다르다. 특히 상권 내 유동인구의 접근이 제한적이거나 있더라도 목적형 유동층이 다수이기 때문에 상가를 접근할 때 재계약의 가능성과 공실일 때 보완 업종으로 무엇이 좋은지를 예상해야 한다.

물론 주변 상가보다 다소 낮은 기격에 임대를 놓으면 비교적 쉽게 세가 나갈 수도 있다. 하지만 그전에 생각해 보아야 한다. 입점한 임차인이 영업이 안 되어 장기간 임대료를 내지 않는다면 어떻게 대처할지도 말이다.

지역에 따라 차이가 있지만 도심 내 전문업종 밀집지역은 대부분 대로를 접한 곳에 위치하고 있기에 근린생활형 상권으로 대체된다. 하지만 이면도로에 접한 상권이라면 임대료의 하락이 불가피하고 공실의 위험도 크다.

인터넷의 발달처럼 우리가 생각지도 못한 현상으로 인해 상권은 바뀔 수 있으므로 지금까지의 변화를 통해 앞으로를 조심스럽게 예상해 보는 것이 필요하다.

02 발상을 전환하면 수익이 보인다

지도로 전체적인 지역 상권을 확인하고 상권정보시스템을 통해 동선 및 대략적인 임대료를 파악했다면 이제는 투자 가치에 대해 생각해야 한다. **같은 상가를 가지고도 나만의 독특한 투자 방식을 가미해야 가치가 높아진다. 남들이 보지 못하는 틈새를 겨냥해야 한다.**

아직 상권이 형성되지 않는 곳에서 A급 상권을 예상하고 선점한다거나, 특정 상권 1급지의 1층 상가만 고집할 것이 아니라 고층 상가의 수익률을 보고 투자한다거나, 숙박시설 용도를 활용해서 원룸형으로 바꾸는 등 의외로 무궁무진하다.

(1) A급 물건보다 B급 물건이 더 좋다

누구나 안정적인 A급 상권의 1급지 물건을 선호한다. 이런 물건은 안정적인 만큼 경쟁도 치열하고 그만큼 수익률도 낮다. 상가투자는 수익률 싸움인데 1급지 물건에서는 높은 이익을 기대하기가 어렵다. 매입가가 크기 때문이다. 그렇다면 투자자의 관심이 덜한 2급지, 3급지 상가 중에서 장애 요인을 제거할 수 있는 물건을 찾으면 되지 않을까?

어느 날 신문 일간지에 게재된 공매공고를 보았다. 주소를 확인해 보니 상동역 주변으로 업무상 자주 지나다니는 곳의 1층 상가였다. 지하 7층에서 지상 20층까지 세워진 건물로 3층부터는 161가구의 주상복합 아파트가 들어서 있다.

매물은 1층임에도 불구하고 몇 년 동안 공실로 남아 있던 물건이었다. 평당 3000만 원에 분양했고 전용 20평 분양 금액이 9억 원에 가까웠다. 이 가격에 분양하면 임대료를 얼마에 맞춰야 하는지 분양사무소가 과연 알고 있었는지 의문이었다. 기대하는 임대수익률이 6%이고, 보증금이 1억 원이라면 임대료가 최소 월 400만 원은 나와야 한다.

분양가가 9억 원이고 목표 수익률이 6%일 때

실투자금액 = 매수금 9억 원 − 보증금 1억 원 = 8억 원

요구 연 임대가 = 8억 원 × 6% = 4800만 원

요구 월 임대가 = 4800만 원 ÷ 12개월 = 400만 원

(*취득 비용, 세금 등을 감안하지 않은 단순 수치이다.)

우선, 대출은 받지 않고 매수한 것으로 가정했다. 기타 자세한 수식은 뒤에서 다시 살펴보자.

그런데 1급지도, 시세가 높은 곳이 아니어서 임대료가 이런 금액으로 맞춰질 리 없다.

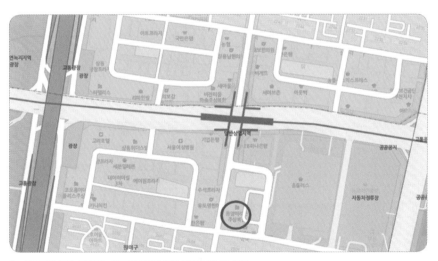

➤➤ 사람들이 주로 이용하는 출구와 각각의 주변 환경도 살펴야 한다.

왜냐하면 지도상으로 살펴보면 해당건물은 상업지역의 거의 끝자락에 세워진 데다 우측에 있는 대형 음식점 외에는 주변에 상업시설이 없기 때문에 유동인

구가 몰리는 자리에 있지 않았다. 남쪽에는 대규모의 아파트 단지가 밀집되어 있지만 작은 점포들이 모여 있는 건너편 대로변의 유동인구 흐름이 훨씬 좋았다. 해당 물건 주변으로는 공실이 많아 약간 어두운 분위기였다.

더욱이 기둥이 앞쪽으로 나와 있고 상가 쇼윈도와 입구는 안쪽으로 들어가 있는 형태라 가시성이나 접근성도 좋지 않았다. 누가 봐도 2급지 물건이었고 계속 유찰이 될 수밖에 없어 보였다.

그런데 가만히 보면, 이런 단점을 개선시킬 수 있을 것 같았다. 우선 주상복합 아파트의 사람들이 기본 수요로 자리 잡고 있었기에 근린생활업종 등으로 유치하면 상가 공실이 다 채워질 수 있고, 그래서 건물주변의 분위기가 밝아지면 건너편 아파트로 이동하는 유동인구를 끌어들일 수 있는 자리로 보였다. 건물의 구조적 단점인 기둥의 앞쪽으로 홍보 간판을 달고 기둥과 점포 사이의 공간도 적극 활용할 만했다. 딱 편의점 자리로 안성맞춤인 곳이었다.

문제는 높은 분양가였다. 감정가 9억 원이 아니라 4억 원 정도로만 낙찰 받는다면 충분히 수익이 날 수 있는 물건이었다. 이후 2년이 지난 이 곳은 어떻게 변화했을까?

>> 공실이 사라지고 분위기가 한층 밝아졌다.

공실 상가는 다 채워졌고 공매로 나왔던 곳은 편의점이 들어섰다. 유동인구 흐름도 좋아보였고 상동역 상권이 다소 확장된 듯 했다. 다시 등기부등본을 열람해 보았다.

[집합건물] 경기도 부천시 원미구 ○○○○○○○필지 ○○○○○○○ 제1층 제○호　　　고유번호 ○○○○○○○

(대지권의 표시)			
표시번호	대지권종류	대지권비율	등기원인 및 기타사항
1	1, 2 소유권대지권	2065.2분의 7.0241	2007년5월10일 대지권 2007년7월9일

【　갑　　구　】	(소유권에 관한 사항)			
순위번호	등 기 목 적	접 수	등 기 원 인	권 리 자 및 기 타 사 항
1	소유권보존	2007년7월9일 제92142호		소유자 ㅇㅇㅇ주식회사 1○○○○○○○ 서울특별시 성동구 성수동2○○○○
2	소유권이전	2007년7월9일 제92150호	2007년7월9일 신탁	수탁자 주식회사○○○○○○○ 1○○○○○○○ 서울특별시 강남구 역삼동○○○○ 신탁 신탁원부 제1084호
3	소유권이전	2013년7월5일 제73356호	2013년6월28일 매매	소유자 김○훈 ○○○○-******* 제주특별자치도 서귀포시 표선면 중○○○○ 거래가액 금305,242,980원 2번 신탁등기말소 원인 신탁재산의 처분

[집합건물] 경기도 부천시 원미구 상동 ○○○○ 1필지 상동 ○○○○○ 제1층 제　　　고유번호 1211-○○○○

【　을　　구　】	(소유권 이외의 권리에 관한 사항)			
순위번호	등 기 목 적	접 수	등 기 원 인	권 리 자 및 기 타 사 항
1	근저당권설정	2013년7월5일 제73359호	2013년7월5일 설정계약	채권최고액 금312,000,000원 채무자 김○훈 제주특별자치도 서귀포시 표선면 중 근저당권자 ○농협은행주식회사 110111-○○○○ 서울특별시 중구 통일로○○○(충정로1가) (동수원지점)
2	근저당권설정	2013년8월2일 제82403호	2013년7월22일 설정계약	채권최고액 금50,000,000원 채무자 김○훈 제주특별자치도 서귀포시 표선면 중 근저당권자 주식회사코리아○○○ 11○○○○ 서울특별시 중구 ○○○○ , ○○○○ (남창동)

-- 이 하 여 백 --

관할등기소 인천지방법원 부천지원 등기과

당시 3억 500만 원으로 거래가가 기재되어 있다. 1금융권의 경우 채무액의 120%를 채권최고액으로 근저당 설정하므로 농협에서 2억 6000만 원의 대출이 실행된 것으로 보인다.

2억 6000만 원 × 120% = 3억 1200만 원

이후 매수한지 한 달 만에 편의점으로 근저당 5000만 원이 잡혀 있었다. 거래가에서 대출금과 보증금을 제해 보면 매수자는 실투자금 한 푼 없이 상가를 매입한 것이다.

매수금 3억 500만 원 − 대출 2억 6000만 원 − 보증금 5000만 원 = − 500만 원

보증금이 5000만 원이라면 월세는 200~250만 원 정도일 테고 그렇다면 대출이자를 제하고도 월 100만 원에서 150만 원의 순이익이 발생하는 알짜배기 물건으로 탈바꿈한 것이다.

투자금을 최소화해야 한다

상권을 어떻게 판단해야 하는지, 그리고 입지는 어떤 식으로 접근해야 하는지는 사람에 따라 약간씩 차이가 있게 마련이다. 그래도 좋은 입지의 상가는 많은 사람이 한눈에 알아보므로 이런 곳의 투자는 꾸준히 수익을 올리게 된다. 물론 상권이 안정된 곳은 거액의 투자금이 소요되고 수익률도 그만큼 낮은 편이다. 투자자라면 최소 투자금 대비 6%대의 수익이 나오는 상가에 투자해야 한다. 이런 수익률은 대부분 매매가가 저렴하면서 기본 월세는 적당하게 나와 주는 곳이어야 가능하다. 그래서 몇몇 소액 투자자들은 B급이나 C급 상권에 투자한다. 이러한 **상권 중에서도 입지가 좋은 곳을 선별하거나 또는 노력으로 장애요인을 제거할 수 있는 안목을 갖춰야 한다.** 남들이 이미 만들어 놓은 곳에는 많은 기회비용을 지불하고 들어가야 하지만 가치를 만들어 낼 수 있는 곳은 그만큼의 수익으로 돌아온다.

(2) 공실 상가도 기회가 될 수 있다

일반 매매는 임차인이 맞춰져서 시장에 나오는 경우가 대부분이지만 더러는 그렇지 않다. 또한 경매로 나온 상가는 공실인 경우가 많다. 이런 물건을 임장하게 되면 주변 중개사무소에서 시세를 알아보고 임차인을 들일 수 있는지, 관리사무소에 밀린 관리비와 전 임차인이 언제쯤 영업을 그만두었는지를 확인하는 단계를 거친다.

그리고 집으로 돌아와서 긴 고민을 한다. 취득해서 공실을 해결할 수 있을까? 계속 공실이면 어쩌지?

상가투자 초보자와 중급자의 차이가 여기에서 드러난다. 초보자는 두려움에 입찰을 포기하겠지만 **중급자는 발상의 전환을 시도한다.**

공실의 해결 방법? 어렵게 생각할 필요 없다. 어느 정도 상권이 형성된 곳인 경우 먼저 정확한 임대 시세를 조사한 뒤 적정 수준에서 취득하여 저렴하게 임대를 놓으면 된다. 너무 쉬운가? 그런데 의외로 이런 생각을 하지 못하고 있는 듯하다. 물론 낮은 월세로 상가를 찾는 수요가 주변에 있는지를 사전에 확인해야 한다. 대부분의 임차인들은 기본 고객을 확보해 놓았기 때문에 기존 상가보다 임대료가 저렴한 곳이 있으면 옮기려는 수요도 있기 마련이다. 또는 상가의 크기나 조건에 맞는 다양한 프랜차이즈 업종의 입점 의향을 알아보면 된다. 시설이 있는 경우에는 그것을 이용할 수 있는 업종으로 홍보를 하고 동종 업종의 카페 모임 등에 임대 글을 올릴 수도 있다.

입지나 상권이 중요한 것이지 공실을 두려할 필요는 없다. 오히려 기존 임차인과 재계약을 해도 매출 부진으로 월세를 제때 못내는 경우도 많기에 공실에서 새로운 임차인을 맞이해서 더 좋은 경우도 얼마든지 있다. 따라서 공실은 오히려 기회일 수 있다. 다만 모든 공실이 긍정적인 것은 아니다. 상권이 너무 좋지 않은 곳이나 먹통 상가, 도로가 아닌 좁은 인도에 노출된 점포들은 단시간에 해결이 어려울 수도 있다. 또 아울렛 형식이나 테마쇼핑몰의 상가는 주변 전체가 공실이기에 해결할 수 있는 방법이 극히 제한적이다. 조심해서 접근할 필요가 있다.

소재지	충청북도 청원군 오창읍 양청리 7○○, 오창온천 1층 ○○○ 도로명주소검색						

물건종별	근린상가	감 정 가	339,000,000원	오늘조회:1 2주누적:0 2주평균:0 조회동향			

				구분	입찰기일	최저매각가격	결과
대지권	12.66㎡(3.83평)	최 저 가	(33%) 111,083,000원	1차	2011-09-19	339,000,000원	유찰
				2차	2011-10-24	271,200,000원	유찰
				3차	2011-11-28	216,960,000원	유찰
건물면적	49.78㎡(15.058평)	보 증 금	(10%) 11,110,000원	4차	2012-01-02	173,568,000원	유찰
				5차	2012-02-06	138,854,000원	유찰
				6차	2012-03-12	111,083,000원	
매각물건	토지·건물 일괄매각	소 유 자	○○○	낙찰 : 163,190,000원 (48.14%)			
				(입찰4명, 낙찰:○○여 / 2등입찰가 155,790,000원)			
개시결정	2011-05-23	채 무 자	○○○	매각결정기일 : 2012.03.19 – 매각허가결정			
				대금지급기한 : 2012.04.24			
사 건 명	임의경매	채 권 자	영동농협	대금납부 2012.04.23 / 배당기일 2012.05.21			
				배당종결 2012.05.21			

(3) 마이너 업종들의 반란

영화 반지의 제왕이 선풍적 인기를 끌면서 자그마한 호빗족도 인기가 대단했다. 하지만 현실에서는 호빗같은 종족은 살아가기 힘들다. 너무 작고 외소해서 그들은 큰 거인들과 싸움 자체가 되질 않기 때문이다.

대개 상가에서도 마찬가지다. 특히 상권이나 업종을 말할 때에는 더욱 그렇다. 상권은 메이저급(거인)과 마이너급(호빗)의 차이가 확연하게 나타나는 탓이다. 프랜차이즈점도 마찬가지여서 소위 잘나가는 프랜차이즈 업종들은 이미 견고한 성을 쌓고 있어서 웬만한 공격으로는 쉽게 무너지지 않는다.

상권에서 많은 영향력을 행사하는 대표적인 업종, 일명 1군 프랜차이즈는 스타벅스, 다이소, 롯데리아, 파리바게트 같은 브랜드들이다. 그래서 상권의 좋고 나쁨을 판단할 때 그 기준으로 살펴보는 것 중 하나가 상권 내에 최고 브랜드가 얼마나 많이 입점했는지를 파악하는 것이다.

롯데리아를 이기는 힘

업종 최고 브랜드는 강력한 빨대 효과를 발휘하여 주변 유사업종을 초토화시킬 수 있다는 것이 일반적인 이론이다. 보통의 경우에는 이런 주장이 맞지만, 상권의 성격과 이용하는 배후세대에 따라 개별 상가에서는 양상이 다르게 나타날 수 있다.

대부분 상권에서는 최고 브랜드가 가장 많은 매출과 집객력을 발휘하지만 어떤 곳에서는 이들이 듣도 보도 못한 마이너 브랜드에 고전할 수도 있다. 농담이라고 생각하는 분들도 있을 텐데 사실이다. 60평이나 사용하는 최고 브랜드와 10평 정도의, 거의 이름도 없는 브랜드가 같은 건물 내에서 벌인 경쟁이었다. 2014년 12월, 낙찰 받은 건물 1층에서 벌어진 일이다. 1층, 2층을 연결하여 롯데리아가 8월 말 개업을 했고, 빵데이의 체인 1호점 빵집이 7월에 개업을 했다. 이 빵집이 처음 개업했을 때에는 롯데리아가 입점하지 않았던 시기이고 소위 오픈빨이라는 부분도 있기에 일 매출이 100~150만 원이라는 점이 어느 정도 이해가 됐다. 생각 외로 장사가 꽤 잘 되었다.

하지만 롯데리아 개점 후가 어찌될지. 물론 빵집 사장님과 계약할 때부터 롯데리아가 오픈될 예정이라는 것을 언급은 했지만 솔직히 빵집의 매출이 반토막이 나지는 않을까 염려스러웠다. 롯데리아와 저렴한 콘셉트의 빵집……. 소비 타깃이 지나치게 겹쳤다. 이렇게 되면 일반적으로 메이저로 쏠릴 수밖에 없다. 그래서 빵집 말고 다른 업종을 입점 시켰어야 했나 약간 후회도 되었다. 업종의 구성이 그만큼 중요한 탓이다.

그런데 롯데리아 오픈 후 지켜보니 예상과는 정반대의 상황이 벌어졌다. 오픈 효과가 떨어졌음에도 불구하고 빵집의 일 매출은 지속적으로 평균 100만 원선을 유지하고 있었고 개점 효과를 누려야 하는 롯데리아의 매출은 100~200만 원에서 멈추고 말았다. 다시 말해서 저렴한 빵집인 빵데이가 상가 면적 대비 엄청난 매출을 올리고 있는 셈이 됐다. 점포의 면적 차이는 비율 1:6이지만 매출은 1:2 정도 나기 때문에 매출만으로 판단해 보면 무명브랜드 '빵데이'의 승리였다.

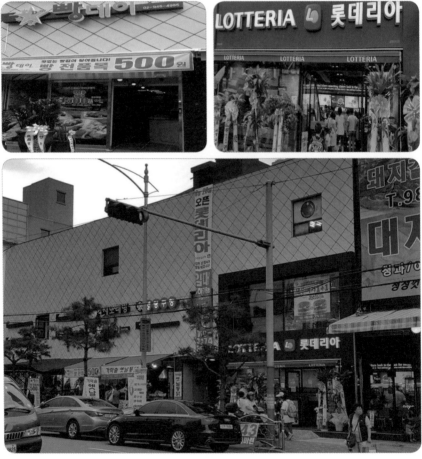

» 한 건물에서 경쟁을 벌이더라도 브랜드보다 중요한 요소가 작용하기도 한다.

배후세대의 니즈를 파악하라

상식적으로 동일한 건물 내에 1군 프랜차이즈 업종인 롯데리아가 있음에도 업종이 비슷한 빵집의 매출이 여전히 높다는 것은 쉽게 이해하기 어려운 부분이다. 바로 상권의 개별성 때문이었다.

이런 현상이 왜 발생했는지 전문적으로 분석하기보다는 있는 그대로를 반영한 결과로 생각하면 된다. 거창한 이론이나 분석이 필요 없다. 배후층의 성격을 확인하고 현재 모습을 읽으면 된다.

>> 해당 상가 주변의 소비층을 분석하는 것은 무척 중요하다.

주변을 살펴보니 이곳은 시장 상권에 속하고 빌라 세대의 고객이 아파트 세대보다 월등히 많이 유입되고 있었다. 또한 현장 임장을 가보면 젊은 세대보다는 50대 이상 장년층의 이동이 두드러진 상권이었다. 부담스러운 햄버거보다는 500원의 저렴한 빵집이 훨씬 잘 받아들여질 수밖에 없었다.

물론 빵데이는 여타의 저렴한 가격대의 빵집과는 다르게 매장에서 직접 빵을 구워 판매하는, 차별화된 전략을 펼치기도 했다. 가격은 낮지만 품질을 높인 전략이 주효했다.

역시 상권이란 한 가지 요소만으로 파악할 수 없는 복잡하고 다변적인 모습을 갖고 있음을 다시 한 번 확인할 수 있었다.

(4) 용도변경으로 죽은 상가 살리기

발상의 전환으로 대박을 이룬 성공 사례 이야기를 가끔씩 뉴스나 방송을 통해 접할 수 있다. 대표적으로 '합격 사과' 사례를 들 수 있다. 사과 소비가 줄어들어 매출이 하락한 일본의 아오모리현의 농장주가 아이디어 하나로 대박 신화를 이루었는데, 이를 보고 우리나라에서도 합격 또는 수능 대박이라는 문구를 사과에 새겨 넣어 매출이 급성장했다는 것이다.

» 관점을 바꾸면 다르게 받아들인다.

상가에서도 이런 사례를 종종 찾을 수 있다. 그 자체로는 매력이 없거나 소유할수록 골칫덩어리인 이자와 관리비, 세금만 축내던 물건이 좋은 아이디어 하나로 두고두고 큰 수익을 안겨 주는 것으로 탈바꿈한 경우다.

2014타경○○○(46)

● 수원지방법원 성남지원   ● 매각기일 : 2014.12.03(水) (10:00)   ● 경매 3계 (전화:○○○7-○○)

소재지	경기도 성남시 분당구 야탑○○○, 성남(분당)여객자동차터미널및복합건물 1층 ○○○외2개호 <small>도로명주소검색</small>						
새 주소	경기도 성남시 분당구 성남대로○○○, 성남(분당)여객자동차터미널및복합건물 1층○○○외2개호						
물건종별	근린상가	감 정 가	648,000,000원	오늘조회: 2 2주누적: 3 2주평균: 0 <small>조회동향</small>			
대 지 권	24.171㎡(7.312평)	최 저 가	(100%) 648,000,000원	구분	입찰기일	최저매각가격	결과
건물면적	99.18㎡(30.002평)	보 증 금	(20%) 129,600,000원	1차	2014-12-03	648,000,000원	
매각물건	토지 건물 일괄매각	소 유 자	파산자한국부○○○ (주)의파 산관재 ○○○ 외승계인 ○○○	낙찰 : 650,000,000원 (100.31%)			
				매각결정기일 : 2014.12.10 - 매각허가결정			
개시결정	2014-03-26	채 무 자	파산자한국부○○○○(주)의파 산관재 ○○○ 외승계인 ○○○	대금지급기한 : 2015.02.23 - 기한후납부			
사 건 명	강제경매	채 권 자	기술○○○보증기금	배당기일 : 2015.08.13			
관련사건	2010타경○○○(병합)			배당종결 2015.08.13			

여객자동차터미널 1층에 위치한 상가다. 홈플러스와 몇 개층을 빼고는 건물의 상당 수 층들이 공실로 방치되어 있어 수차례 유찰되거나, 미납된 물건이 수두룩했다.

투자포인트

테마상가 | 분당 테마폴리스

쇼핑·문화 시설 한곳에 집결
역세권 복합공간 건립 유망

야탑 역세권에는 10만 평의 종합행정타운이 들어설 예정이며 한국통신과 한국토지공사, 한국가스공사, 대한주택공사 등이 분당 신도시로 입주하고 있다. 이외에도 포스데이터를 비롯한 정보통신업체들이 분당으로 몰려들고 있다. 여기에다 차병원과 분당경찰서,보건소 등 각종 공공기관이 주위에 형성되고 있고 코오롱·벽산현대 등 2만여 가구의 중대형 아파트촌이 밀집돼 있다. 사업지인 경기도 성남시 분당구 야탑동 341 일대는 지하철 분당선과 지하로 직접 연결되어 역세권 내 현대유니마트·하이웨이유통·그린백화점·세신옴니쇼핑 등 대형 상업시설과 인접해 있다.

● **개발방향**

한국토지공사가 공급한 터미널 용지용 상업 용지 8260평을 매입한 중일(회장 권역식)은 일단 초대형 복합테마 빌딩을 건립한다는 개발 방향을 정한 뒤 93년 말 개발신탁계약을 체결했다. 플랙스 극장이 들어설 것으로 확정됐다.

● **투자 전략**

분당의 초입 야탑역세권에 들어서는 테마폴리스는 터미널과 쇼핑센터로서의 기능 외에 문화 중심 기능이 추가돼 있다. 현 주민들에게 터미널과 백화점, 영화관 등 각가지 기능을 원스톱으로 제공하게 될 테마폴리스는 테마별 매장 배치와 전문적인 마케팅 전략, 유통컨설팅 전문 업체의 신유통기법 도입으로 투자 가치를 높이고 있다. 95년 5월 해태건설의 시공으로 착공돼 98년 말 완공될 예정이다. 점포는 5평 이상씩 20년 장기 임대분양되고 있으며 평당 임대 보증금은 지하 1층이 1200만~1800만 원, 지상 1층이 2200만~2500만원, 2층이 1200만~1500만 원, 3층이 900만~1050만 원 선이다.

◇ 도움말 = 한국부동산신탁 개발신탁3부 (02) 561-5563

» 1997년 6월 25일 매일경제

이런 테마형 건물은 한동안 경매의 단골 메뉴였고, 지금도 물건을 찾다 보면 어렵지 않게 만날 수 있다.

2014년 가을에 임장한 결과 큰 실익이 없겠다는 판단에 주저 없이 이 물건의 입찰을 포기했다. 그 뒤 건물 내의 오픈형 상가들이 하나둘씩 낙찰되기 시작해서 지금은 150개의 물건이 거의 마무리된 상태다.

경매 당시 건물의 외형이 상가로 보기에는 무리가 있었기에 의문을 갖지 않을 수 없었다. 하지만 2015년 10월, 현장을 방문했을 때 심한 충격을 받았다. 원래 상태를 전혀 떠올릴 수 없게 바뀌었기 때문이었다.

>> 경매 당시 물건의 현장 사진(위)과 현재(아래) 같은 건물도 어떻게 활용하느냐에 따라 달라진다.

문득 이런 식의 변형이 가능한지 궁금해져서 건축물대장의 용도를 확인해 보니 근린상가로 되어 있었다. 경매 전에는 사무실이나 숙소로 활용하고 있었더라도 기재되어 있던 용도 덕분에 낙찰 후에 리모델링하여 영업이 가능한 상가로 변형할 수 있었던 것이다.

상권과 상가에서 상상력이, 발상의 전환이 얼마나 중요한지 다시 한번 생각하게 된 물건이다.

(5) 뉴스 속에 투자의 정보가 숨어 있다

주식의 격언 중에 이런 말이 있다.

'소문에 사서 뉴스에 팔아라!'

호재도 발표되면 더 이상 호재가 아니고 발표된 순간 이미 그 가치가 반영되었다는 의미이다.

주거용 부동산 상승장에서는 호재가 발표되면 매수 수요자들이 무섭게 모여들기 때문에 하루가 다르게 가격이 상승한다. 부동산 가격이 반응하는 시기를 정리해 보면 뉴스에 가능성이 언급되기 시작할 때, 이후 계획이 공식화되었거나

관련 법령이 통과됐다는 발표 후 착공될 때, 마지막으로 결과물이 가시화되고
마무리될 때 마지막 상승이 있다.

개발계획 상승 그래프

하지만 이런 이야기는 어느 지역이고 부동산 가격이 오르는 대세 상승기에 맞
는 말이고, 하락기일 때에는 다르다. 이 경우, 지역에 따라 등락을 달리한다.
상승기에는 이것도 저것도 다 오르니 지역을 선별할 필요가 없이 안정적인 지
역 위주로 투자하면 되지만 하락기에는 정말 좋은 지역에만 투자자가 모이고
그곳만 가격이 오르게 된다. 가격 상승이 확실히 예상된다는 판단이 들 때에만
한정적으로 움직이기 때문이다.

이런 선별 장세에서는 투자가 유망한 지역의 뉴스와 개발 호재에 귀를 기울일
필요가 있다. 누구나 관심이 있을 만한 지역을 선정한 후에 그 지역 뉴스와 개
발소식을 수시로 확인하는 습관을 들여야 한다.

고가도로 철거가 상권을 변화시키다

2014년 상반기와 하반기에 큰 뉴스가 있었다. 아현 고가도로와 서대문의 고가
도로 철거 소식이었다.

서대문 고가도로와 아현 고가도로가 있던 곳은 직선거리로 650m밖에 되질 않
는 근접지역이다. 도보로 채 10분이 걸리지 않는다. 두 지역은 하나의 권역에

속해 있을 만한 거리이지만 성격이 다르고 도심 내 핵심지역으로 각자 발전해 왔다.

아현 고가도로 주변은 낙후된 주거 밀집지역으로 도심 내의 핵심권역에 위치하고 있었음에도 발전하지 못하고 있었다. 현재는 지속적인 도시재개발 사업으로 아현동 일대가 과거의 노후된 모습에서 벗어나 빠르게 재개발되고, 아파트 밀집지역으로 변모되면서 주택 가격을 높게 유지하는 등 강북에서 핵심지역 중 하나이다.

아현 고가도로 주변도 재개발 사업이 지속되기 때문에 있던 상가나 상권들이 사라지고 이후에 지하철 2호선 아현역을 중심으로 새로운 상권이 형성되리라 생각한다. 따라서 어디에 동선이 잡힐 것인지 주변에 미치는 영향은 어떤지를 파악해서 미리 물건을 선점할 수 있다면 개발이 완성된 이후에는 소득 수준이 높고 주거 밀도가 높은 배후세대를 두고 있는 새로운 상권에 점포를 가질 수 있을 것이다.

한편 서대문 고가도로 주변 지역은 과거부터 교통의 요충지로 강북 도심에서도 핵심지역이었다. 종로와 광화문, 서울역 등과 가까운 거리에 있고 도시재생 사업으로 고층의 오피스 빌딩들이 하나둘씩 신축되고 있어 새로운 오피스 가를 형성하고 있다. 특히 고가의 철거로 서대문 교차로는 가장 큰 악재가 사라진 셈이어서 빠르게 도시재생사업이 진행되고 있고, 지속적으로 고층 빌딩의 신축이 예상된다. 이렇게 되면 오피스 상권이 형성되거나 활성화될 수 있는 조건을 충분히 갖추는 것이다. 현재에는 지역 내 배후층이 취약해 이렇다 할 상권의 모습을 보이지 못하고 있지만 추후 초고층의 오피스가 형성된다면 오피스 상권으로 활성화될 것이다.

» 서대문 교차로 주변의 상가 밀집지역의 현재 모습이다.

뉴스 속의 숨은 의미를 이해하자

뉴스를 단순히 그날의 소식이라고 생각하는 사람과 뉴스 속에 담긴 정보를 활용해 내 것으로 만드는 사람의 투자 결과물 차이는 엄청나다. **특정 지역을 잘 안다고, 그 지역은 한계가 있다는 식의 자기만의 예단으로 좋은 투자지역을 놓치지 말고 생활 속 뉴스 하나에도 관심을 두고 분석하는 습관을 들이자.** 뉴스의 정보는 누구한테 소식일 뿐이지만 누구한테는 로또를 만드는 초석이 될 수도 있다.

서울역 고가 45년 만에 폐쇄, '걷기 좋은 도시'로 전환 주목

서울시는 서울역 고가도로를 개통 45년만에 폐쇄하고, 사람들이 자유롭게 통행할 수 있도록 고가도로를 공원화했다.

이후 서울로7017 주변에는 유동인구의 증가로 여러가지 변화가 있었다. 특히 중림동 일대와 만리동 쪽의 변화가 두드러진다. 낡고 오래된 건물이 개성이 넘치는 카페와 음식점 등으로 바뀌고 새로운 건물들이 신축되면서 기존에 없던 새로운 풍경이 펼쳐지기 시작했다.

이와 대비하여 청계천의 개발 전후를 비교해볼 수 있다. 개발 전에는 낡은 고가를 중심으로 각종 공구와 기계류 등을 전문으로 취급하는 소형 매장들이 즐비했다. 하지만 개발 후인 현재에는 복원된 청계천이 관광 명소와 데이트 명소로 자리잡게 되었다. 청계천을 중심으로 시즌마다 각종 행사가 개최되고 이로 인해 유동층이 많아졌다. 또 주위 오래된 고층 건물들이나 특정 지역이 재개발되면서 새로운 주거 공간이 만들어지거나 대형 오피스 빌딩들이 들어서며 상권을 더욱 풍성하게 하고 있다. 계절과 날씨, 요일에 따라 유동인구의 편차가 크다는 단점은 있지만, 청계천을 따라 식음료와 먹거리를 취급하는 상가들이 하나둘씩 자리 잡더니 이곳은 어느새 운치있는 상권으로 형성되었다.

투자자 입장에서 보면, 기회는 관심 있는 사람들의 몫인 셈이다.

투자자는 무엇보다도 주변의 모습을 미리 파악하고 개발 전후에 있을 변화에 대해 미리 움직일 수 있어야 한다. 특히 영향이 미칠 지역에 대한 공부와 뉴스에서 거론되는 지역들을 탐방하고 꾸준하게 관찰할 필요가 있다.

03 임장은 임차인처럼, 투자는 CEO처럼

임장을 할 때에는 최대한 자세하게, 모든 조건과 비용을 알아보고 따져보아야 한다. 앞서 살펴본 것처럼 자료 조사는 물론이고 있는 경험, 없는 경험을 총 동원한다. 물건지 주변 탐문을 충분히 하는 것도 필요하다. 그리고 수익률 계산 뿐 아니라 내가 점포를 임대하는 입장이 되었을 때에는 어떤 장점과 특징을 내세울 수 있는지도 고려해 보아야 한다.

(1) 바로 장사할 임차인처럼 접근하라

작년 여름, 원룸 건물 전체가 경매로 나와 물건 조사를 위해 현장을 방문했다. 수십 개의 원룸이 경매에 나왔을 때 대부분 비슷한 경향을 보이는데, 경매 직전이거나 진행되는 도중 한두 달만 거주가 가능한 깔세 임차인을 구하는 경우가 다반사이다. 입찰할 사람은 이때 월세를 구하는 것처럼 위장해 건물의 내부나 시설 상태를 확인할 수 있다. 물건에 따라 약간씩은 다르지만 임차인으로 접근하면 빠르고 쉽게 물건에 관한 정보의 확인이 가능하고 주변의 유사한 건물의 내부 시설이나 상태도 확인이 가능하다.

간혹 정공법으로, 경매 때문에 왔다고 밝히고 조사도 해 보았지만 별다른 이익 없이 욕만 배불리 먹거나 물벼락을 맞아본 적도 있고, 소금을 맞아본 적도 있다. 오픈하고 솔직하게 접근하려면 마음에 상처받는 소리도 들을 수 있으니 감수하고 접근해야 한다.

상가도 마찬가지다. **현장에서 많은 사람들에게 쉽게 접근할 수 있고 정보를 꽤나 얻을 수 있는 조사 방법은 임차인으로 위장하는 것이다.** 임장하기 전 미리 장사할 업종과 평수 등을 설정해 놓고 중개사무소를 방문한다. 물건지 주변 중개사무소를 중심으로 2~3군데만 확인하면 임대료 시세가 훤해진다. 임대료를 정확하게 파악하면 매매가도 판단할 수 있다.

(2) 상가전문 중개사무소를 찾아라

주거용 부동산은 국토부 실거래가를 비롯해 전·월세 신고가격, 다음이나 네이버의 부동산 게시판을 조사하여 정확한 거래가와 임대가의 데이터를 뽑을 수 있다. 이렇게 하면 경매 입찰가나 수익률 계산이 비교적 수월한 편이다. 단지 내가 어느 정도 수익률을 목표로 하느냐에 따라 결과가 갈릴 뿐이다.

반면 상가는 많은 투자자가 가장 막막해하는 부분이 바로 상가의 시세, 임대차에 대한 조사를 하는 일이다.

더 큰 문제는 상가의 시세가 조사하는 사람에 따라 다르다는 데에 있다. 이런 점들 때문에 정보의 정확도가 떨어지고 자료의 한계가 있다.

그럴 때에는 그 지역에서 가장 오래된 중개사무소를 활용해야 한다. 이러한 곳은 과거와 현재의 변화를 한눈에 파악하고 있으며 지역별 장단점과 특징들까지 훤하게 꿰고 있다. 더 나아가 이들을 통해 쇠락하는 지역과 뜨고 있는 지역에 대한 판단과 평가도 들을 수 있다.

거래를 많이 성사시키는 상가 전문 중개사무소를 만날 수 있다면 정말로 천운이지만 현실적으로 그렇게 만나기가 쉽지 않다. 그때에는 어떻게 해야 할까?

상가 전문 중개사무소는 상가 밀집 지역 주변에 자리잡은 경우가 많다. 중심부에 위치하기에는 임대료를 감당하기 어렵기 때문에 번화한 골목 안쪽 등에 있다. 업종 상황에 따라 2층이나 고층에 입점한 경우도 있다.

주거용 부동산에 비해 상가 전문 중개사무소는 다루는 지역 범위가 넓기 때문에 투자 물건이 있는 주변으로만 찾지 말고 그 너머 다른 블록까지 찾아 보아야 한다.

>> 상가 전문 중개사무소를 찾아야 보다 정확한 시세를 얻을 수 있다.

지역 상권과 개별 상가에 대한 정보와 흐름을 잘 알고 있는 중개사무소가 지역마다 1~2곳은 있기 마련이다. 만약 미처 발견하지 못했다면 만날 때까지 중개사무소를 탐문해 볼 수밖에 없다.

상가 전문 중개사도 주관적 관점에서 상가에 대해 이야기한다. 따라서 조사한 내용의 객관성을 담보하기 위해서는 되도록 여러 곳에서 자료를 뽑아 평균치를 만들고, 실제 거래 가능한 금액을 알아보는 일이 중요하다.

(3) 업종을 지정하는 상가관리단의 파워

임장 시 빼먹지 말고 꼭 방문해야 할 곳 중에 하나가 바로 물건이 속해 있는 건물의 상가관리단과 관리사무소이다. **건물의 상가관리단과 관리사무소에서 가장 중점을 두고 조사해야 할 것은 상가 건물 내에 업종관련 규제와 간판문제나 관리비등 내외부 조사와 규제 등이다.**

내부 조사로는 상가의 구조와 함께 내부 시설물과 건물의 관리가 제대로 되고 있는지, 관리비는 주위에 비해 너무 비싸지 않는지 등을 중점적으로 보아야 한다.

또한 상가관리단이나 상가번영회를 방문해서 상가의 특징이나 장단점, 상가 관리 규약 등에 대해 조사하고 업종의 규제가 있는지 또 어느 업종들이 주로 입점해서 영업 중인지, 입찰할 상가의 층수가 1층이 아닌 2층 이상의 상가일 경우에는 간판의 위치가 확보되어 있는지, 외부에 돌출 간판은 설치할 수 있는지, 간판이 잘 보이는 곳에 노출되는지 등을 확인해야 한다. 이런 부분을 살피지 않고 투자했다가 나중에 간판 문제와 업종의 제한탓에 임대에 어려움을 겪을 수도 있다.

★ 상가 지정업종에도 함정이 있다 ★

의약 분업 이전에는 의사가 진료와 처방전을 발급하면 약사는 처방전에 표시된 약과 동일한 효능이 있는 약 중에서 선택하여 조제할 수 있었다. 하지만 의약 분업 이후부터는 의사가 진찰과 처방을 하면 약사는 표기된 약으로만 제조해야 한다. 또한 특별한 경우를 제외하고는 처방전 없이 임의로 약국에서 약을 조제하는 임의제조가 금지되었다.

의약 분업은 의료계 외에도 부동산에도 많은 영향을 끼치고 있다. 대표적인 예가 상가를 분양할 때 약국 자리를 지정하고 일반 분양가에 비해 20~30% 정도 높게 이 점포를 분양하는 경우이다.

의약분업 전에는 건물 내에 병원이 있어도 굳이 약국이 같이 있을 필요가 없이 동네 약국 어디에서 처방을 받아도 되었다. 또는 약국에 가서 아픈 증상을 말하면 약사가 알아서 처방해 주었다.

하지만 의약 분업이라는 사회적 시스템이 만들어지면서 상가 건물을 분양하는 시행사나 분양사에 가장 알짜 수익을 가져다 주는 업종이 약국이 되었다. 상층부에 병원이나 의원을 한두 개만 유치하면 높은 금액에도 약국 자리가 분양된다. 더불어 건물 내방객이 증가할 것이라고 예상되므로 다른 점포 분양에도 긍정적으로 작용한다.

하지만 약국 업종으로 분양을 받았다고 해도 처방전이 많지 않은 전문 치과만 입점한다거나 이용하는 주민들이 별로 없다면 입점한 약국으로써는 유지관리비도 건지지 못할 정도가 되므로 재계약을 포기하는 경우가 발생하게 된다.

특히 상가를 분양받거나 매매를 고려할 때 매수가격이 다소 높더라도 안정적으로 고임대수익이 장기간 가능하다는 점 탓에 약국 자리에 투자하는 경우가 많다. 하지만 투자 전 주변 경쟁 병원·의원을 살펴보고 이용객들의 동선은 어떻게 잡혀 있는지 등을 확인한 다음에, 이후에 병원·의원들이 입점해도 자생력이 있을 만한가를 판단한 후 투자를 검토해야 한다.

약국 영업의 독점권을 보장받는 약정이 이루어진 경우에는 입점자 상호간에 업종 변경 금지 의무에 동의했다고 볼 수 있다. 때문에 나중에 다른 상가에서 약국 영업을 하려는 경우 기존 약국의 임대인은 위 약정을 이유로 영업의 금지를 청구할 수 있다. 만약 다른 약국이 개설될 경우에는 분양 계약 취소 및 손해배상 청구도 가능하다. 다만 계약 당시 업종을 지정받지 않았거나 업종 변경 금지 의무를 규정하지 않는 내용으로 계약을 체결한 경우, 추가적으로 약국으로 업종을 지정하여 분양 받은 경우에는 영업 금지를 청구할 수 없다.

또 건물의 상가자치규약으로 약국 동종업종 금지를 규정한 경우에는 분양 받은 사람은 물론이고 그로부터 상가를 매입한 사람이나 임차한 사람도 전부 약국 영업을 할 수 없다. 여기에는 분양자와 수분양자 간 약정보다는 제3자가 동의하는 약정이 있어야 한다. 약국의 영업 독점권 법적 분쟁이 빈번하게 발생하는 만큼 약정 체결 당시 이에 대한 면밀한 검토가 있어야 한다.

업종 제한이 있는 상가를 취득한 경우, 이후에도 지정업종으로 계속 영업이 가능한 곳도 있지만 전부 그렇지는 않다. 「집합건물의소유및관리에관한 법률」의 요건을 갖추지 못한 규약은 이를 동의하지 않은 사람에 대해서는 무효이기 때문에 새로 상가를 소유한 사람에 대해서는 적용되지 않을 수 있다. 따라서 투자나 입찰 전 관리사무소나 상가관리단을 방문해서 사전에 확인해야 한다.

- 목 차 -

제1장 총 칙

제2장 집합건물의 사용수익

제3장 집합건물의 관리

(4) 프랜차이즈 업종은 권리금 업종이다

대표적인 우량 프랜차이즈 업종인 스타벅스 커피전문점은 점심 시간에 늘 사람들이 길게 줄을 서 있는 모습을 볼 수 있다. 주변에 다른 커피전문점이 있어도 사람들에게 선호도와 인지도가 가장 높은 브랜드로 자리매김되고 있어서일 것이다.

>> 고객 충성도가 높은 브랜드 매장의 입점 여부도 상권 분석에 참고가 된다.

도심지뿐만 아니라 많은 신도시나 택지지구의 상권을 조사하다 보면 건물의 크기에 상관없이 크면 큰 대로, 작으면 작은 대로 분양사무소에서 공통적으로 하는 이야기가 있다.

'우리상가는 ○○브랜드가 입점 계약을 했다.'
'○○브랜드에서 입점의향서를 보내 왔다.'

여기서 말하는 ○○브랜드는 소위 '1군 프랜차이즈' 업체이다. 브랜드 인지도가 높고, 매출도 잘 나오고, 임대료도 많이 내고 이들이 입점하면서 상권이 살아나는 업체이다. 스타벅스나 카페베네, 파리바게트, 베스킨라빈스31, 롯데리아 등과 같은 1군 브랜드가 입점 예정이므로 상권이나 입지에 대해서는 안심하고 분양 받으라는 주장이다.

실제 2기 신도시와 수도권 내 크고 작은 택지지구들을 임장해 보니 상권과 입지가 좋은 곳에는 여지없이 1군 프랜차이즈 업체들이 자리 잡고 있었고, 상가의 월세나 권리금은 지역 내에서도 높은 편에 속해 있었다. 그리고 상대적으로 상권이 조금 떨어지는 곳에는 브랜드의 인지도가 1군보다 낮게 형성된 2군 프랜차이즈 업체들이 있거나 점주가 직접 창업한 브랜드들로 채워져 있었다.

서울 시내 같은 도심지와 신도시나 택지지구의 상권은 그 성격이 조금 다르기 때문에 일률적으로 비교하는 건 무리가 있지만 공통적인 특징은 상권이 좋은 곳의 주변에는 어김없이 1군 프랜차이즈 업체들이 있다는 것이다.

프랜차이즈 업종이 입점해 있는 상가는 기본 시설비나 보증금, 기타 부대 비용이 몇 억 원 단위로 투입되기에 시장에서 가치도 더 높게 반영되고 권리금도 몇 억 원이 넘게 형성되기도 한다. 다만 한 가지 덧붙이자면 이런 업종이 지속성을 가지고 영업을 하는지를 확인해 보아야 한다. 그런 곳이라면 투자자 입장에서는 공실의 위험이 낮은, 오랫동안 이익을 안겨줄 상가로 판단할 수 있다.

(5) 가짜 임차인을 선별하라

상가투자자의 구미가 확 당기는 분양 광고 중 하나가 '선임대 분양'이다. 더욱이 1군 프랜차이즈 업체가 선임대 되었다는 말에는 현혹될 수밖에 없다. 현재 상가의 특징과 장점까지 설명하면 빨리 매수하고 싶은 충동까지 느낀다. 감탄하며 열심히 빠져들고 있는데 결정타가 온다. 현재 남은 호수가 얼마 없으니 하루라도 빨리 계약해야 한다고 말이다. "심지어 이런 건 아무한테나 안 보여주는데 사장님이니까 특별히 오픈합니다."라는 말에 감동까지 하게 된다. 한 번 더 생각하자.

신규 분양하는 상가는 1층 평당 분양가격이 평균 2500만 원 전후이다. 코너자리나 입구 양면으로 노출된 곳, 가장자리는 3500만 원선에서 분양하기도 한다. 물론 판교 같은 경우에는 평당 7000만 원에서 8000만 원까지 분양하는 경우도 있다.

대출이 매입가의 50~60% 실행된다고 해도 몇 억 원의 현금이 필요하게 된다. 이에 투자자들의 부담감을 상쇄시키고자 분양사에서는 투자자들이 바로 임대 수입을 얻을 수 있도록 선임대 상가로 세팅하는 것이다. 1층 임대 수익률을 최소 5~6% 보장한다면서 안전하게 투자할 수 있을 것 같은 착각을 불러일으키는 셈이다.

» 선임대 분양은 이야기에 그칠 수도 있다.

하지만 이런 상가에도 함정은 있다. 투자약정서를 체결한 프랜차이즈 업체에서 얼마든지 계약을 해지할 수 있으므로 실제 입점할 줄 알고 같은 건물의 점포 계약을 체결했다가 해지로 낭패를 보는 경우가 발생할 수 있다. 또한 초기 인테리어 비용 등이 많이 소요되지 않는 몇몇 프랜차이즈 업종은 영업 부진을 이유로 불과 반년도 넘기지 못하고 폐업하는 경우도 있기 때문에, 선임대 되었다는 말만 믿고 상가를 매입하거나 분양받는 것은 위험하다.

또 1군 프랜차이즈 업종이 실제 입주한다고 해도 임대료의 부담이 높아 임대차 기간 만료 후에는 철수하는 경우도 있다. 이후 임차인을 맞추기 위해 대폭 월세를 낮출 수밖에 없는 상황이 발생하기도 한다.

따라서 유명 프랜차이즈가 선임대 했다는 분양사무소나 중개사무소의 말만 믿고 거금을 들여 상가에 투자했다가는 낭패를 볼 수도 있다. 투자를 결정하기 전에 상권이 안정적인지를 먼저 파악해서 위험을 줄이는 것이 현명하다.

　≫　2013년 7월 로드뷰(좌)와 2014년 11월 로드뷰(우). 유명 커피점이 사라졌다.

그리고 또 주의해야 할 것이 있다. 경매로 상가를 낙찰 받았는데 분석을 잘못해서 임차인을 구할 수 없는 경우, 상가가 장기간 공실이었기에 이를 매도하는 것은 현실적으로 어렵다. 이때 상가를 처분하기 위한 방법으로 경매를 통해 상가를 넘기는 사람들이 있다. 하지만 장기간 비어 있었다는 사실이 알려지면 낙찰자가 생기기 어렵고 설사 진행된다고 해도 낙찰가가 현저하게 낮아질 수 있다.

이럴 경우, 지인을 임차인으로 내세워 임대차 계약을 체결하고 사업자등록도 하고 이후 경매가 진행될 때 정상적인 임차인으로 신고를 해서 마치 월세가 나오는 상가인 것처럼 포장하기도 한다. 외형상 요건을 갖춘 가장 임차인을 만들어 물건을 날리는 방법인데 이런 악의적인 방법에 속지 않도록 주의해야 한다.

04 임장보고서와 체크리스트 활용하기

상가를 분석하다 보면 주거용 부동산이 더 간편해서 부러울 때가 있다. 시세 물어 보고 실거래가 확인하고, 중개사무소에 거래 가능성을 물어보고, 관리비 연체 등만 확인하면 거의 모든 조사가 끝나니까 말이다.

물론 상가 중 일부 물건도 단순하게 몇 가지 기본조사로만 분석할 수 있는 물건이 있다. 예를 들어 단지 내 상가를 들 수 있는데, 그런 물건은 전체 상가 물건 중 극히 일부에 지나지 않고 대부분의 물건은 상권, 입지, 공법 등 몇 단계의 분석이 필요하다. 쉽게 풀이되는 몇몇 물건을 제외하고는 필수적으로 임장보고서와 현장 체크리스트를 작성하여 체계적으로 분석하는 것이 중요하다.

먼저 임장보고서에 대해 살펴보겠다. 상권 분석, 공법 분석, 권리 분석, 수익을 점검한 내용을 임장 전에 정리하는데, 중요한 사항이나 확인해야 할 사항 등을 별도로 표시한 후 현장 방문 여부를 결정하고, 다녀온 뒤 최종적으로 임장 후 내용까지 정리하는 작업을 거친다.

보고서라고 해서 거창하게 생각할 필요는 없다. 별도 양식도 없거니와 고도의 문서 작업 능력이 필요하지도 않다. 본인이 보기 편하게 자유롭게 정리하면 된다. 입지 분석에 대한 의견도 자유롭게 적고, 권리 분석도 하고, 건물 내 임차인이 많으면 직접 건물을 그려가면서 임차인의 배당 및 대항력 여부를 표시하기도 한다. 각 항목별로 점수를 매겨서 임장 여부 및 투자 가치 판단 기준으로 삼기도 한다.

임장 전 보고서를 통해 물건을 정리하고 확인 사항을 기록해 두면 현장에 갔을 때 더 많은 것을 통찰할 수 있다. 또 굳이 찾아가기 전에 보고서를 통해 투자할 만한 물건인지 판단하고, 그렇게 생각되면 그 다음에 체크리스트, 카메라, 상가 도면 등을 가지고 현장에 출동한다.

주거용 부동산에 비해 검토해야 할 사항이 많기 때문에 체크리스트를 통해 꼭 현장에서 하나하나 확인하는 작업을 거치도록 한다. 이 내용들은 앞장에서 살펴본 상가 현황, 입지 조건, 상권, 시세 등의 조사로 구성한다.

(1) 상가 현황을 조사하라

상가 임장 체크리스트

점검항목	현황내용	점검항목	현황내용
① 상가 종류 및 용도		건물 층수 및 해당 층	
대지면적 및 분양면적	/	② 전용면적/전용률	/
③ 건물 내 상가위치		④ 상가 외 활용면적	(예 : 야장)
내부 시설 정도	상 중 하	⑤ 권리금 유무	
간판 노출 여부		⑥ 주차장 여건	
⑦ 계단 개수		엘리베이터 유무	
상가 관리 수준	상 중 하	⑧ 업종 지정 여부	
⑨ 평당 관리비		상가 전면 길이	
상가 외부 구조	세장형 가장형 코너형	⑩ 상가 내부 구조	기둥 / 각진 구조 / 증축
천고	높이( ) 복층 여부	방수 및 누수	
⑪ 건물 업종 구성 및 공실률	건물 내 대표업종		
	건물 내 기피업종		
	주업종		
	부수업종		
	공실 여부		
	공실률		

① 상가 종류 및 용도

임장하기 전 건축물대장을 발급받아 해당 상가의 종류 및 용도를 확인한다. 현황상 용도와 다를 경우가 있는데 이러한 경우 추후 문제 소지가 발생할 수 있으므로 꼭 확인해야 하는 부분이다.

② 전용면적/전용률

전용면적 및 전용률은 높을수록 유리하다. 실 평수가 넓어서 임대료를 더 받을 수 있기에 이익이다. 또한 등기상 전용면적과 실제 사용하고 있는 면적이 같은지 확인해야 한다. 상가는 전면부나 후면부를 임의로 확장해서 사용하는 경우가 많은데 이러한 부분은 불법건축물로 취급될 수 있으므로 주의해야 한다.

③ 건물 내에서 상가 위치

가장 좋은 위치는 주출입구 옆이나 건물의 가장자리로 창이 두 면 이상 오픈되어 있는 곳이다. 하지만 상황과 업종에 따라 가장 좋은 위치가 달라질 수 있으므로 현장에서 확인해야 하는 부분이다.

④ 상가 외 활용면적

전면에 테라스나 베란다, 야장을 깔 수 있는 공간이 있다면 활용도가 좋은 상가라 할 수 있다.

⑤ 권리금 유무

내부 시설 정도와 연관된 부분이라고 할 수도 있는데 아무래도 내부 시설이 좋을수록 시설권리금은 높을 수밖에 없고, 또한 재계약 가능성을 점쳐볼 수도 있다. 하지만 인테리어가 5년 이상된 업종이라면 임대인의 무리한 요구에 의해 다른 곳으로 이전할 수도 있다. 그외 영업 활성화에 따른 권리금도 파악한다.

⑥ 주차장 여건

신축 건물이라면 큰 문제가 없지만 오래된 건물일수록 주차 대수가 부족하다. 특히 메이저급 업종은 필수 입점 조건으로 주차장을 요구하는 경우가 많다. 또한 주차장으로 인해 입점할 수 있는 업종이 제한되기도 한다.

⑦ 계단 개수

1층 이외의 상가를 투자할 때에는 계단 개수가 중요하다. 층수나 면적에 따라 건물 내 계단이 한 개일 경우와 두 개일 경우에 입점할 수 있는 업종의 차이가 크다.

⑧ 업종 지정 여부

관리실에 가서 확인해야 하는 사항이다. 업종이 지정되어 있으면 임차 업종의 제약이 있다. 업종에 따라 득이 되기도 하고 실이 될 수도 있으므로 현장의 상황을 보고 판단한다.

⑨ 평당 관리비

신축 건물일수록 꼭 확인해야 한다. 평당 5000원에서 1만 원이 평균인데, 임차인 입장에서는 관리비를 임대료와 같은 개념으로 생각하므로 임대료나 입지가 동일하다면 평당 관리비가 낮은 곳을 선호한다.

⑩ 상가 내부 구조

점포 내부에 기둥이 있다거나 각이 있으면 구조상 활용도가 떨어진다. 뒷공간을 무단으로 증축하여 사용하고 있는지도 확인해야 할 사항이다.

⑪ 건물 업종 구성 및 공실률

건물의 업종이 어떻게 구성되어 있는지를 살펴보아야 한다. 유흥 업종 중심인지, 병원·의원, 학원 업종으로 구성되어 있는지에 따라 투자하는 상가의 현황을 판단할 수 있다. 또한 건물 내 성인오락실, 성인용품 판매점, 종교시설 등 기피하는 업종이라든지 철물점, 자동차 관련 부품판매점 등 상대적으로 임대료가 낮다고 알려진 점포들로 구성되지는 않았는지도 살펴본다. 물론 이는 현재 상황일 뿐이므로 앞으로 상권의 활성화 여부도 살펴봐야 한다. 건물 내 어울리지 않은 업종—예를 들어 철물점과 커피전문점—이 함께 입점되어 있는 건물은 특히 주의한다. 앞으로 이곳이 죽어가는 입지인지 활성화되는 곳인지는 주변의 상권을 함께 검토해야 판단할 수 있다. 또한 주변 건물에 비해 공실률이 높다면 왜 그런지 그 이유도 파악할 수 있어야 한다.

(2) 입지 조건 확인은 필수

점검항목		현황내용	
① 동선	주동선(노출 정도)		
	보조동선(노출 정도)		
② 인도	인도 전용		
	도로 겸용		
③ 주변도로 여건	교차로		
	횡단보도		
④ 상가 접근 방해물			
⑤ 교통 조건	버스 정류장	노선	
		거리 및 특징	
	지하철역	노선	
		거리 및 특징	
⑥ 도로 조건	전면도로		
	이면도로		

① 동선

상권정보시스템을 통해 투자 대상 상가의 가장 높은 유동 인구 유입시간을 확인한 후 현장에서 유동인구의 동선을 확인한다. 주요 역이나 버스 노선에서부터 투자

대상인 상가 위치까지 걸어보며 주동선 상에 노출되어 있는지 아니면 보조동선 상에 노출되어 있는지 살펴본다. 또한 퇴근, 출근 때 중 어느 시점인지도 확인한다.

② 인도

인도 전용에 접한 편이 유리하기는 한데 인도 폭이 너무 좁으면 흐르는 동선이 되는 경향이 강하기 때문에 인도 폭은 3m 이상인 편이 좋다. 그러나 인도 폭이 너무 넓으면 유동인구의 시선이 분산될 수도 있고 자동차 통행이 빈번할 수 있어 오히려 상권에 부정적으로 작용할 수 있다.

도로 겸용에 노출되어 있으면서 마을버스 노선이 지나가는 곳은 몇몇 정류장을 제외하고는 상권이 죽어 있는 곳이 많으므로 주의한다.

③ 주변도로 여건

투자 대상 상가 전면에 교차로, 횡단보도 등이 접해 있는지, 그렇다면 도로가 어느 정도 넓이인지 확인한다.

④ 상가 접근 방해물

건물 앞에 큰 화단이 있다거나 기둥으로 인해 상가 전면부가 잘 보이지 않는지 확인한다. 1기, 2기 신도시 중에는 지구단위계획상 건물 외부에 인공수로를 파서 이용자가 다리를 건너야만 접근이 가능한 상가도 있는데, 다른 건물에 비해 동선이 불리하다. 심리적으로 물리적으로 쉽게 접근할 수 있는 상가가 가장 좋다.

⑤ 교통 조건

버스 정류장의 노선이 시내로 가는 간선버스나 시외로 나가는 광역버스의 기점지 주변이 좋다.

지하철 관할 공사는 매년 역별 유동인구 수치를 발표하는데, 이것을 참고하여 집객시설 및 주거지로 통하는 주출입구를 확인한다. 다만 상가에서 주의해야 할 부분이 있다. 주거의 경우 무조건 역 주변이 좋은 입지로 알려져 있다. 이에 반해 상가는 경우에 따라 주변 대형 상권으로 고객 쏠림 효과가 발생할 수 있으므로 편리한 교통편이 무조건 플러스 효과로 작용하지는 않는다.

⑥ 도로조건

전면 도로는 왕복 4차선 정도가 가장 적당하다. 사람들이 마음대로 건너다닐 수 있는 도로면 더욱 좋다. 도로 가운데 또는 도로와 인도 사이에 경계구조물이 설치되어 있다면 아무래도 상권 활성화 측면에서는 부정적이다. 6차선 이상이 되면 상권이 단절될 수 있다.

(3) 상권 진단은 기본

조사항목		현황 내용				
① 상권 특징						
② 주변 업종 구성	저층부					
	중층부					
	상층부					
③ 집객시설						
④ 상권 배후 조건	아파트					
	오피스					
	대학가					
	주택가					
	혼합평		주거시설 혼합			
			업무시설 혼합			
⑤ 상권 이용세대 수준	상층류	상중류층	중류층	중하층	하류층	
⑥ 상권 이용 주요 세대	10대 ~ 20대					
	30대 ~ 40대					
	50대 이후					
상권 활성화 시간	오전					
	오후					
	저녁					
상권 활성화 요일	평일					
	주말					
⑦ 상권 현황 수준	활성화 단계					
	고착 단계					
	쇠퇴 단계					
상권 단절 요인	자연지형물					
	인공지형물					
	혐오시설					
	기타(공공시설 등)					

① 상권 특징

상권정보시스템에서 투자 대상 상가를 중심으로 상권의 영역을 표시한 지도를 준비해 간다. 현장에서 상권의 전체적인 분위기를 스케치하도록 한다. 주된 업종을 살펴보고 상권 내 1, 2, 3급 상권지를 표시하고, 투자할 대상인 상가가 어디에 속하는지 기재한다. 상가 투자자 입장에서는 권리금이 높은 전문식당, 프랜차이즈, 위락 및 유흥업종이 모여 있는 1급 상권지가 안정적으로 보일 수도 있으나 이러한 업종은 경기의 흐름을 크게 탈 수도 있고 또한 공급 과잉으로 인해 공실의 위험성도 내포하고 있다. 즉 언제나 해당 상권의 양면을 파악할 수 있어야 한다.

② 주변 업종 구성

해당 상권의 분위기를 가늠할 수 있고 내가 투자할 상가의 업종이 적정한지, 다른 업종으로 전환 시 더 높은 임대료를 받을 수 있는지 등을 파악한다. 저층부, 중층부, 고층부의 업종 구성은 물론 공실까지 확인한다.

③ 집객시설

대표적인 집객시설로는 백화점, 대형 복합건물, 대형마트, 쇼핑센터 등을 들 수 있다. 집객시설에 따라 주변 상권이 침체될 수도 있고 활성화될 수도 있다. 일반적으로 집객시설과 중복되는 업종은 고전을 면치 못하고 그렇지 않은 업종, 특히 주류 및 유흥업 등은 상권에 따라 활성화된다.

④ 상권 배후 조건

배후세대에 따라 업종과 상권의 전망이 달라질 수 있다. 따라서 1차적으로 상권 정보시스템 및 지도를 통해 파악 후 현장에서는 이를 확인하는 과정으로 임장

한다. 투자할 상가의 업종이 적절한지까지 살펴야 한다.

⑤ 상권 이용세대 수준

상권에 있어서 이용세대의 수준을 파악하는 일은 중요하다. 세대 당 소득이 아주 높다면 주변 상권보다는 대형 집객시설을 이용하는 경우가 더 많다. 소득이 낮다면 소비할 수 있는 여력도 크지 않다 보니 상권의 성장에 한계가 있다. 따라서 소비력은 중하 또는 중간 계층인 세대가 적당하다.

⑥ 상권을 이용하는 주요 세대

30~40대는 결혼과 주택 자금에 시달리고, 50대 이후는 노년의 여유자금이 없으므로 소비층으로는 적당하지 않다. 때문에 10~20대 소비층이 주요 고객이면 좋다.

⑦ 상권 현황 수준

상권은 크게 활성화, 고착 단계, 쇠퇴 단계의 사이클을 가지고 있다. 활성화 직전 단계에서 투자하는 것이 가장 수익률이 높다. 또한 고착 단계에서 쇠퇴 단계 직전으로 가는 시점에 매도해야 한다. 현재 단계를 파악하기 위해서는 임장 전 보고서를 통해 주변 상권 및 임대가 현황을 조사해야 한다. 또한 방문했을 때에도 현재 업종의 구성 및 업종의 전환이 어떻게 이루어지고 있는지 주의깊게 살펴보아야 한다.

(4) 시세까지 꼼꼼하게 파악하자

조사자 입장	방문 업소	시세	
임차인 입장	중개사무소 또는 분양사무실	보증금	
		월차임	
		권리금	
		보증금	
		월차임	
		권리금	
투자자 입장	중개사무소 또는 분양사무실	매수가	
		투자금	
		수익률	
		매수가	
		투자금	
		수익률	
매도자 입장	중개사무소 또는 분양사무실	매도가	
		수익률	
		매도가	
		수익률	

시세 조사는 임차인, 투자자, 매도자 각각의 입장에서 조사하도록 한다. 주변 중개사무소 또는 분양사무소를 중심으로 조사하는데, 중개사무소는 가급적 상가전문인 곳을 중심으로 탐문한다. 또한 객관적인 판단을 위해 상권 내 투자대상에서 좀 더 떨어진 중개사무소에서 브리핑을 받는 것도 좋다. 상권별로, 층별로 투자자의 기대수익률이 다를 수 있다는 것도 염두에 두자.

★ 추천 사이트 ★

통계청 통계지리정보서비스(SGIS플러스, http://sgis.kostat.go.kr)는 소지역 단위로 공간분석이 가능하고, 음식점, 숙박시설 등 36종의 생활업종에 관한 다양한 정보를 제공한다. 자신이 설정한 입지선정조건에 따른 후보지역을 추천하는 기능이 되어 있어서 창업자 및 업종분석, 입지분석을 할 때 유용하게 활용할 수 있다.

6장

함정도 피하고
가치도 높여라

01 건축물대장으로 분석하는 내 상가의 모든 것

사람이 태어나면 호적을 올리는 것과 마찬가지로 건물도 신축되면 건축물대장을 만들어 국가에서 보관하고 관리한다. 상가의 출생증명서 역할을 하는 것이 바로 건축물대장이므로 이것이 없는 건물은 불법건축물인 셈이다. 건축물대장은 건물이 어떤 구조로 생겨야 하고 어떤 업종으로 장사해야 하는지 등이 표기되어 상가의 용도를 제한하게 된다. 기재된 사항에서 조금만 벗어나도 그 건물은 위반건축물로 분류되어 소유주가 과태료를 물어야 하는 경우도 생긴다.

따라서 상가투자자로서 건축물대장을 분석하는 일은 가장 기본인 사항이다. 상가 경매에서도 이 상가가 왜 여러 차례 유찰됐는지도 모르고 저렴한 가격에 덜컥 낙찰 받았다가 건축물대장상의 큰 하자가 있는 물건임을 발견하고 보증금을 미납하는 사례도 종종 본다.

건축물대장의 몇 가지 사항만 확인하면 전혀 어렵지 않다.

(1) 건물의 출생신고서, 건축물대장 발급하기

상가는 흔히 볼 수 있는 5층 미만의 소형 건물도 있고, 30층 이상의 대형 건물, 단독주택을 개조한 경우도 있다. 아니면 테마쇼핑몰이나 아울렛 매장처럼 상가들을 모아놓은 집합건물의 형태일 수도 있다.

건축물대장은 기본적으로 1동의 건물을 기본 단위로 해서 건물마다 작성한다. 건물에 따라 부속건물이 있는 경우에는 주된 건축물대장에 포함한다. 또 건축물의 신축, 증축, 개축, 재축, 이전, 대수선, 용도변경 등 표시에 관한 사항, 소유권 및 변동 사항 등이 기재되어 있다.

상가 건물의 형태에 따른 분류

건축물 대장	일반건축물	총괄표제부	신청하는 주소지의 지번에 있는 모든 건물들을 표시 (해당 지번 위에 건물이 2동 이상 있을 경우)
		일반건축물	해당하는 건축물 및 대지에 관한 현황 및 구조, 용도, 면적 및 기타 세부사항을 표시
	집합건축물	총괄표제부	하나의 대지에 2동 이상의 건축물이 있는 경우 모든 건축물별 현황의 표시
		집합표제부	집합건축물 중 해당 건물의 층별, 구조, 용도, 면적의 표시 및 건축물현황과 기본시설 표기
		집합전유부	집합건축물 중 해당 건물의 층별 특정 부분을 세분화해서 표시(예: 전유부분, 공용부분, 소유자현황)
	건축물현황도		배치도, 각층 평면도 또는 단위세대 평면도 등 건축물 및 그 대지의 현황을 표시하는 도면

상가는 주택가의 단독주택을 개조해서 용도변경하는 '일반건축물'인 경우보다는 대부분 처음부터 상가로 쓸 건물로 신축한 '집합건축물'인 경우가 더 많다. 과거에는 건축물대장을 확인하기 위해서는 해당 지자체에 직접 방문해야 발급이 가능했지만 인터넷이 발달한 요즘에는 정부의 공식사이트인 '정부24(www.gov.kr)'에서 손쉽게 발급 및 열람이 가능하다.

건축물대장, 온라인으로 발급하는 법

① '건축물대장등초본발급(열람)신청' 메뉴를 클릭한다.

② 건축물관리대장 등·초본 열람 신청 화면이 뜨면 물건지의 주소를 입력한다.

③ 표시된 동 번호와 동 명칭이 보이면 '민원신청하기'를 다시 한 번 클릭한다.

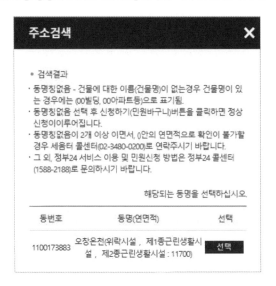

④ 개별 상가를 확인하고 싶을 때에는 '전유부' 선택 → '민원신청하기' 클릭 → 건물명을 확인 → '민원신청하기'를 진행한다. 이번에는 찾고자 하는 개별 상가의 호명이 나온다.

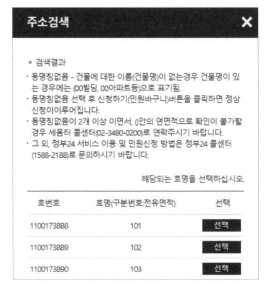

⑤ 원하는 호실을 찾은 뒤 다시 한 번 '민원신청하기'를 클릭하여 개별 상가의 건축물대장(전유부) 정보를 얻는다.

몇 번의 반복적인 절차가 다소 번거롭게 생각되지만 한 번만 해 보면 금방 익숙해진다. 주의할 점은 내가 정보를 잘못 입력하면 건축물 정보가 없는 것으로 나올 수 있다는 것이다. 이때에는 처음부터 다시 시도해 보면 된다.

건축물대장에 담긴 정보, 반드시 확인해야 한다

건축물대장에는 대지 면적, 연면적, 건축면적, 건폐율, 용적률과 같은 건축물의 규모, 용도·지역·지구 및 조경면적, 공개공지, 건축선 등 공적 공간, 주차장, 승강기, 오수정화조시설과 인허가에 관한 단계별 착공과 준공 등의 날짜가 표기된다.

집합건축물대장(표제부, 갑)

장번호 : 1 - 1

고유번호	4311425345-3-07920004		민원24접수번호	20150622 - 59616760		① 명칭		오창혼천	호수	세대/40호/가구
대지위치	충청북도 청주시 청원구 오창읍 양청리			지번	792-4		도로명주소	충청북도 청주시 청원구 오창읍 중심상업로 39		
※대지면적	1,810.8 ㎡	연면적		② ※지역	중심상업지역	※지구		※구역		
건축면적	1,461.99 ㎡	용적률산정용연면적	8,258.89 ㎡	주구조 ③ 철근콘크리트구조		주용도 위락시설, 제1종근린생활시설, 제2종근린생활시설		층수 지하 3층/지상 8층		
※건폐율	80.74 %	※용적률	456.09 %	높이	51 m	지붕	(철근)콘크리트	부속건축물	동 ㎡
조경면적 ㎡		공개 공지 또는 공개 공간의 면적 ㎡		건축선 후퇴면적 ㎡		건축선 후퇴거리			m

④ 건축물현황					건축물현황				
구분	층별	구조	용도	면적(㎡)	구분	층별	구조	용도	면적(㎡)
주1	지3	철근콘크리트구조	부설기계실,물탱크실	490.09	주1	4층	철근콘크리트구조	일반목욕장, 일반음식점	691.43
주1	지2	철근콘크리트구조	부설주차장	1,479.61	주1	5층	철근콘크리트구조	일반목욕장	1,459.65
주1	지1	철근콘크리트구조	부설주차장	1,471.41	주1	6층	철근콘크리트구조	유원시설업의시설(물놀이시설)	1,459.65
주1	1층	철근콘크리트구조	소매점,일반음식점,휴게음식점,사무소	1,251	주1	7층	철근콘크리트구조	유원시설업의시설(물놀이시설)	345.9
주1	2층	철근콘크리트구조	일반음식점, 위락시설(유흥주점,단란주점)	1,410.9	주1	8층	철근콘크리트구조	유원시설업의시설(물놀이시설)	180.71
주1	3층	철근콘크리트구조	일반목욕장	1,459.65		- 이하여백 -			

이 등(초)본은 건축물대장의 원본 내용과 틀림없음을 증명합니다.

① 명칭 및 호수

상가 건물의 명칭과 전체 입점되어 있는 상가 수를 통해 규모를 파악할 수 있다.

② 지역/지구/구역

대지의 용도를 알 수 있다. 이것은 건물의 용도에 영향을 미친다. 지역별로 입점해서 영업할 수 있는 업종이 미리 지정되어 있다.

③ 주용도

건물의 용도 기준은 9가지 시설군과 시설군에 따라 하위의 28가지 용도군으로 분류되는데, 해당 건축물의 용도를 표기한다.

④ 건축물 현황

상가 건물의 층별 사용 용도와 면적을 표기한다.

⑤ 주차장

해당 건축물의 주차장 대수가 기재되어 있다.

⑥ 승강기

해당 건축물의 승강기 현황을 표기한다. 건물의 종류에 따라 설치 유무가 달라진다.

⑦ 오수정화시설

해당 건축물의 오수정화시설의 종류와 용량을 표기한다.

(2) 상가에서 지정된 용도 파악하기

상가는 준공이 되고 해당 관청에 의해 건축물대장이 만들어지면서 그 쓰임새가 정해진다. 이후에 용도와 다르게 쓰이면 해당 관청으로부터 절차에 따라 법적인 제재인 행정처분을 받는다. 따라서 원래 정한 대로 사용해야 하고 만약 다른 용도로 변경하고 싶다면 먼저 현 건물의 '시설군'과 '용도군'을 파악해서 변경하고자 하는 용도가 같은 시설군인지 아닌지를 파악해야 한다.

예를 들어 만약 제1종 근린상가를 제2종 근린상가로 바꾼다면 절차가 비교적 간단하다. 하지만 시설군이 다르거나 같은 시설군이라도 전혀 다른 용도라면 특정 조건과 절차에 부합했을 때에만 변경이 가능하다.

상가는 총 9개의 시설군으로 구분되어 있으며 이 시설군은 다시 28개의 용도군으로 나뉜다.

높은 시설군에서 하위 시설군으로 용도를 변경하기 위해서는 신고를 해야 하고, 낮은 시설군에서 상위 시설군으로 용도를 변경하기 위해서는 허가를 받아야 한다. 허가의 조건은 계단 개수, 건물 내 다른 시설물과 건축관계법령에 따른 주차 가능 대수, 정화조 용량, 장애인 편의시설 등이다. 업종에 따라 그에 맞는 조건이 충족되어야만 용도변경이 가능하다. 그래서 신고보다는 허가와 관련된 절차가 훨씬 복잡하고 어렵다.

예를 들어 숙박시설인 모텔의 영업이 어려워 근린생활시설군인 일반음식점으

시설군	용도군
1. 자동차 관련 시설군	가. 자동차 관련 시설
2. 산업 등 시설군	가. 운수시설 나. 창고 시설 다. 공장 라. 위험물저장 및 처리 시설 마. 분뇨 및 쓰레기처리 시설 바. 묘지 관련 시설 사. 장례식장
3. 전기통신 시설군	가. 방송통신 시설 나. 발전 시설
4. 문화집회 시설군	가. 문화 및 집회 시설 나. 종교 시설 다. 위락 시설 라. 관광휴게 시설
5. 영업 시설군	가. 판매 시설 나. 운동 시설 다. 숙박 시설 라. 제2종 근린생활 시설 중 다중생활 시설(구 고시원)
6. 교육 및 복지 시설군	가. 의료 시설 나. 교육연구 시설 다. 노유자 시설 라. 수련 시설
7. 근린생활 시설군	가. 제1종 근린생활 시설 나. 제2종 근린생활 시설
8. 주거업무 시설군	가. 단독주택 나. 공동주택 다. 업무 시설 라. 교정 및 군사 시설
9. 그 밖의 시설군	가. 동물 및 식물 관련 시설 나. 삭제(2010.12.13)

허가 ↑ / 신고 ↓

로 변경하려면 신고절차가 필요하지만 반대의 경우에는 허가를 받아야 한다. 소방시설 등도 점검 받는다. 숙박시설을 같은 시설군 내에 있는 운동시설인 휘트니스센터나 다중생활시설인 고시원으로의 변경하는 절차는 신청으로 가능하므로 수월하다.

상가 건물의 용도변경은 다소 까다로운 조건과 절차를 밟아야 가능하기에 일반적으로 전문가인 건축사에게 도움을 받아 처리한다.

건물의 용도가 중요한 이유는 이것의 변경을 통해 상가의 효용 가치를 높일 수 있기 때문이다. 상가의 임차인을 구하기도 어렵고 매매도 어려운 경우가 발생했을 때 임대인이 할 수 있는 방법은 이것의 시설군과 용도군을 파악해서 해당 건물을 시장에서 원하는 쓰임새로 변경해 주는 일이다. 전에는 병원이었지만 후에 공실이 되었고 임차인이 원하는 용도가 학원과 관련된 업종이면 임차하는 상가의 면적을 기준으로 임대인이 상가의 시설군을 변경해 줄 수 있어야 세를 놓을 수 있다.

건축법 확인 사항

- 건축물관리대장상 건축물 용도가 등록이나 신고 받을 수 있는 건축물 용도인지 확인한다.
- 등록 가능한 용도가 아니라면 가능한 용도로 변경이 가능한지 점검한다.
- 건축물대장에 위반건축물로 등재된 건축물은 용도변경 신청이 불가하므로 위반건축물 해제를 먼저 해야 한다.

지역에 따라 임차 업종이 달라진다

집합상가 건축물대장을 발급하여 표제부를 살펴보면 다음과 같다. 표제부를 통해 해당 상가건물의 전체적인 형태를 그려볼 수 있다.

상가는 용도에 의해 영업 가능한 업종이 지정된다고 했다. 그런데 용도뿐만이 아니라 지역에 따라서도 영업할 수 있는 업종, 영업할 수 없는 업종이 미리 정해져 있다.

용도지역에 따른 영업 가능 업종

업종 \ 용도지역	주거지역					준	상업지역			
	전용		일반				중심	일반	근린	유통
	제1종	제2종	제1종	제2종	제3종					
휴게음식점, 제과점	▲	▲	●	●	●	●	●	●	●	●
일반음식점	X	X	○	○	○	●	●	●	●	X
단란주점	X	X	X	X	X	X	▲ (단 공원·녹지, 지형물로 주거지역과 차단되지 않는 위락시설은 주거지역으로부터 도시계획조례가 정하는 거리 이내에 건축하는 것 제외)		△ (2종근생) (위락시설) (중심, 일반 상업지역 조건과 같음)	
유흥주점	X	X	X	X	X	X				

● 허가 / ○ 조례로써 허가 /▲ 면적 또는 종류에 따라 제한적 허가 /△ 조례로써 면적 또는 종류에 따라 제한적 허가 / × 불가

주류를 판매하지 않는 휴게음식점과 제과점은 주거지역 및 상업지역 어느 지역에서도 영업할 수 있다. 단, 제1종근린생활시설에서는 총 바닥면적 합계가 300㎡을 넘는 경우만 제외하고서다. 하지만 쾌적한 주거 환경을 지향하는 전용주거지역에서는 주류를 판매하는 일반음식점은 절대 영업할 수 없고 일반주거지역에서도 조례에 따라 영업할 수 없는 지역도 있다. 이외 유흥주점은 상업지역 외에는 영업이 불가능하다는 것을 알 수 있다.

이처럼 모든 업종은 영업이 가능한 고유의 지역을 가지고 있다. 임차인, 임대인이 원한다고 주거지역에 유흥주점을 차릴 수 없다는 것이다. 그래서 업종의 제한이 많지 않은 상업지역이 투자자 입장에서는 좋은 지역이다. 따라서 상가건물에 투자할 때 건축물대장을 미리 발급받아 해당 건물의 용도, 지역과 업종별 면적을 확인하는 연습이 필요하다.

조례 및 자치 법규 알아보는 곳

• 자치법규 정보시스템(www.elis.go.kr)을 이용한다.
• 도시계획조례를 검색하면 해당 지자체의 용도지역별로 지을 수 있는 건축물의 규정을 확인할 수 있다.

(3) 업종에 따라 필요 주차 대수가 다르다

모든 상가가 임차인의 요구대로 업종 변경을 해줄 수 있는 건 아니다. 해당 업종의 영업을 하기 위해서는 기본 조건을 갖추어야만 변경이 가능하다. 예로 다수의 사람들이 방문하는 업종은 법적으로 필요한 주차 대수를 갖추어야 하는데, 이런 시설은 현실적으로 증설이 불가능하다.

이런 이유로 고층상가를 경매로 싸게 취득하고도 업종 변경을 하지 못해 몇 년 동안 임차인을 맞추지 못하고 공실로 방치되는 점포를 가끔씩 보곤 한다.

시설물별 주차 대수

시설물	설치 기준
위락 시설	시설면적 100㎡당 1대(시설면적/100㎡)
문화 및 집회시설(관람장은 제외), 종교시설, 판매시설, 운수시설, 의료시설(정신병원, 요양소 및 격리병원은 제외), 운동시설(골프장, 골프연습장 및 옥외수영장은 제외), 업무시설(외국공관 및 오피스텔은 제외), 방송통신시설 중 방송국, 장례식장	시설면적 150㎡당 1대(시설면적/150㎡)
제1종근린생활시설(공공시설, 마을회관, 지역아동센터 등 제외)제2종 근린생활시설, 숙박시설	시설면적 200㎡당 1대(시설면적/200㎡)
다가구주택, 공동주택(기숙사는 제외한다), 업무시설 중 오피스텔	주택 건설 기준 등에 관한규정 제27조제1항에 따라 산정된 주차 대수. 이 경우 다가구주택 및 오피스텔의 전용면적은 공동주택의 전용면적 산정 방법을 따른다.
기타 건축물	시설 면적 300㎡당 1대(시설면적/300㎡)

상가는 주거용 부동산보다 필요한 주차 대수가 적다

주거용 부동산의 경우 일반적으로 세대 당 1대의 주차 대수가 필요하나 상업용 부동산의 경우 법적으로 필요한 주차 대수는 훨씬 적다. 예를 들어 근린생활시설군에서는 200㎡(약 60평)당 1대의 주차 공간이 필요하다. 그래서 주차 대수 확보에 필요한 공간을 최대한 줄이기 위해 면적 대비 주차 공간이 적은 근린생활시설로 건축허가를 받고 주거용으로 용도를 불법변경해서 분양하는 경우가 종종 있다.

주거용 부동산이 경매로 나왔을 때 위반건축물로 표기되어 있는 경우, 위의 사례처럼 상당수가 근린생활시설을 주거용으로 불법변경한 경우이다. 이런 경우 건축물대장에 위반건축물로 등재되고 위반사항을 원상복구 할 때까지 이행강

제금을 물어야 한다. 어쩔 수 없이, 주거용 부동산을 근린생활시설로 원상복구해서 임대 놓으려고 하지만 수익률은 주거용에 비해 훨씬 낮아질 테고 입지도 좋지 않다면 임대가 잘 이루어지지 않는 어려운 상황에 직면할 수 있다. 이런 물건은 물론 매매도 어렵다.

부족한 주차 대수를 확보하라

현재 업무시설을 근린생활 업종으로 변경하려고 할 때 주차 대수가 부족하면 난감하다. 이미 건축이 다 끝난 상태에서 공간을 추가로 확보하기는 현실적으로 어렵다. 아니면 건물 주변에 주차할 곳을 별도로 마련하는 방법도 있으나 비용이 많이 들어 거의 불가능하다.

>> 완공 후에는 대부분 추가 공간을 확보하기가 어렵다.

땅값 비싸기로 유명한 서울시 용산에 위치한 7층 건물에 지하 1층 식당, 1층과 2층은 한의원이 입점해 있는데 주차장이 보이지 않았다.

그런데 안쪽 주택가로 100m 쯤 올라갔을까, 해당 건물의 주차장이라는 푯말이 보였다.

고유번호			111○○○○-1-○○○○1		민원24접수번호				2○○○○ - ○○○○28		
구분	성명 또는 명칭	면허(등록)번호		※ 주차장					승강기		허가일 1994.07.05
건축주	○○○○		구분	옥내	옥외	인근	면제	승용 1 대	비상용 대	착공일 1994.08.20
설계자	○○○○택사사무소							※ 오수정화시설		사용승인일 1995.03.20
공사감리자	○○○○택사사무소		자주식	대 ㎡	1 대 11.5 ㎡	대 ㎡		형식	콘크리트	관련주소
공사시공자 (현장관리인)	○○○○(주)		기계식	대 ㎡	대 ㎡	대 ㎡	대	용량	160인용	지번
건축물 에너지소비정보 및 그 밖의 인증정보											
건축물 에너지효율등급 인증			에너지성능지표(EPI) 점수		녹색건축 인증			지능형건축물 인증			도로명
등급					등급			등급			
에너지절감율 %			점		인증점수		점	인증점수			
유효기간 : ..~..			유효기간 : ..~..							점	
변동사항											
변동일	변동내용 및 원인			변동일	변동내용 및 원인						그 밖의 기재사항
2006.07.04	건축과-9340(2006.07.03)호 의거 건축물 명칭 을 지지옥션빌딩으로 표기.										부속주차장 청파동2가 36-6(6대 155.8㎡)
2006.08.09	건축과-11817(2006.08.09)호 의거 1층 주차장(110.24㎡)을 제2종근린생활시설(일반음식점),2층 일반음식점(122.50㎡),3층 의원(122.50㎡),4층~6층 사무소(122.50㎡),7층 사무소(96.04㎡)를 각각 업무시설(사무소)로 용도변경.										
2006.12.08	건축과-20311(2006.12.07)호 의거 6층 사무소(122.5㎡), 7층 사무소(96.04㎡)를 각각 제2종근린생활시설(학원)로 용도변경.										
2012.10.31	2012.10.31.(건축과-21315) 2층 사무소 122.50㎡가 일반음식점(제2종근생)으로 용도변경되고, 1층 일반음식점 110.24㎡가 대수선 [내용: 피난계단증설(1층내부에서 2층으로 올라가는 철제계단 증설)] 됨. - 이하여백 -										

해당 지번으로 건축물대장을 열람해 보니 원래 지하 1층을 주차장으로 허가받았다가, 지하 1층부터 7층까지 근린생활 및 업무시설로 용도변경 하면서 근처의 토지를 부속주차장으로 해서 사용허가 받은 것으로 보인다.

간혹 주차 공간 설치 기준의 1/2 범위에서 해당 지자체 조례로 기준을 강화 또는 완화할 수 있으므로 투자 전 해당 구청에 꼭 문의해 보자.

(4) 메워진 정화조를 찾아라

원래 일반음식점을 하던 상가를 다른 임차인이 다시 일반음식점으로 승계한다면 문제될 일이 없다. 하지만 소매점 등을 일반음식점으로 임대하려면 신규로 영업신고증을 교부 받아야 하는데 이때 주차 대수와 함께 정화조 용량을 반드시 확인해야 한다.

소매점이나 사무실 등과 같은 업종에서 이후 일반음식점 등과 같은 업종으로 임차되면 정화조 용량이 모자라 신규 허가가 나오지 않을 수 있다.

업종별 필요한 정화조 용량을 확인하는 법

정화조 용량을 확인하기 위해서는 연면적에 인원 산정식을 곱하면 된다. 이때 내 상가 전용 부분의 정화조만 살펴보아서는 안 된다. 건축물현황상의 용도와 면적을 보고 일반음식점으로 사용되는 전체 면적에 대한 정화조 용량을 산출해서 용량이 충분한지 알아보아야 한다.

예를 들어 건축물대장상 건축물현황도에 기재된 일반음식점의 전체 면적이 300㎡라면 필요한 정화조 용량은 52.5인이다.

$$0.175 \times 300㎡ = 52.5인$$

기타 다른 업종에서 필요한 정화조 용량을 알고 싶으면 해당 구청 담당자에게 문의하도록 한다.

건축물 용도별 정화조 용량

		건축물 용도	인원산정식
판매 및 영업시설	시장·상점	도매시장, 마을공동 구판장, 소매시장, 표구점, 소매점, 수퍼마켓, 사진관, 의약품 판매소, 도료류판매소, 서점, 세탁소, 장의사, 총포 판매사, 애완동물점, 자동차 영업소, 의료기기 판매소	N= 0.075A
		이용원, 미용원, 안마시술소, 안마원	N= 0.075A
		찜질방	N= 0.080A
		노래연습장	N= 0.080A
		기원, 게임제공업의 시설, 복합유통게임제공업의 시설, 인터넷컴퓨터게임시설 제공업의 시설	N= 0.125A
		백화점, 쇼핑센터, 대형점	N= 0.150A
		여객, 철도시설, 종합여객, 공항, 항만	N= 0.057A
		목욕장	N= 0.230A
		식품 즉석 제조 판매점, 제과점	N= 0.150A
	음식점	일반음식점	N= 0.175A
		휴게음식점	

구청 담당자는 해결책을 갖고 있다

최신식의 대형 건물일 경우 오수정화시설 형식이 '하수종말처리장 연결'이라고 기재된 경우를 볼 수 있는데 정화조와 오수관이 바로 연결된 경우다. 이런 경우 오수관을 통해 바로 흘려보내기 때문에 정화조 용량에 대해 신경 쓸 필요가 없다.

문제가 되는 경우는 다음과 같은 사례이다.

위 사례에서는 건축물대장 상 오수정화시설이 기존정화조 형식이라고 기재되어 있는데, 용량은 기재되어 있지 않다. 해당 구청 환경과에 꼭 정화조 용량을 확인해야 하는 케이스다.

이 물건도 확인해 본 결과 정화조를 장기간 청소하지 않은 탓에 해당 관청에

고유번호	○○○○○○○○○○				민원24접수번호			○○○○ -○○○○		

구분	성명 또는 명칭	면허(등록)번호	※ 주차장					승강기		허가일 1997.07.31
건축주	○○○ (주)	○○○○ *****	구분	옥내	옥외	인근	면제	승용 대	비상용 대	착공일
설계자	○○○	○○○○ *****						※ 오수정화시설		사용승인일 1998.07.09
공사감리자	○○○	강북단목20호	자주식	2 대 49.14 ㎡	5 대 ㎡	대 ㎡	형식		기존정화조	관련주소
공사시공자 (현장관리인)			기계식	대 ㎡	대 ㎡	대 ㎡	용량		인용	지번 701-19, 701-23

건축물 에너지소비정보 및 그 밖의 인증정보

건축물 에너지효율등급 인증		에너지성능지표(EPI) 점수	녹색건축 인증		지능형건축물 인증		
등급			등급		등급		도로명
에너지절감율	%	점	인증점수	점	인증점수	점	
유효기간	~		유효기간	~ .		㎡	

변동사항

변동일	변동내용 및 원인	변동일	변동내용 및 원인	그 밖의 기재사항
1998.07.16	1998.7.9 이기되어 신규작성			결정고시일 200 6.4.6(서울시고시
2001.05.07	2001.5.7 대지 상가주식회사 지분전부 소유권이전			제2006-118호)
2008.09.05	디자인건축과-○○(2008.9.3)호에 의거 지하1층 당구장 17 2.39㎡를 제2종근린생활시설(인터넷컴퓨터게임시설제공업 소)로 변경			공동건축지정:70 1-3,-8,-19,-2 3,791-2290,~22 91,-2292,-229
2011.10.04	건축물대장 기초자료 정비에 의거 (표제부(용적율:127.98 - > '120.11',용적율 산정용 연면적:'0' -> '745.32')) 직권변경 - 이하여백 -			3,838-8,-10,-1 3,860-138 건축 한계선:2.5m 3m, 기준/허용용적 율:250/350%불허 용도: 안마시술소, 종교집회장, 장례 식장, 공장, 창고

서 2007년도에 용량을 아예 직권말소했다고 한다.

원래 정화조는 기본으로 1년에 1회 이상 청소해 주어야 한다. 그런데 상가관리단이 제대로 운영되지 않아 정화조를 제때 청소하지 못해 정화조 용량이 삭제되는 최악의 상황을 맞은 것이다. 이렇게 되면 신규 업종의 영업허가가 나오지 않는다.

다행히 정화조를 청소하면 신규 업종의 허가가 가능하다기에 열심히 정화조 위치부터 찾았다. 주변 임차인들을 탐문한 끝에 2개의 정화조는 찾았는데, 나머지 1개는 영 보이지 않았다. 확인해 보니 임차인이 몇 년 전에 창고를 무단으로 증축하면서 이전까지 바닥에 있던 정화조 맨홀 뚜껑을 시멘트로 예쁘게 바르고 그 위에 타일까지 붙이셨단다. 원상복구 해야 하는 상황이었다.

이 사태에 대해 구청 환경과에 문의했더니 다행히 방법이 있었다. 나머지 2개의 정화조만 청소하는 조건으로, 단 필요한 정화조 용량에 따라 1년에 1회 청소해야 될 것을 2회로 늘리는 방안을 환경과에서 제시해 주었다.

>> 정화조를 덮고 공사하여 정화조가 있는 곳을 가늠할 수 없다.

실제 구청을 방문해 문의해 보면, 생각 외로 이렇듯 유연하게 대처법을 알려 주는 담당자가 많다. 따라서 상가 취득 전에 현장조사에서 발견한 문제에 대해 구청에서 해결책을 찾을 수 있다면, 주차장이나 정화조로 인한 허가권에 이상이 있는 물건을 저렴하게 매입하거나 낙찰 받아 의외의 수익을 올릴 수 있다.

(5) 계단이 두 개 있어야 유용한 상가다

상가건물이 단층으로 되어 있는 경우에는 업종에 상관없이 소방에 관한 안전시설 등의 제약이 많지 않다.

다만 고층 상가건물에서 지속적으로 여러 종류의 안전사고가 빈번히 발생하다 보니 이 경우에는 건물의 안전과 관련한 소방시설 등의 규제가 점점 강화되고 있다. 특히 다중이용시설을 포함한 2층 이상의 상가건물이 그렇다. 따라서 경매로 2층 이상의 상가를 검토한다면 계단이나 엘리베이터 같은 구조 시설물을 면밀히 살펴보아야 한다. 건축법에서는 대피를 위한 통로를 확보하기 위해 계단의 구조를 직통으로 건축하도록 하고 있으며, 법령으로 건물의 각 층에서 1층 탈출구까지 직통계단으로 연결되도록 명시하고 있다.(건축법 시행령 제 34조)

상가를 경매로 소유하는 사람들 중 상당수가 감정가 대비 저렴한 가격에 받을 수 있고, 임대 시 수익률도 좋아 고층 상가를 선호한다. 하지만 오래전에 건축되었던 고층 상가를 낙찰 받는다면 과거와 요즘의 건축기준이 다르기 때문에 업종의 용도변경이 불가능하거나 조건이 까다로워 특정 업종의 입점이 제한될 수 있다. 따라서 바닥면적이 200㎡를 초과하는 2층 이상의 상가에 투자하거나 이것을 낙찰 받을 때에는 건축법상에 피난시설 및 용도제한을 살펴보고 건물 시설물의 결격 사유나 문제가 없는지 확인하고 입찰해야 한다.

직통계단

일정 규모 이상의 건물은 직통계단을 2개 이상 설치하여 피난 시 신속하게 대피할 수 있도록 해야 한다. 건물의 3층 이상 층으로서 문화 및 집회시설 등의 용도로 쓰는 층에는 직통계단 외에 그 층으로부터 지상까지 통하는 옥외피난계단을 따로 설치해야 한다.

다음장에 해당하는 건축물은 지상까지 통하는 직통계단(경사로를 포함)이 2개 이상 설치되어 있어야 한다.

예를 들어 만약 건물 3층에 면적 200㎡ 이상의 학원이 입점하려면 직통계단이 2개소 설치되어 있어야지 1개소만 설치되어 있으면 입점이 불가능하다.

직통계단이 2개 이상 있어야 하는 건물

대상 시설군 및 용도	면적 기준	해당 층
1. 문화 및 집회시설(전시장, 동·식물원은 제외한다) 2. 종교시설 3. 위락시설 중 주점영업 4. 장례식장	200㎡이상	–
1. 제2종근린생활시설 중 공연장·종교집회장	300㎡이상	–
1. 단독주택 중 다중주택·다가구주택 2. 제2종 근린생활시설 중 학원·독서실 3. 판매시설 4. 운수시설(여객용 시설만 해당한다) 5. 의료시설(입원실이 없는 치과병원은 제외한다) 6. 교육연구시설 중 학원 7. 노유자시설 중 아동 관련 시설·노인복지시설 8. 수련시설 중 유스호스텔 9. 숙박시설	200㎡이상	3층 이상
1. 제2종근린생활시설 중 인터넷컴퓨터게임시설제공업소	300㎡이상	3층 이상
1. 공동주택(층당 4세대 이하는 제외한다) 2. 업무시설 중 오피스텔	300㎡이상	–
위에 해당되지 않는 모든 용도	400㎡이상	3층 이상
지하층(용도 상관없음)	200㎡이상	지하층
1. 제2종근린생활시설 중 공연장 2. 제2종근린생활시설 중 단란주점 3. 제2종근린생활시설 중 당구장 4. 제2종근린생활시설 중 노래연습장 5. 문화 및 집회시설 중 예식장·공연장 6. 수련시설 중 생활권수련시설·자연권수련시설 7. 숙박시설 중 여관·여인숙 8. 위락시설 중 단란주점·유흥주점 9.「다중이용업소의 안전관리에관한특별법시행령」 제2조에 따른 다중이용업소	500㎡이상	지하층

가령 요새 PC방은 대형화되는 추세여서 기본 330㎡ 이상의 면적으로 입점한다. 그런데 지하에서 지상으로 올라오는 계단이 1개 라면 지하에는 입점이 불가능하다. PC방을 입점 시키기 위해서는 외부로 나오는 별도 계단을 만들어야 한다.

피난계단

5층 이상 또는 지하 2층 이하의 층으로부터 피난층 또는 지상까지 통하는 계단이 직통계단인 경우에는 별도의 피난계단을 설치해야 한다. 일반적으로 계단실에는 출입문을 설치하지 않으나 피난계단에는 *갑종방화문을 설치해야 한다. 화재의 열기나 연기가 계단실을 통해 위층으로 전달되는 것을 차단하기 위해 이 갑종방화문은 반드시 닫도록 되어 있다.

> * **갑종방화문** : 「건축물의피난·방화구조등의기준에관한규칙」에 의해 화재 시 불에 1시간 이상을 견뎌야 하며, 철판은 일정 두께 이상으로 조건에 맞게 제작해야 하는 문이다. 사람들의 대피공간인 복도와 연결된 계단의 안전을 확보하기 위해서 설치한다. 종류에는 기준에 따라 갑종방화문과 을종방화문이 있다.

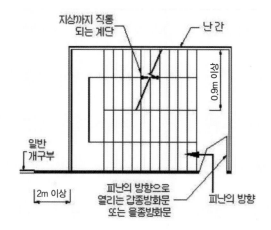

》 피난계단 구조도

특별피난계단

피난계단에 특별한 부속실이 하나 더 있는 계단을 말한다. 화재의 열기나 연기를 방화문에서 한 번 걸러주고, 부속실에서 2차적으로 걸러주기에 더 안전하다.

일반적으로 5층 이상인 건축물로서 문화 및 집회시설 중 전시장, 동·식물원, 판매시설, 운수시설(여객용 시설만 해당함), 운동시설, 위락시설, 관광휴게시설(다중이 이용하는 시설만 해당함) 또는 수련시설 중 생활권 수련시설의 용도로 쓰는 층에는 직통계단 외에 추가로 피난계단 또는 특별피난계단을 설치해야 한다. 그 층에서 해당 용도로 쓰는 바닥면적의 합계가 2000㎡를 넘는 경우, 그 넘는 2000㎡ 이내마다 1개씩이다.

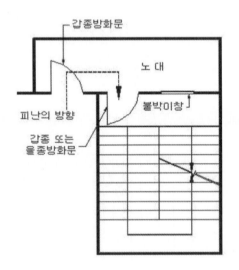

》 특별피난계단 구조도

(6) 위반건축물, 건물 전체에 영향을 미친다

불법용도변경의 대부분은, 주거용은 옥탑, 베란다의 확장이나 한 가구를 두 가구로 쪼개는 등이 일반적이다. 상가건물의 경우에는 고시원이나 사무실로 허가나 신고를 한 뒤에 원룸(주거용)으로 무단 용도변경을 해서 사용하는 경우가 가장 많다.

집합건축물대장(전유부) · 위반건축물

고유번호	○○○○○-○○○○○	민원24접수번호	○○○○-○○○○	명칭	○○○○	호명칭	104호

대지위치	서울특별시 송파구 가락동	지번	○○○○호필지	도로명주소	서울특별시 송파구 ○○○○

		전유부분				소유자현황		
구분	층별	호구조	용도	면적(㎡)	성명(명칭) 주민(법인)등록번호 (부동산등기용등록번호)	주소	소유권 지분	변동일자 변동원인
주	1층	철근콘크리트조	소매점	113.94	○○○ ○○7-○○○○	경기도 용인시 수지읍○○○○	/	1999.04.12 소유자등록
		- 이하여백 -			○○○ ○○8-○○○○	서울특별시 중랑구○○○○	/	1999.04.20 소유권이전

		공용부분						
구분	층별	구조	용도	면적(㎡)	공동주택(아파트) 가격(단위 : 원)			
주	지2	철근콘크리트조	펌프실	1.86	기준일		공동주택(아파트)가격	
주	지2	철근콘크리트조	비상발전기실	0.27				
주	지1	철근콘크리트조	하론실	0.96				
주	1,2	철근콘크리트조	화장실	7.95				
주	1,2	철근콘크리트조	지하주차장		※「부동산 가격공시 및 감정평가에 관한 법률」 제 17조에 따른 공동주택가격만 표시됩니다.			

제일 위험한 것은 위반건축물의 위반사실이 겉으로 드러나지 않는 경우이다. 사전에 건축물대장을 확인했을 때 위반건축물이 표시되지 않았고, 현장에서 임차인을 면담하거나 주변 중개업소와 상가들을 방문해서 조사할 때에도 불법 확장된 공간이나 위반이 발견되지 않았을 때가 그렇다.

사전에 위반 사항을 발견하지 못하고 낙찰을 받았는데 전 소유주나 임차인이 불법 확장된 부분에 대해 해당 관청에 신고하겠다는 뉘앙스를 풍기는 경우가 종종 있다. 만약 전 소유자나 임차인이 해당 관청에 불법으로 확장된 부분을 신고했을 때에는 낙찰자에게 원상복구 의무와 과태료가 부과될 가능성이 높아 문제가 된다. 따라서 사전에 꼼꼼한 조사를 통해 불법으로 변경된 부분에 대해 정확하게 파악하고 해결 가능한지, 현재 행정집행 단계는 어느 정도인지, 부과된 과태료는 있는지 등도 함께 알아본 다음 투자를 해야 한다.

원상복구가 해결책이다

상업용 건물의 불법 확장 행위는 오래전부터 있어왔던 일이다. 커피숍이나 치킨 집 등의 상가 앞에 고정형으로 테라스를 만들고 새시를 하거나 건물의 후면 공간에 고정형으로 가설물을 만들어 상가의 내부로 활용하거나 1층의 주차 공간을 영업용으로 활용해서 쓰는 경우 등 방법은 다양하다.

상권이 발달한 특정 지역들은 임대료가 워낙 높기 때문에 주차장이나 기타 주거 공간의 변경이나 확장을 통해 상가로 활용하는 일이 빈번한 편이다. 이런 경우 대부분은 임대인과 임차인 양쪽의 이해관계가 맞아 서로 동의한 경우이다.

》 1층 주차창을 영업용으로 사용 중인 가게이다.

상가 건물의 불법건축물이 확인될 때 해당 관청은 건축법에 따른 시정명령이나 처분을 하며, 건축주나 영업주에게 기간을 정하여 그 건축물의 철거, 개축, 증축, 수선, 용도변경, 사용 금지, 사용 제한, 그 밖에 필요한 조치를 취할 수 있다.

시정명령을 받고 원상복구를 이행하지 않은 건축물에 대해서는 허가·면허·인가·등록, 지정 등이 금지되도록 해당 허가관청에 요청할 수도 있다.

만약 총 4층의 상가주택 중 2~4층의 주택 부분이 방 쪼개기 등의 방식에 따라 무단으로 용도변경이 되었다고 하자 이로 인해 원상복귀 시정명령을 받고, 건축물대장상에 위반건축물로 등재되었다면 1층 상가에도 영향이 있다. 상가에 새로운 업종으로 임차인을 들여야 하는데, 주택 부분의 건축법 위반 탓에 1층 상가의 업종 변경이나 기재사항 변경 등과 같은 신청이 거절당한다.

건물의 용도가 주거용과 상업용으로 서로 다른 경우에 상업용은 별도로 관리해야 한다고 생각하는 사람들도 있을 텐데 상가주택은 허가 단계부터 하나의 건축물로 설계되었고 전체 인허가 과정도 하나의 건축물로 되어 있기에 주택이나 상가에 상관없이 위반 사실이 전체에 영향을 미친다.

위반건축물의 원인을 없애지 않으면 해결 방법이 없으므로 사전 조사 시 철저하게 확인해야 한다.

★ 간판의 유형과 규격 ★

음식점 간판은 보통 세 종류가 있다. 일반적으로 많이 쓰이는 판류형 가로 간판과 입체형 간판, 돌출형 간판 등이다. 개별상가 간판의 규격과 설치는 해당 지자체의 시, 도 조례에 따라 다를 수 있다.

요즘 대부분의 지자체들은 판류형 가로 간판은 업소당 1개만 허용하고 세로 간판은 아예 설치를 금지하는 추세다. 또 돌출형 간판은 가로 간판을 설치하기 어려운 경우 모퉁이에 일직선으로만 설치를 허용하고 있다.

뿐만 아니라 간판의 규격과 색상도 도시의 미관과 주변 건물들과의 조화 등을 고려해 과거의 직사각형의 대형 간판이 아닌 개별 고체형 간판으로 바뀌고 있다.

>> 판류형 가로 간판(좌)와 입체형 간판(우).

문제는 해당 지자체의 지원 없이 간판의 교체를 강제적으로 할 수밖에 없는 상황이 되었을 때 임차인이 임대인에게 일정 비용의 부담을 요구하는 경우이다.

또한 외형 간판이 너무 화려하거나 사이즈가 크거나 또는 한 업소가 여러 개의 간판을 설치해 놓아 행정규제를 받은 경우도 문제이다. 사전 조사에는 간판자리도 좋고 간판 걸 곳도 많아서 가게 홍보에 도움이 되니 임차인도 쉽게 만날 것이라고 좋아했는데, 점포 취득 후 알고 보니 해당 지자체나 관리사무소로부터 간판의 철거를 지속적으로 통보받는 상가였던 것이다. 이럴 때 임차인은 재계약을 조건으로 간판 지원을 요청하기도 한다. 공실이었다면 임대인이 많은 비용을 들여서 직접 철거를 해야 하는 경우도 생길 수 있다.

02 건물의 용도를 알면 돈이 보인다

(1) 학교 옆 PC방을 찾아라

PC방 전성기의 견인차 역할을 했던 것이 바로 스타크래프트이다. 대한민국 전역을 삽시간에 PC방 열풍에 빠트리고 각종 부대산업뿐만 아니라 프로게이머라는 인기 직업도 만들어 냈다.

상가를 투자하는 측면에서 PC방 문화는 지하층이나 2층 이상의 건물에 입점할수 있는 새로운 아이템이었다. 노래방과 함께 고층 상가의 전성시대를 열었던, 이전에 없던 새로운 놀이 문화가 형성된 것이다.

교육환경 보호구역을 확인하라

PC방의 난립과 게임 중독 등 여러 가지 부작용이 속출하면서, 결국 학교 주변의 일정 구역 내에서 PC방을 영업하기 위해서는 교육환경보호위원회(학교환경위생정화위원회) 심의를 거쳐 학습과 학교보건위생에 나쁜 영향을 주지 않는다고 인정을 받아야 하는 것으로 바뀌었다. 현실적으로 교육 환경 보호구역 내에서는 PC방 허가를 내주지 않겠다는 것이다.

참고로 교육환경 보호구역 내에서는 노래방, 당구장, 유흥주점, 단란주점, 숙박업소, 만화방 등은 신규 허가를 받지 못한다. 간혹 교육환경 보호구역 내에서 PC방이 보인다면 그것은 법 제정 이전부터 영업하던 곳으로, 원래 주인에게 영업권을 인수받은 영업주가 하든지 아니면 기존부터 영업하던 사람이 매출이 좋아서 계속 하고 있는 것이다. 법 제정 전부터 영업하던 업종은 승계하여 영업이 가능하기에 교육환경 보호구역 내 PC방 등은 권리금이 높은 편이다.

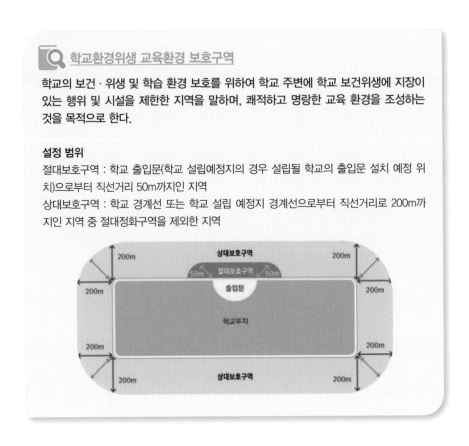

학교환경위생 교육환경 보호구역

학교의 보건·위생 및 학습 환경 보호를 위하여 학교 주변에 학교 보건위생에 지장이 있는 행위 및 시설을 제한한 지역을 말하며, 쾌적하고 명랑한 교육 환경을 조성하는 것을 목적으로 한다.

설정 범위
절대보호구역 : 학교 출입문(학교 설립예정지의 경우 설립될 학교의 출입문 설치 예정 위치)으로부터 직선거리 50m까지인 지역
상대보호구역 : 학교 경계선 또는 학교 설립 예정지 경계선으로부터 직선거리로 200m까지인 지역 중 절대정화구역을 제외한 지역

교육환경 보호구역 경계 빌딩을 찾아라

PC방 주 이용층이 밀집한 초·중·고등학교 주변에서는 PC방을 찾아보기 힘들다. 거리 제한이 없는 지역에서나 입점과 허가가 가능하기 때문이다. 교육환

경 보호구역을 벗어난 지역에서는 필요 이상으로 많은 PC방이 몰려있기에 출혈경쟁을 하는 중이다.

하지만 경쟁을 피하면서 꾸준한 수익을 낼 수 있는 PC방들도 있다. 바로 교육환경 보호구역 경계 상 걸려있는 건물이다. 교육환경 보호구역 경계에 걸려있으면 같은 건물 내에서도 한쪽 편에서는 PC방 운영이 가능하지만 다른 편에서는 불가능한 경우가 발생한다. 또 앞 건물은 불가하지만 뒤 건물은 영업이 가능한 곳도 있다. 얼마 안 되는 거리이지만 건물에 입점할 수 있는 업종의 차이가 확 벌어지는 것이다. 이러면 지하상가나 고층상가를 활용할 수 있느냐 또 얼마나 높은 월세를 받을 수 있느냐가 달라진다.

마침 인천 송도신도시를 임장하면서 흥미로운 물건을 발견했다. 대규모 아파트 단지를 필두로 전방에 대학교, 초·중·고등학교가 밀집되어 있는데다 인천지하철 1호선이 인접해있다.

고층 상가를 분양하는데 사무소에서는 PC방이 입점할 수 있는 경계선 자리라며 홍보에 열을 올렸다. 집으로 돌아와 인천교육청 사이트에 들어가 확인해보았다.

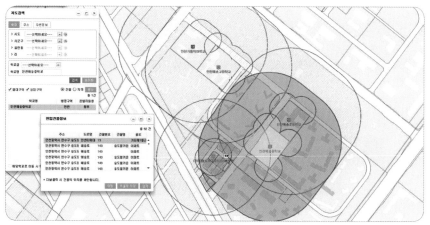

≫ 상대보호구역 경계선에 해당 건물이 있다.

정말 건물이 교육환경 보호구역 경계선에 딱 걸려 있었다. 다만 점포가 고층임에도 불구하고 분양가가 저렴하지 않아 아쉬웠다. 얼마 후 우연히 해당 건물을 지나게 되었는데, 아직 미분양이 많았음에도 불구하고 3층에 PC방은 떡하니 개업했다.

>> 건물 내의 위치도 중요하다.

참고로 보습학원과는 DVD방, 노래방 등의 유해업소가 한 건물에 입점할 수 없다. 단, 전체 건물 면적이 1650㎡(500평) 이상이면 같은 층 좌우로 20m 이상, 다른 층 상하로 6m 이상 떨어져 있는 경우 노래방 등의 허가가 가능하다. 큰 면적의 건물이 아니면 같은 층에서는 이들이 함께 영업하기 어렵고 층수도 한 개 층 이상 떨어져야 한다.

건물면적 1650㎡ 이상일 때 DVD방, 노래방의 허가

	6m		6m	
20m		DVD방, 노래방		20m
	6m		6m	

※ ☐ 보습학원 가능범위 ■ 보습학원 불가능 범위

(2) 숙박업소를 원룸으로 변경하기

예전이나 지금이나 모텔은 여전히 성업 중이고 갈수록 그 숫자도 늘어나고 있다. 달라진 점은 전에는 숙박만을 해결하는 곳이어서 번화한 곳이라면 주택가 주변이라도 상관없이 영업할 수 있었지만, 언제부턴가 숙박업소가 다른 용도(?)로 활용되기 시작하면서 기피시설로 인식되는 것이다. 일산신도시에는 2차선 도로를 사이에 두고 아파트 단지와 숙박업소가 마주보고 있어서 사회적 문제가 되기도 했다.

그래서 요즘에는 주택가 주변에 숙박업소가 건축될 수 없고 상업지역 안에 한해 가능하다. 이렇다 보니 시외나 국도나 지방도의 한적한 도로변에 자리를 잡는 숙박업소가 꾸준하게 증가하는 추세다.

생활형 숙박시설로 리모델링하다

도심지 숙박업소 중에는 시설이 낡아서 수리나 유지 비용은 많이 드는데 경쟁이 치열해 매출은 갈수록 떨어지는 경우가 있다. 이런 업소를 리모델링이나 개조를 하면 새로운 수익을 창출할 수 있다.

2013타경○○○(1) · 의정부지법 본원 · 매각기일 : 2014.07.16(水) (10:30) · 경매 16계(전화:○○○○○○)

소재지	경기도 의정부시 의정부동 ○○○ [도로명주소검색]							
물건종별	다가구(원룸등)	감정가	2,754,780,960원	오늘조회: 1 2주누적: 2 2주평균: 0 [조회동향]			
				구분	입찰기일	최저매각가격	결과
토지면적	316.3㎡(95.681평)	최저가	(80%) 2,203,825,000원	1차	2014-01-22	2,731,237,160원	유찰
					2014-02-26	2,184,990,000원	변경
					2014-04-02	2,184,990,000원	변경
건물면적	1872.72㎡(566.498평)	보증금	(10%) 220,390,000원	2차	2014-05-07	2,754,780,960원	유찰
					2014-06-11	2,203,825,000원	변경
매각물건	토지·건물 일괄매각	소유자	○○○	3차	2014-07-16	2,203,825,000원	
				낙찰 : 2,334,010,000원 (84.73%)			
개시결정	2013-03-26	채무자	○○○	(입찰2명,낙찰:○○○)			
				매각결정기일 : 2014.07.23 - 매각허가결정			
				대금지급기한 : 2014.10.06			
사건명	강제경매	채권자	○○○외1	대금납부 2014.09.25 / 배당기일 2014.10.24			
				배당종결 2014.10.24			
관련사건	2013타경20918(병합)						

굿옥션에는 용도가 다가구로 되어 있다. **유료사이트는 거의 현황상 용도를 기재하기 때문에 실제 등기된 용도를 알아보기 위해서는 건축물대장을 확인해야 한다.**

건축물대장에는 주용도가 숙박시설로 되어 있는 것으로 보아 이 건물은 숙박시설로 건축했지만 현재는 이것으로 사용하지 않는다는 뜻으로 해석할 수 있다.

숙박업소의 종류

일반형 숙박업소	손님이 잠을 자고 머물 수 있도록 시설 및 설비 등의 서비스를 제공하는 영업을 말함 (취사시설은 제외함)
생활형 숙박업소	손님이 잠을 자고 머물 수 있도록 시설 및 설비 등의 서비스를 제공하는 영업을 말함 (취사시설을 포함함)

일반형 숙박시설은 주변에서 흔히 볼 수 있는 모텔, 여관 등을 말한다. **생활형 숙박시설은 일반 모텔에서는 볼 수 없는 싱크대를 설치할 수 있어서 일반 모텔에 싱크대만 놓으면 다가구나 원룸으로 이용할 수 있다.** 생활형 숙박시설은 6개월, 1년 등 장기 투숙객을 대상으로 영업하는데, 모텔의 새로운 수익 창출을 위한 모델이 되고 있다.

따라서 건축물대장의 용도는 숙박시설이고 실제 쓰이는 용도는 다가구나 원룸이라도 건축물대장상에 위반건축물이라고 표기되지 않는다. 용도가 현황과 다르게 표기되어 있어서 위반건축물이 될 수도 있다고 자칫 착각할 수 있다. 물론 내부 시설과 수리비, 주변의 공실률도 같이 살펴야 실패할 확률이 줄어든다.

≫ 일반형 생활시설을 생활형 숙박시설로 리모델링 할 수 있다.

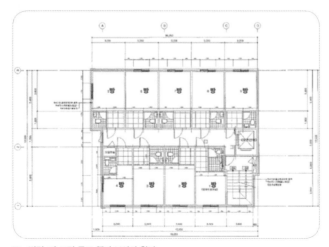

≫ 법령, 가 도면 등도 챙겨 보아야 한다.

승계할 것인가, 버릴 것인가

수익형 부동산의 인기가 하늘을 찌르고 있어서 그런지 숙박시설의 경매 낙찰가격도 상승하는 추세다. 낙찰 후 상황에 따라 다양하게 활용할 수 있기에 더 인기가 좋은지도 모른다.

숙박시설은 첫째, 모텔로 임대차 계약을 체결할 수도 있고, 둘째, 본인이 직접 운영할 수도 있다. 대면 서비스가 번거롭다면 좀 더 비용을 들여서 요즘 유행하는 무인텔로 바꾸면 관리하는 데 드는 수고스러움을 덜 수도 있다. 셋째, 원룸형으로 개조해서 생활형 숙박시설로 운영할 수도 있다.

그런데 자칫 이 시설을 모텔로 영업하지 못할 수도 있다. 현재 영업 중인 임차인이나 건물주가 해당 관청에 폐업신고를 접수해 모텔의 영업허가권이 말소되는 경우에 그렇다.

2013타경○○○○ • 의정부지법 고양지원 • 매각기일 : 2015.12.15(火) (10:00) • 경매 11계(전화:○○○○○)

소재지	경기도 파주시 탄현면 성동리 ○○○ 도로명주소검색						
물건종별	숙박시설	감 정 가	3,724,602,760원	오늘조회: 17 2주누적: 532 2주평균: 38 조회동향			
				구분	입찰기일	최저매각가격	결과
토지면적	904.5㎡(273.611평)	최 저 가	(49%) 1,825,055,000원	1차	2014-04-23	3,724,602,760원	유찰
					2014-05-28	2,607,222,000원	변경
건물면적	2543.81㎡(769.503평)	보 증 금	(20%) 365,020,000원		2015-05-19	2,607,222,000원	변경
매각물건	건물전부, 토지지분	소 유 자	○○○	2차	2015-07-28	2,607,222,000원	낙찰
				낙찰 3,580,000,000원(96.12%) / 1명 / 미납			
개시결정	2013-12-16	채 무 자	○○○		2015-10-06	2,607,222,000원	변경
사 건 명	임의경매	채 권 자	국민은행	3차	2015-11-10	2,607,222,000원	유찰
				4차	2015-12-15	1,825,055,000원	
관련사건	2007타경11497(이전), 2007타경11497(이전), 고양지원 2014타기1329, 고양지원 2014가합3887						

파주시청에 확인해본 결과 해당 업소는 공중위생관리법을 위반하여 직권으로 폐업된 상태로 낙찰을 받아도 모텔로 영업이 불가능한 상태였다.

파주시 공고 제 2013 - ○○○○

공중위생영업소 직권폐업(신고철회) 공고

「공중위생관리법」제3조(공중위생영업의 신고 및 폐업신고)제2항 및 제3조의2(공중위생영업의 승계)제2항, 같은법 시행규칙제3조의4(영업자의 지위승계신고)제1항3호의 규정에 의거 공중위생영업의 신고를 한 자는 공중위생영업을 폐업한 날부터 20일 이내에 신고하여야 하며, 민사집행법에 의한 경매 절차에 따라 공중위생영업 관련시설 및 설비의 전부를 인수한 자가 이 법에 의한 그 공중위생영업자의 지위를 승계하여야 하므로 사실상 영업신고 요건이 소멸된 공중위생 영업소에 대하여 직권폐업(신고철회)하였음을 공고합니다.

1. 공고기간 : 2013. 12. 10. ~ 10. 25.까지 (15일간)
2. 직권폐업(신고철회)업소 내역

업종	업소명	대표자	업소소재지	처분내용	처분일자
숙박업	○○○	○○○	파주시 탄현면 성동리 6○○○	직권폐업(신고철회)	2013.12.4.

3. 법적근거 : 「공중위생관리법」 제3조2항, 제3조의2제 2항
4. 고지사항
   본 처분에 위법.부당함이 있을 경우에는 행정심판법 제27조 규정에 의거 처분이 있음을 안 날로부터 90일 이내에 경기도지사 또는 파주시장에게 행정심판을 청구하거나 관할 행정법원에 행정소송을 제기할 수 있습니다.

5. 본 처분에 궁금한 사항이 있으시면 파주시청 위생과 식품안전팀(담당:○○○ ☎ 0○○○○○○)으로 문의하여 주시기 바랍니다.

2013. 12. 9.

파 주 시 장

이후 어떻게 되었을까? 낙찰자는 잔금을 미납했고 기존 임차인이 영업 재신고를 거쳐 영업이 가능한 상태로 만들었고, 현재는 영업 중이다.

모텔경매 시 영업권이 살아있음에도 불구하고 점유주이자 영업주가 큰돈을 요구하며 영업권을 승계해 주지 않고 말소시키겠다고 협박하는 경우와 마찬가지로, 현재 시설을 이용해서 임차인을 들일 계획이라면 사전에 해결 방법을 고민해야 한다.

폐업하고 새로 허가를 받으면 되지 않을까 생각하는 사람도 있을 것이다. 물론 가능하다. 하지만 숙박업소를 비롯하여 고시원 등 몇몇 특정 업종의 경우 과거에 비해 요즘은 시설기준이 강화되었기 때문에 새로 허가를 받기 위해서는 기존의 시설을 일부 철거하고 현재의 소방법, 다중시설법 등의 기준에 맞춰 리모델링해야 한다. 이 비용이 적지 않다. 아니면 건물의 규모상 개별 방의 크기가 나오지 않아 영업이 불가능할 수도 있다. 그래서 차라리 처음부터 어느 정도의 명도 비용을 예상하고 기존 임차인이나 소유주와 협상하는 편이 더 이익일 수 있다.

(3) 주류 판매가 금지된 곳은 매출이 높은 업종을 놓친다

건축물대장상 용도는 업종의 핵심이다

신도시를 임장할 때 꼭 챙겨야 할 것이 토지이용계획원이다. 토지이용계획원을 해석하다 보면 해당 지역에 어떤 건물들이 들어서고 업종이 입점할 수 있는지를 예상할 수 있다.

더운 여름 어느 날, 그날도 토지이용계획원을 들고 광교테크노밸리 상권 주변을 임장했다. 판교테크노밸리에 비해 비교할 수 없을 정도로 작은 규모이지만 나름 광교신도시의 자족 기능을 맡고 있는 대표적인 곳이다.

우선 광교테크노밸리 앞의 상가 분양사무소를 방문했다. 그런데 이상하게 분양가가 싸다. 광교신도시 1층 분양가가 평당 4000만 원을 넘는 곳도 허다한데, 3000만 원이 채 못 되는 곳도 있었다. 그것도 몇몇 지역에 한정되었다. 분명 건너편만 해도 평당 4000만 원이 넘는 금액으로도 분양하고 있는데 왜 이 지역만 저렴할까?

분양사무실에서 가만히 이유를 들어보니 *도시지원시설용지라 분양가가 저렴하고, 대신 업종에 약간(?)의 제약이 있다고 한다. 그런데 제약 부분을 너무 가볍게 넘어간다. 무언가 숨기는 느낌이 들어 얼른 나와 토지이용계획원을 살펴보았다.

* **도시지원시설용지** : 지역의 자족기능 확보를 위하여 필요한 시설을 유치하기 위해 공급되는 용지이다. 대규모 택지개발사업으로 조성된 지역들이 기본적으로 갖추어야 할 자족 기능을 갖지 못하고 주거 위주로 조성되어 베드타운화 되고 있다는 문제의식에서 출발했다. 도시형공장, 벤처기업, 연구소, 학원, 직원훈련원, 관광호텔, 공연장, 전시장, 업무시설 등의 부지로 활용된다.

>> 보라색 지역은 도시지원시설이다.

광교신도시의 도시지원시설은 말 그대로 지원시설 외에는 입점할 수 없다. 즉 편의점을 비롯한 소매점, 부동산, 휴게음식점 등이 영업할 수 있으며 주류 판매가 금지된 곳이다.

그런데 보통은 권리금이 잘 형성되고 임대료를 인상시켜서 상가의 가치를 높일 수 있는 업종은 허가업종이며, 술을 판매할 수 있는 일반 음식점이다. 이 상가의 경우 일반 음식점을 비롯하여 상층부의 단골 영업 업종인 노래방, PC 방, 당구장이 입점하지 못한다면 아무리 저렴하게 분양 받는다 해도 매출이나 가치 상승에 한계가 있을 수밖에 없다.

그런데 분양사무소에서 이 부분에 대해 대안이라고 내놓은 것이 더 허술하다. 앞에 파라솔을 몇 개 갖춰 놓고 손님이 편의점 등에서 술을 직접 구매해서 안주 등만 드실 수 있게 하면 된다는 것이다. 그래도 분양가가 저렴한 만큼 기대 수익률이 좋으니 훨씬 이익이 아니냐며 필자를 유혹한다. 모르는 사람은 꼼짝 없이 넘어갈 일이다.

신도시에만 이런 경우가 있는 건 아니다.

>> 간판만 보고 판단하면 낭패를 볼 수 있다.

동대문 창신동의 어느 아파트 1층 상가에서 지인과 술 약속이 있었다. 횟집에 들어가서 주문하려고 했더니 술은 바깥 파라솔에서 드셔야 한단다. 술은 사다 드릴 테니 안주만 주문해 주십사 부탁한다.

집으로 돌아와 해당 상가의 건축물대장을 열람해 봤다.

■ 건축물대장의 기재 및 관리 등에 관한 규칙 [별지 제5호서식]										
문서확인번호 1448-8907-4607-4605			**집합건축물대장(전유부, 갑)**					장번호 : 1 - 1		
고유번호	1111017400-○○○○○8		민원24 접수번호	20151017 -○○○○○○		명칭	브라운스톤 창신	호명칭	108	
대지위치	서울특별시 종로구 창신동				지번 23-76	도로명주소		서울특별○○○로구 지○○○		
전 유 부 분					소 유 자 현 황					
구분	층별	구조	용도	면적(㎡)	성명(명칭) 주민등록번호 (부동산등기용등록번호)		주소		소유권 지분	변동일자 변동원인
주	1층	철근콘크리트구조	판매시설(상점)	28.15	창신시장재건축조합 ○○○○○○○		서울특별시A○○○○동 23		765.9/895.56	2006.11.03 소유권보존
		- 이하여백 -			○○○ 한강아엔선 1○○○		서울특별시 용산구 이촌동		45.31/895.56	2007.08.17 소유권이전
공 용 부 분					공 동 주 택 (아파트) 가 격(단위 : 원)					
구분	층별	구조	용도	면적(㎡)	기 준 일			공동주택(아파트)가격		
주	각층	철근콘크리트구조	주차장(지2-지1)	12.51						
주	각층	철근콘크리트구조	복도,계단실,승강기,홀,화장실 (지2-2층)	2.4						
주	각층	철근콘크리트구조	기계실,전기실,감시제어실,공 조실등(지3-지1)	1.46						
주	2층	철근콘크리트구조	관리사무소,입주자회의실,엄 디에프실	0.17						
		- 이하여백 -			• 「부동산 가격공시 및 감정평가에 관한 법률」 제 17조에 따른 공동주택가격만 표시됩니다.					

아니나 다를까 이 건물은 판매시설로 용도가 지정되어 있다. 이러니 횟집이나 술집 등이 입점할 수 없어서 손님들이 밖에서 술을 먹어야 하는 상황이 생긴 것이다. 추운 겨울이 오거나 비가 오면 이 횟집은 꼼짝없이 손님 없이 보내지 않을까 심히 염려가 된다.

(4) 주차장 용지에서의 좋은 상가 선별법

자동차는 참 편리한 이동수단이기는 하지만 목적지에 도착해서 주차할 공간만 찾다 보면 차를 접어서 주머니에 넣고 싶을 정도이다. 이러니 반으로 접는 자동차가 개발되는 상황이다. 구도심일수록 주차난이 극심하다.

그래서 그런지 계획도시인 2기 신도시를 임장하다 보면 중간중간 주차장 용지가 곳곳에 보인다. 주거지도 없고 상업지도 없는 잡초만 무성한 휑한 곳에 있어서 실소를 금할 수 없기도 하지만 상업지 중간, 좋은 자리에 떡하니 자리잡고 있는 경우도 있다.

》 개발 중인 '가로로 접히는 차'. 주차난이 심각하다.

주차장 용도로만 사용된다면 이 용지를 결코 아무도 매수하려고 하지 않을 것이다. 그래서 어느 정도 수익을 보존해 주기 위해 연면적의 30%까지 근린생활시설이나 판매시설을 건축하게끔 규정하고 있다.

주차장 용지에는 하나 더 혜택이 있는데, 주변 지역이 업종 제한 지역이라고 해도 근린생활시설 업종이 입점할 수 있다는 것이다. 상업지역 내 주차장 용지 상가라면 큰 장점이 아니겠지만, 만약 주류 판매가 금지된 도시지원시설 등의 주차장 용지일 경우 그곳만 주류 판매가 가능하기 때문에 그야말로 독점으로 고객을 끌어 모을 수 있게 된다.

》 상층은 주차타워이지만 하층에는 다양한 업종이 입점했다.

또한 가장 큰 장점은 상업용지에 있더라도 주차장 용지는 저렴하게 가격이 책정되므로 분양가도 주변 상업지역의 상가보다는 낮다는 것이다. 그래서 주차장 시설을 기본적으로 갖추어야 하는 대형마트 등이 선호한다.

업종을 독점할 수 있는 주차장 용지의 상가가 더 좋다

업종의 차이가 확연히 드러나는 거리를 지나가게 되었다. 한쪽에는 부동산, 편의점, 분식점만 입점해 있는데 반대편은 곱창 집, 삼겹살 집, 횟집이 들어와 있었다. 즉 2차선 도로를 사이에 두고 한 편에서는 주류를 못 파는 업종이 영업하고 있고, 건너편에는 주류를 판매할 수 있는 업종이 자리잡았다.

>> 도로 하나 차이로 업종도 고객도 달라질 수 있다.

왜 이런 현상이 나타나고 있을까? 토지이용계획도를 자세히 살펴보니 그 이유를 알 수 있었다. 주류를 판매할 수 없는 지역은 도시지원시설로 지정된 곳이었고, 주류를 판매하고 있는 곳은 주차장 용지였다. 후자는 다음 페이지의 지도에서 ⓛ 부분에 해당한 곳이다.

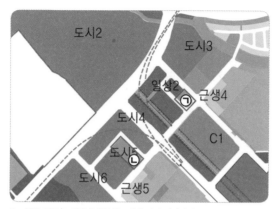

» 같은 건물도 어떻게 활용하느냐에 따라 달라진다.

회색으로 채워진 ㉠, ㉡ 부분이 주차장 용지이다. 차이점이라면 ㉠은 빨간색의 상업 용지에 둘러싸여 있다는 것이고, ㉡은 도시지원시설 용지 주변이라는 것이다. 내가 만약 주차장 용지 내 상가를 투자한다면 ㉠, ㉡ 중 어디에 투자해야 할까?

당연히 ㉡에 투자해야 한다. 상업 용지에 둘러쌓인 ㉠의 내 상가는 주변 유사한 업종과 경쟁해야 한다. 이에 반해 도시지원시설에 둘러싸인 ㉡은 주류를 판매할 수 있는 독점권을 가질 수 있다. 또한 광교신도시의 도시지원시설 내에 위치해 있기에 업무용 오피스텔을 추가로 건축할 수 있으므로 기본 배후세대를 갖추는 셈이 된다.

>> 1층은 상가, 중간층은 주차장, 상층은 오피스텔로 지어진 건물이다.

이 지역은 광교신도시를 임장할 때 발견한 곳인데 주차장 용지에 오피스텔까지 지어서 함께 분양하는 것은 필자도 처음 본 사례였다. 대개 1층이나 2층에 상가를 넣고 지상층으로는 오직 주차장만 올리는 것이 일반적인 주차장 용지의 활용 방법이었는데 이곳은 추가적으로 오피스텔까지 올려서 상가 수요도 만들고 이익을 극대화하고 있었다.

(5) 테라스나 내부 복층은 위반건축물 사항이다

상가 업종 중에 가장 핫한 업종을 선택하라고 하면 단연 식음료와 관련된 업종이다. 커피 한 잔 값이 밥값보다 비싸다는 곳도 있고, 반대로 잔 당 2000원이 안 넘는 가격을 무기로 아성에 도전하는 경쟁업체도 있다.

식음료 업종은 유럽적인 분위기나 현대적인 분위기로 내외부 인테리어를 한

다. 또 공간이 확보되면 야외 테라스를 필수적으로 설치하려고 한다. 프랑스 풍의 야외테라스를 건물 바깥 공간에 다양하게 꾸미기도 하는데 이는 숍의 분위기를 끌어올려 매출에 도움이 되기 때문이다.

>> 유럽풍으로 꾸민 카페 테라스들이 유행이다.

문제는 건물의 바깥 공간에 테라스 같은 구조물을 설치하는 것이 합법인가이다. 대부분의 상가에 설치된 야외테라스는 건물 전면부의 여유 공간에 설치해야 되기에 전면 공지나 주차 공간에 설치하는 실정이다. 이러니 건축법 측면에서 보면 대개 설치가 금지된 불법 가설물이다.

간혹 테라스를 건축물로 아는 사람도 있는데, 건물의 요건을 갖추기 위해서는 기둥과 주벽, 지붕이 갖추어져야 하므로 야외테라스에 *어닝이나 *렉산을 설치한 경우에는 건축물보다 가설물로 보는 것이 맞다.

물론 국내에서 테라스 영업이 원천적으로 불가능한 것은 아니다. 정부가 지정

* **어닝** : 예전에는 차양막으로 불렸던 것으로 상가나 건물의 입구나 창문에 부착해 햇빛을 가리거나 눈이나 비 등을 차단해서 영업활동에 도움을 주는 설치물을 말한다.
* **렉산** : 건물의 외벽에 반투명의 고정형으로 부착하는 시설물의 일종.건물의 시설물을 보호하면서 미관을 꾸미는 역할을 한다. 우리가 잘 알고 있는 캐노피와 비슷하지만 소재가 다르다. 기존에 아크릴이나 유리로는 사용이나 제작에 어려움이 있었던 부분이 보강되었다. 아크릴보다 경도가 높고 변형이 쉽게 되지 않으며 차양 및 빗물받이의 역할로도 널리 쓰이고 있다.

하는 '관광특구'에서 지방자치단체장이 조례로 정할 경우는 불법이 아니다. 전국적으로 13개 시·도 28곳에서 테라스 영업이 가능하다. 서울은 명동·남대문·북창 특구, 이태원 특구, 동대문 패션타운 특구, 종로·청계 특구, 잠실 특구 등 5군데 정도다.

상권이 발달한 지역 중에 카페 거리 등이 활성화되어 있는 곳에서는 통행이나 소음에 불편을 겪는 동네 주민과 가설물을 설치한 영업주의 마찰이 종종 있다.

허가받지 못한 '낭만'… 주차장 밀어낸 카페 야외테라스
주차장에 테라스 입간판… 카페거리는 '불법천국'

테라스를 시공한다면 건축법규를 따져보아야 한다. 상가 전후면 등의 공간은 개별상가의 것이기보다는 상가 건물의 공간으로 공유면적의 개념이 강하다. 만약 전용면적으로 설치할 경우 해당 상가는 '건축물의 유지·관리점검 세부기준' 위반으로 행정 처벌의 대상이 될 수 있다. 원상복구 의무와 함께 과태료 부과가 되므로 상가의 전용 공간으로 만들기 전에 먼저 건축물대장에 첨부된 건축물 현황도를 통해 테라스 설치 가능성을 처음부터 확인해야 한다. 흔히 있는 베란다나 발코니를 확장할 경우에도 사전에 허가 받아야 한다.

테라스 외에 상가의 내부 복층도 처음부터 복층으로 건축허가를 받아 시공을 했다면 전혀 문제가 없지만 건물의 준공 후에 해당 층을 복층으로 사용하면 문제가 된다.

건축법에서 복층으로 사용하는 공간의 복층 바닥에서 천정까지가 1.5m를 초과하게 되면 1개 층으로 간주하고 건축물의 바닥면적에 산입하도록 규정하고 있다. 이미 건물의 전체 면적에 따라 주차장이나 여러 시설 등이 준공되었는데, 한 개의 상가 때문에 모든 면적 산정과 지분 등이 바뀌어야 하는 경우가 발생하게 된다.

더 크게 문제가 되는 경우는 내부 복층이 적발되어 위반건축물로 건축물대장상 등재되는 때이다. 이러한 경우 새로 입점하는 업종의 영업허가나 신고가 불가능할 수 있고, 시정명령과 이행강제금이 부과될 수 있다. 해결 방법으로는 기준 이하로 복층의 높이를 조정하고 창고 등 여유 공간으로만 활용하는 것이다.

> ### 🔍 건축법 살펴보기
>
> 상가 건물의 공유면적을 전용한다는 것은 건축법상 불법이다. 테라스와 관련된 법조문에는 불법 증축, 무단점유, 주차장 불법 사용, 영업장 면적 초과 등이 있다. 건축물대장에 첨부된 건축물현황도를 발급받아 건폐율, 건축면적, 연면적 등의 정보를 확인한 후 증축이 가능한지의 여부를 해당 기관에 확인해야 한다. 베란다를 확장할 경우에도 행위허가를 획득해야 하며, 가설건축물 축조의 경우에는 영업장 사용이 불가능하다.

(6) 2기 신도시가 밤 문화를 바꾸다

1기 신도시는 분당, 일산, 평촌, 중동, 산본 등 5곳이다. 2기 신도시는 10여 곳이 있는데 판교, 동탄 1기 및 2기, 광교, 김포, 운정 등 서울을 중심으로 동서남북에 골고루 분포되어 있다.

1기 신도시는 당시 중산층의 로망과도 같은 지역이었다. 일산의 단독주택지는 드라마·예능 등 TV의 각종 프로그램에 단골로 나올 정도로 인기가 좋은 지역이었다. 특히 넓은 호수공원이 자리 잡고 있어서 살기 좋은 곳이라는 소문이 자자했다.

하지만 다른 한편으로 일산신도시의 지하철 3호선역 주변 상업지역을 중심으로 나이트 등 유흥시설이 밀집되어 있어서 이슈가 되기도 했다. 그러다가 일산에 거주하는 주민들은 주거 밀집지역에 유흥시설이 너무 많다고 반대의 목소리를 높였고 이후에 신도시나 택지지구에는 위락이나 유흥시설이 제한적으로 허용되도록 관련 법들이 개정되기 시작했다.

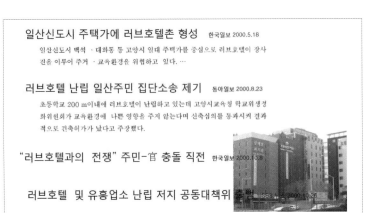

그 혜택을 받고 만들어지기 시작한 신도시가 지금의 **2기 신도시들이다. 2기 신도시는 쾌적한 주거 환경의 조성과 교육 환경을 만들기 위해서 신도시 내 유흥업종의 입점 자체가 불가능하도록 규정되어 있다.**

≫ 김포신도시 지구별 구획. 지구단위 기본계획과 시 도시계획조례에 따라 입점 가능 업종이 달라지기도 한다.

물론 지역에 따라 여전히 가능한 곳도 있다. 김포신도시의 일부 지역은 이러한 예외에 해당한다. 김포신도시는 크게 운양지구, 장기지구, 구래지구 3개 지구로 나누어지는데, 그중 구래지구에만 유흥시설의 입점이 가능하다.

유흥업종이 상권의 판도를 바꾼다

도시 구성 방식이 바뀌면서 회사의 회식 문화도 바뀌었다. 대부분의 신도시에는 직장과 주거지를 가까이 두기 위해 신도시 내 산업단지를 입주시키고 있어서 신도시마다 면적의 차이는 있지만 몇 군데를 제외하고는 대부분 산업단지가 있다. 그러다 보니 술 위주의 회식에서 1차로 가벼운 식사, 2차는 호프 한 두 잔으로 끝나고 3차부터는 각자 알아서 모이는 방식으로 바뀌었다.

2기 신도시 중 주택가격이 가장 높게 형성되어 있으면서 상가 분양가격이 평당 6000~7000만 원대에 이르러 고분양가의 논란을 일으켰던 곳이 판교신도시이다. 특히 서판교 지역은 대기업 회장이나 유명 연예인들이 입주한 곳으로 이름을 알렸다. 판교는 지하철 신분당선을 이용하면 강남에서 20분정도 밖에 걸리지 않아서 대중교통으로도 접근성이 좋은 곳이다. 또한 여러 개의 고속도로와 접해 있어 광역버스 등의 대중교통이 발달된 사통팔달 지역이다.

또 동판교의 백현마을을 중심으로는 학군이 발달되어 있어 강남에서도 교육을 위해 넘어 오는 곳으로 알려져 있다. 동판교의 위쪽으로 판교테크노밸리가 자리 잡고 있는데 이곳에는 국내의 뛰어난 벤처 관련 회사들이 입주하고 있다. 2012년 기준으로 200개가 넘는 기업이 입주를 했고 관련된 종사자만 해도 1만여 명에 이른다. 강남 테헤란로에서 둥지를 틀고 있던 기업들을 비롯하여 서울, 수도권 각지에 있던 많은 기업들이 판교테크노밸리로 이주하면서 명실 공히 최고의 벤처타운 중 하나로 발돋움했다. 이런 환경의 변화가 주변 상권에도 긍정적인 요인으로 작용하고 있어 상권이 빠르게 성장하면서 안정적으로 유지되고 있다.

업종별 주요 기업의 판교 입주 현황

업종	
IT	삼성테크윈, 포스코ICT, 마이다스아이티, IDIS, KAKAO
BT	대화, 이수앱지스, CrystalGenomics
CT	위메이드, 스마일게이트, 넥슨, 옥슨, 시공테크
기타	SK케미컬, 현대오일뱅크, 전자부품연구원
외국투자기업	sartorius, IIDA, nori town, Somty, Ontinental

판교신도시 상권의 가장 큰 특징 중 하나는 유흥이나 위락업종 입점이 어렵다는 것이다. 판교신도시의 조례를 살펴보면 주거지역과 일정 거리만 유지되면 유흥, 위락업종이 영업할 수도 있다고 기재되어 있기는 하다. 하지만 유흥, 위락업종이 들어설 수 있는 중심상업지역과 주거지역이 맞닿아 있기 때문에 사실상 유흥, 위락업종이 들어설 수 없는 것이다.

» 유흥, 위락업종을 찾아 볼 수 없다.

판교 중심상업지역에 개별 업종들이 입점할 수 있는 공간이 적은데다 유흥 관련 업종이 어려워 대부분 근린생활 관련 업종으로 구성되어 있다. 상업지역이 아닌 곳과 비교해도 크게 업종의 차별화를 찾을 수 없다.

판교테크노밸리 종사자들은 주변 상가에서 가볍게 1차 식사회식과 2차 호프를 해결하는 경우가 많다. 이후 3차 회식부터는 자리를 옮겨 유흥 관련 업종이 밀집되어 있는 지역으로 이동하는 경우가 생기고 있다. 때문에 판교와 가깝고 유흥업종이 밀집되어 있는 분당신도시의 야탑역 주변을 이용하는 경우가 많아지면서 판교신도시로 인해 분당 야탑역 유흥상권이 활성화되었다.

4부
임대와 매매,
절세 실전 노하우

7장

임대 가치 판단하기

---

01 임대 시 필수 체크리스트

매수 전이나 경매 전에 필수적으로 확인해야 할 사항 중의 하나가 해당 상가의 실제 임대료이다. 그래서 전 임대인과 현 임차인 간 작성한 임대차계약서를 꼭 확인해야 한다. 그런데 실제 임대료와 계약서 상 임대료가 다른 경우가 있다.

(1) 임대료의 진위 여부를 밝히기

임대인은 세금을 회피하기 위해 임차인은 부가세의 부담을 덜기 위한 서로의 이해관계가 맞아서 벌어지는 일이다. 심한 경우 월 임대료 없이 아예 보증금만 기록된 임대차계약서도 있다. 실제 임대료는 더 높게 지급됐다는 말만 믿고 투자를 결정한다면 위험하다.

반대로 상가 매도가를 높이기 위해 주변 시세보다 훨씬 많은 임대료로 계약된 임대차계약서도 있을 수 있다. 이러한 말만 믿고 꼼짝없이 당하지 않으려면, **임대차계약서나 부동산의 브리핑을 무조건적으로 믿지 말고 현재 임대인과 임차인이 주고받은 거래내역에 대한 증빙을 요구해야 한다.** 분명 다른 명의의 통장에서 주고받은 거래내역이라든지 개인적으로 거래한 영수증이 남아 있을 것이다. 임차인들의 성향 상 결코 아무 증빙 없이 현금으로만 임대료가 왔다 갔다 했을 리 만무하다. 상가 취득 시 정확하게 작성된 임대차계약서를 매수 조건으로 받을 수 있어야 하며, 더불어 임차인을 개인적으로 찾아가 현재 임대료에 대한 확인을 받아야 한다.

이외에도 주변의 다른 부동산을 여러 군데 방문해서 현재 임대료가 맞는지 검증하는 작업도 거쳐야 한다. 간혹 임차인의 영업 능력이 좋아 우수하지 않은 입지임에도 불구하고 성업 중인 곳이 있을 수 있고, 다른 곳보다 유달리 임대료가 높은 개별적 성향이 강한 상가, 예를 들어 병원 업종으로 구성된 건물의 중간층에 위치한 약국 등도 있을 수 있다.

개별성이 강한 곳은 해당 상가를 중심으로 주변을 탐문하여 분위기를 살펴보기도 하고 매출을 파악하여 임대료가 적정한 금액인지 확인하는 수순을 거쳐야 한다.

(2) 임차인의 재계약 의사를 타진하자

임대 기간이 얼마 남지 않은 임차인이라면 재계약 의향도 확인해야 한다. 시설 권리금이 얼마 안 되는 임차인이나 쉽게 빠져나갈 수 있는 이동통신대리점 업종 등은 특히 주의해야 한다. 입지가 좋은 장소라면 공실로 두지 않고 새로운 임차인을 들일 수 있지만 그 외 입지라면 공실의 위험도 배제할 수 없다.

임대료를 대폭적으로 인상할 계획으로 투자한다면 **현재 임차인이 상가임대차보호법의 보호를 받는 업종인지, 보호를 받는다면 계약 기간이 얼마나 남아 있는지까지 확인해야 한다.** 상가가 공실이 되면 투자자가 상가 관리비까지 부담해야 하기에 대출이자와 함께 투자자에게 상당한 부담으로 다가온다. 따라서 투자자 입장에서는 사실 임차인과의 재계약이 가장 좋은 해결책 중 하나이다.

경매 시에는 입찰 전 현장답사 때 임차인을 직접 만나 재계약에 대한 의사를 물어보는 편이 좋다. 만약 재계약을 하지 않는다고 의사를 표시하면 관리사무소나 주변을 탐문하여 임차인이 이야기한 내용의 진위 여부를 확인할 필요가 있다. 간혹 임차인이 재계약할 의도가 충분히 있음에도 불구하고 그렇지 않은 듯 역정보를 흘리는 경우가 있기 때문이다.

임차인이 재계약 의사가 없다고 주장하는 경우

① 임차인이 직접 입찰을 준비하면서 입찰 경쟁자를 한 명이라도 줄여 자신이 낙찰 받을 확률을 높이기 위해서이다.

② 자신이 좀 더 유리한 조건으로 재계약하기 위해서이다. 이를 위해 '현재보다 임대료가 높아진다면 언제든지 다른 곳으로 이전할 수 있다'는 암시를 탐문자에게 주는 것이다.

③ 요즘은 임차인이나 채무자에게 일정 비용을 받고 역 컨설팅을 하는 업체들이 많다. 특히 경·공매의 경우 낙찰자에게 많은 명도비용을 받아 주겠다는 식의 제의를 하는 업체가 늘고 있다.

④ 영업이 실제로도 매우 안 되는 경우도 있을 수 있다.

(3) 업종 인허가, 인수하느냐 마느냐

상가는 상행위를 통해 부가가치를 만들어 내는 부동산이다. 그래서 상가를 매입하거나 경매로 낙찰 받을 때 우선적으로 파악해야 될 부분이 바로 영업이 가능한지이다. 영업 행위는 단순히 일정 시설을 갖추거나 본인의 의지만 있다고 해서 가능한 것이 아니다. 영업을 하기 위해서는 법에 정한 기본 조건과 시설을 갖추어야 하고, 업종에 따라서 일정한 교육을 받아야 하는 경우도 있으며 특정 자격증이 필요할 수도 있다.

경매로 상가를 낙찰 받거나 현재 임차인의 계약이 만료된 상태에서 상가를 매수하여 직접 운영할 계획이라면, 업종에 따라 인허가를 취득자가 가져와야 유리한 경우와 말소 후 해당 관청에서 신규로 받으면 되는 경우가 있다. **현재와 전혀 다른 업종으로 운영한다면 업종에 대한 말소를 임차인에게 확실히 고지해야 된다.** 말소하지 않고 전 임차인이 나갔다면 신규 인허가가 제대로 나오지 않거나 말소하고 **신규로 발급하는 데 대개 4주 이상 소요될 수도 있다.**

현재 업종이 고시원이나 노래방, PC방 또는 유흥업종 등 시설업종이고, 이것을 직접 운영하거나 유사 업종으로 임차할 예정이라면 기존 임차인에게서 인수하는 편이 좋다. 시설업종은 매년 시설기준이 강화되기에 새로 허가를 낼 때에는 과거에 비해 여러 가지 시설을 더 갖추어야 되는 경우가 대부분이다. 그래서 새로운 임차인도 기존의 시설을 활용하는 편을 선호한다. 따라서 사전 조사 때부터 재계약과 인허가 인수를 꼭 확인하고 매수해야 한다.

그래서 좀 더 손쉽게 영업을 하기 위해 업종별 영업 인허가를 승계 받아야 한다. 상가를 매입하거나 경매나 공매로 입찰을 생각한다면 기본적으로 살펴야 한다.

임차인이 상가를 임차해 영업을 하기 위해서는 영업 업종에 따라 해당 관청에 신고, 허가, 등록을 해야 한다. 이외 자유업종은 사업자등록증만 신청하면 되기 때문에 가장 절차가 단순하다. 이때 신규로 신고, 허가, 등록하는 것보다는 양수도를 통해 업종을 승계하는 편이 훨씬 간단한 방법이다.

다음의 표는 대표적인 신고, 허가, 등록 업종의 양수도 시 구비 서류를 분류한 것이다.

업종별 인허가 관련표

업종분류	업종	양수도 시 구비 서류	정화구역 대상
신고	휴게음식점	안전시설등완비증명서(규모에 따라), 지위승계신고서	전 지역
	일반음식점(치킨호프)	안전시설등완비증명서(규모에 따라), 지위승계신고서	전 지역
	이·미용업	미용면허증(임차인용)	전 지역
	헬스장(체육시설업)	–	전 지역
	숙박업	안전시설등완비증명서	거리제한
	스크린골프장	안전시설등완비증명서	전 지역
	당구장	안전시설등완비증명서	거리제한 200m
허가	단란·유흥주점	안전시설등완비증명서, 지위승계신고서	거리제한 200m
등록	PC방	안전시설등완비증명서, 지위승계신고서	거리제한 200m
	노래방	안전시설등완비증명서, 지위승계신고서	거리제한 200m
	DVD방	안전시설등완비증명서, 지위승계신고서	거리제한 200m
기타) 지정	담배소매업 (편의점 관련)	사업자등록증(업종확인)	거리제한 200m

(4) 업종별 행정처벌 사실을 확인하라

상가에서 가장 최악의 상황은 영업을 못하게 되는 경우이다. 공실상가를 낙찰 받았는데 알고 보니 이전 영업주가 불법적인 행위를 해서 해당 관청으로부터 행정처분 대상이 되어 영업정지나 영업장 폐쇄를 받은 뒤 영업을 중지한 상태, 사업자는 살아있는데 공실로 방치되는 경우인 것이다. 이런 경우 해당 법에 따라 다음 영업주에게 행정처분이 승계될 수도 있다. 그래서 상가를 매수하거나 낙찰 받으려 한다면 해당 관청으로부터 행정처분을 받았는지를 먼저 확인해야 한다.

또한 임대한 상가에서 불법 행위가 이루어지고 있다는 사실을 알고 있다면 임대인까지도 법의 처벌을 받을 수 있다. 특히 유흥업종의 경우 주의해야 한다.

각종 영업 관련 법령에 영업자가 종전 영업자의 영업을 양도받기 위해서는 관련 법령에 따라 관할 행정청에 영업자 지위승계신고를 하도록 규정하고 있다. 관할 행정청에서는 영업자 지위승계신고 시 양수인에게 종전 영업자의 행정처분 사실 또는 진행절차를 확인 후 고지해야 함에도 불구하고 해당 법령이 갖추어져 있지 않다는 이유로 이것의 사실 확인절차를 진행해 주지 않는 경우도 종종 있기 때문에 추후 양수인이 법적인 불이익을 받을 수도 있다.

특히 경매로 상가 낙찰 시 행정처분 사실확인서를 발급 받을 때에도 양도 임차인과 양수자인 경매 낙찰자 또는 임차 예정자의 서명이 날인된 양식이 접수되어야 한다. 그래서 낙찰 후 원만한 명도 합의 없이 추후 새 임차인이 들어와서 영업할 경우, 행정처분 사실확인서를 검토하지 못한 채 행정처분이 승계되는 등의 문제가 발생할 수 있다.

일반음식점이나 노래연습장 등의 업종은 관할 행정청에 영업자 지위승계 신고 시 행정처분 사실확인서를 법적근거에 따라 발급해준다.(음악산업진흥법 제23조(노래연습장), 식품위생법 제78조(음식점)) 반면 몇몇 업종 등은 법적 근거 미비로 영업 승계에 따른 행정처분 사실확인서 증명 발급이 아예 어려운 경우도 있다.

그런데 일반음식점, 노래연습장, PC방, 주유소나 이·미용업 등은 행정처분 효과가 승계되기도 한다.

현재 행정처분 사실 확인 의무화 여부는 개별법에 따라 다르다. 하지만 종전 영업자 지위승계 시 행정처분 효과 등을 양수인이 이어받게 되므로 이를 확인하지 못할 경우 많은 손실이 발생할 수도 있다. 그래도 반가운 소식은 행정처분 미규정 업종도 처분사실을 확인할 수 있도록 현행 법령을 보완하는 작업이 진행 중이라는 것이다.

① 행정처분 사실 확인 규정 업종

업종 구분	관련 규정	비고
일반음식점, 휴게음식점, 제과점 등	식품위생법 제78조	식약처
건강기능식품 제조·판매업 등	건강기능식품법 제34조	식약처
숙박업, 목욕장업, 이·미용업, 세탁업 등	공중위생관리법 제11조의3	복지부
산후조리원 등	모자보건법 제15조의12	복지부
장기요양원 등	노인장기요양보험법 제37조의4	복지부
의약품제조업, 판매업 등	약사법 제89조의2	복지부
노래방, 노래연습장 등	음악산업진흥법 제23조	문체부
낚시터 등	낚시관리 및 육성법 제22조	해수부
양곡가공업 등	양곡관리법 제21조의2	농림부
총포 제조 및 판매업	총포·도검·화약류 등 단속법	경찰청

2015년 7월 국민권익위원회 참고

② 행정처분 사실 확인 미규정 업종

업종 구분	관련 규정	비고
PC방 등 게임 제작업 및 제공업	게임산업진흥에관한법률 제37조	문체부
DVD방 등 비디오물 제작업 및 시청제공업	영화및비디오물의진흥에관한법률 제69조	문체부
석유판매업(주유소) 등	석유및석유대체연료사업법 제8조	산업부
여행업 등 관광사업	관광진흥법 제8조	문체부
어린이집	영유아보육법 제45조의3	복지부
먹는샘물 제조업, 유통전문판매업 등	먹는물관리법 제49조	환경부
사회서비스제공업	사회서비스이용및이용권관리에관한법률 제26조	복지부
농어촌관광 휴양지업	농어촌정비법 제90조	농림부 농진청
도시가스사업	도시가스사업법 제7조의2	산업부
부동산개발업	부동산개발관리육성법 제27조	국토부
골재채취업	골재채취법 제45조	국토부
결혼중개업	결혼중개업의관리에관한법률 제21조	여가부
의료기기 제조·판매업 등	의료기기법 제48조	식약처
대중문화예술기획업	대중문화예술산업발전법 제35조	문체부

2015년 7월 국민권익위원회 참고

도봉소방서

수신   주식회사 ○○○○팅 ○○る 귀하
(경유)   (132-854 서울특별시 도봉구 마들로 ○○○2호)

제목   행정처분 사실 확인서 발급

1. 관련근거 : ○○○○-23(2014.5.13.)호 '행정처분사실확인서 발급요청건'와 관련입니다.

2. 귀 업체가 요청한 행정처분 사실확인서를 다음과 같이 회신합니다.
    가. 대 상
       ○ 명칭, 상호명 : 주식회사 서광컨설팅
       ○ 영업소 소재지 : 서울특별시 도봉구 마들로 ○○○2호(방학동○○○)
       ○ 대 표 자 : ○○○(○○○*******)
       ○ 등록번호 : 제도봉2006-2호
       ○ 업 종 : 전문소방시설설계업
    나. 용 도 : 입찰제출용
    다. 행정처분 확인기간 : 2013-05-13 ~ 2014-05-12
    라. 확인결과 : 행정처분 사실없음.
    마. 행정처분 사실확인서 발급부수 : 10부. 끝.

도봉소방서장

» 행정처분 사실확인이 꼭 필요하다.

🔍 행정 처분 승계에 대한 논란은 진행 중

- 양수인이 노래방 양수 시 전 영업주로부터 어떠한 행정처분이 이루어질 것이라는 구체적인 사실을 명확히 들었다고 볼 수 없고, 행정청이 양수인으로부터 노래방 변경 등록신청서를 제출받았을 때 전 영업주의 위반사실을 양수인에게 충분히 고지하였다고 보기 어렵다는 점을 인정한 사례

(2014년 강원도 행정심판청구)

- PC방 전 업주(양도인)가 사행행위(환전)로 경찰에 단속을 당하고 2일 후에 양수인에게 영업을 양도하였는데, 양도·양수 이후에 경찰로부터 위반 사실이 통보되었고, 양수인은 이러한 사실을 알지 못하였으므로 양수인에게 행정처분을 내리는 것은 부당함

(2015년 5월 국민신문고민원)

02 적정한 투자금액 산정 노하우

(1) 권리금의 인수 여부를 따지자

상가는 보증금과 월세만 드는 것이 아니다 인테리어 비용도 들고, 목 좋은 곳에 들어가려면 권리금도 필요하다. 그럼 상가 매매 시 권리금에 대한 문제가 어떻게 나타날 수 있는지 살펴보자.

① 기존 권리금의 보호 문제

상가를 분양 받을 때에는 무 권리금에 임차인도 없기에 소유권이나 토지의 지분 이전 문제만 신경 쓰면 된다. 입지가 좋은 상가를 분양 받은 경우에는 소유주가 역으로 권리금을 붙여 시장에 내놓거나 월세나 보증금에 권리금만큼을 포함시켜 보전하는 등 선택의 폭이 있다.

상가를 매매로 취득하게 되는 경우 권리금이 있으면 상황은 조금 복잡해진다. 입지가 어느 정도 좋은 곳은 대부분 권리금이 포함되어서 시장에 나오게 되는데, 이러한 경우 임차인 계약을 승계해야 하며 새로 개정된 상가임대차보호법(이하 상임법)에 따라 임대차 기간도 5년을 보장해야 하며, 임차인이 창출한 권리금도 보호해 주어야 한다.

반면 경매로 상가를 취득할 때에는 대항력 없는 기존 임차인이 배당신청을 했다면 계약기간을 승계하지 않아도 되며 낙찰자에게 권리금을 주장할 수도 없다. 때문에 낙찰자가 재계약을 원하지 않을 때에는 전 임차인은 상가를 비워주어야 한다. 개정된 상임법이 경매인들에게는 기존 임차인의 재계약을 원활하게 도와주는 긍정적인 역할을 하고 있는 셈이다.

② 기존권리금의 인수 문제

중개시 암암리에 거래되던 권리금이 법제화되었고, 임차인끼리의 권리금을 주고받는 행위를 임대인이 특별한 사유 없이 거절하지 못하게 되었다.

2015년 5월 상임법의 개정 이후 권리금 부분에서 임대인이 제3자적 입장이었다면 이번에 개정된 법으로 이해당사자 입장으로 바뀌었다고 봐야 한다. 특히 상가를 매매할 경우 기존 임차인을 정리하고 월세를 올려서 새로운 임대차 계약을 체결하는 경우에는 달라졌다. 일방적으로 임차인에게 상가를 비워달라고 통보하는 일이 불가능해졌기 때문이다. 따라서 새로 매수할 임대인이 전 임차인의 권리금을 일정 부분 보장해 주어야 할 수도 있다. 물론 임대차계약을 승계한다면 문제는 없다.

다른 경우를 살펴보자. 임대인이 상가를 매도하려고 준비하는 중에 임차인이 권리금 회수를 위해 새로운 임차인과의 재계약을 원하는데 임대인이 거절했다고 하자. 이런 경우 새로 인수하는 임대인에게 그 부담이 그대로 전가될 수 있다. 즉 임대인이 임차인이 원하는 새로운 임차인과의 재계약을 거부할 시 임차인은 임대인에게 권리금을 요구할 수 있다.

물론 권리금 계약의 주체는 임차인과 신규 임차인이므로 기존 임차인이 신규 임차인을 구해 와야 하는 것이 우선이며 이때 임대인은 새로운 임차인과 계약을 해 주어야 하는 의무가 있을 뿐이다.

2015년 5월 상임법이 개정되기 전에는 상가 매매 경우 보증금만 계산하면 되었지만 이제는 상임법상 상가건물을 매수나 매도할 때 임대인의 지위 뿐 아니라 권리금도 승계할 수도 있기에 계약 전에 임대차 부분을 꼼꼼하게 확인해야 한다. 만약 승계해야 될 권리금이 있다면 사전에 대비할 필요가 있다. 혹시나 이전 임대차 계약에서 문제가 발생해 임차인에게 권리금을 지급해야 하는 상황이 발생할 수도 있으니 이 부분에 대해 확실하게 계약서에 명기할 필요가 있고, 상황에 따라 매매가에 대해 조정도 해야 한다.

참고로 서울시에서 발표한 '2015년 상가임대정보 및 권리금 실태조사'를 살펴보면 서울 시내 상가의 1층 평균 권리금은 9000만 원대이며, 2층 이상은 6982만 원대이고, 권리금을 회수하는 데 소요되는 기간은 신촌 4년, 기타 2.7년, 도심 2.5년, 강남 1.8년으로 나타났다.

상권에 따른 평균 권리금

상권 종류	권리금
A급	1억 원 이상
B급	5000만 원 이상
C급	3000만 원 내외
그 외	1000만 원 이내

(2) 현재와 미래 가치를 반영하라

부동산에 투자할 때 가장 어려운 부분은 변화를 예측하는 일이다. 어떤 수식에 의해 정확한 답이 나올 수 있는 것도 아니고 법조문을 사례에 맞추어 적용하고 유사 판례를 통해 해법을 제시할 수도 없다. 부동산은 현재와 과거가 다르고, 현재가 미래와 다를 수 있기 때문에 일정한 패턴으로 움직여 주지 않고 마치 럭비공처럼 어디로 튈지 모르는 요소를 안고 있다.

상가의 입지와 상권에 대해 분석하여 **상권이 현상을 유지할지 등에 대한 판단이 서면 다음으로 단기 매매를 목적으로 할지, 장기적 관점에서 임대 수익을 목적으로 투자할지를 결정해야 한다.**

그 다음으로 대내외적인 상황을 매수가에 반영해야 한다. 가장 좋은 예를 들자면 2008년 리먼 부도 사태 이후 한국의 부동산 시장은 장시간 침체기를 벗어나지 못했다. 이후 6년 간은 정부와 정치권에서 어떤 정책과 대책이 나와도 백약이 무효일 만큼 부동산 시장은 차갑게 식어갔다.

이럴 때 상가에 투자한다면 투자금액은 어떻게 산정해야 할까?

이것을 결정할 때에는 매물과 부동산, 현 상황에 대한 분석, 마지막으로 자신의 투자 성향을 반영해야 한다. 어느 부분에 좀 더 가중치를 둘 것인지는 개인적인 성향일 수 있다. 하지만 상권과 입지는 높은 가중치를 둘 필요가 있고 상황에 대한 파악도 어느 정도 필요하다. 마지막으로 스스로의 투자 패턴이 가격을 정할 때에 결정적으로 작용할 수 있다.

(3) 미래 임대료까지 계산하라

재계약 시 상임법을 적용 받는 임차인의(부록 참조) 임대료 인상폭을 5% 이내로 제한하고 있다. 따라서 임대료를 높이고 싶다고 해서 마음대로 올릴 수가 없다. 하지만 매년 꾸준하게 5%씩 인상된다면 결코 나쁜 수익률은 아니다.

매입하거나 낙찰 받은 상가에서 몇 년 뒤에 받을 임대료까지 미리 계산하기란 쉽지 않다. 당장 눈앞에 보이는 상권이나 입지도 제대로 몰라서 투자에 실패하는 경우가 많은데 이후 받게 될 임대료까지 미리 계산이 가능하냐고 반문하거나 그런 계산이 정확하다면 그게 오히려 이상하지 않겠느냐고 묻는 것이 일반적인 반응이다.

하지만 현재 상권을 보고 앞으로의 변화를 읽어낼 수 있으면 지금이 아닌 미래 임대료도 추정할 수 있다. 예를 들어 **해당 물건이 위치한 상권 내 가장 번화한 곳의 임대료를 살펴보고 현재 물건지의 임대료와 많은 차이가 있다면 향후 해당 상가가 활성화되었을 경우 어느 정도까지 임대료를 인상할 수 있는지 가능성을 점칠 수 있다.** 미래의 임대료가 보이면 장래의 매도가격도 같이 보이게 된다.

(4) 임대부터 매도까지 정확한 목표를 세우자

사람들이 선호하지 않는 고층상가, 이면 상가, 먹통 상가, 지하상가 등은 분명 선호도가 떨어지는 상가들이다. 이런 상가들은 매수가가 낮고 반대로 수익률은 높기도 하다. 하지만 상가에 대해 잘 알지 못하면서 이러한 물건에 무턱대고 투자했다가 낭패를 볼 수도 있다.

이런 경우 현재 문제점을 해결할 수 있는 자기 나름의 대안을 가지고 투자해야 한다. 상업용 부동산 시장은 우리가 생각한 것보다 훨씬 냉혹하다. 맹목적 긍정은 커다란 물질적 손해를 가져올 수 있으므로 **꼼꼼한 분석과 확인, 그리고 문제 해결에 대한 자기 나름의 대안을 가지고 투자 여부를 판단하자.**

상가의 적정 금액 산정하기

① 상가 보증금은 일반적으로 1년치 임대료를 보증금으로 책정한다. 임차인이 임대료 연체 시 소송 등을 진행했을 때를 대비한 최소한의 안전금액이다.

② 보증금의 월세 전환률은 지역에 따라 상이할 수 있으나 기본적으로 7~8%로 계산한다.

③ 수익률은 은행 1년 정기적금 또는 국채수익률의 금리보다 2~3% 높은 지점 에서부터 시작한다.

④ 투자자의 기대 수익률을 충족시키는 적정 매수가를 계산해본다. 투자자의 기대 수익률에 따라 적정 매수가는 달라진다.

적정 상가 매수가 = 연간 수입총액 ÷ 투자자 기대 수익률(%)

보증금 8000만 원, 월 임대료 500만 원인 상가에 대한 투자자의 기대수익률이 5%인 경우 상가의 적정가를 예로 들어보자.

보증금 월세 전환액 = 8000만 원 × 7% = 560만 원

연간 임대료 = 500만 원 × 12개월 = 6000만 원

연간 수입총액 = 560만 원 + 6000만 원 = 6560만 원

상가 매수가 = 6560만 원 ÷ 5% = 약 13억 원

⑤ 매수가를 임대 수익률을 기준으로 역산해 본다.

상가 임대 수익률(%) = 연간 순수 수입 총액 ÷ 실 투자금액×100

예를 들어 매수금 13억 원, 보증금 8000만 원, 월 임대료 500만 원, 대출 6억 원, 연간 이자 2000만 원인 상가의 수익률은 다음과 같다.

실 투자금액 = 매수금 13억 원 − 보증금 8000만 원 − 대출 6억 원 = 6억 2000만 원

연간 임대료 = 500만 원 × 12개월 = 6000만 원

상가 임대 수익률 = (6000만 원 − 2000만 원) ÷ 6억 2000만 원 × 100 = 6.45%

⑥ 원하는 연 임대수익금과 월 임대수익금을 산출해 본다.

요구 연 임대가 = 실 투자금액 × 요구 임대 수익률(%) + 대출이자

요구 월 임대가 = 요구 연 임대가 ÷ 12개월

예를 들어 매수금 16억 원, 보증금 1억 6000만 원, 대출 6억 4000만 원, 연간 이자 2560만 원인 상가의 수익률을 6%로 올리려면 월 임대료는 월 613만 원의 임대료 수익이 발생해야 한다.

실투자금액 = 매수금 16억 원 − 보증금 1억 6000만 원 − 대출 6억 4000만 원 = 8억 원

요구 연 임대가 = 8억 원 × 6% + 2560만 원 = 7360만 원

요구 월 임대가 = 7360만 원 ÷ 12개월 = 613만 원

⑦ 지역별, 물건별로 투자자가 원하는 수익률이 다를 수 있으므로 현장에서 투자자가 원하는 수익률을 참고하여 투자금액을 책정한다.

⑧ 취득세, 양도세, 보유 세금 및 매년 임대료 인상폭, 미래 가치 등을 종합적으로 감안한다.

★ 월세 전환률은 어떻게 나올까? ★

월세 전환 할 때 법에 정한 연 1할2푼(보증금의 12%) 또는 비율(4.5배)과 한국은행의 기준금리를 곱해서 나온 요율 중 낮은 금액을 초과할 수 없다. 한국은행의 기준금리가 1.5%라고 가정하면,

① 12% ② 1.5%×4.5배 = 0.0675나 6.75% 중 낮은 금액으로 한다.

상가임대차보호법
제12조 (월 차임 전환 시 산정률의 제한) 보증금의 전부 또는 일부를 월 단위의 차임으로 전환하는 경우에는 그 전환되는 금액에 다음 각 호 중 낮은 비율을 곱한 월 차임의 범위를 초과할 수 없다. [개정 2010.5.17 제10303호(은행법), 2013.8.13] [[시행일 2014.1.1]] 1.「은행법」에 따른 은행의 대출금리 및 해당 지역의 경제 여건 등을 고려하여 대통령령으로 정하는 비율2. 한국은행에서 공시한 기준금리에 대통령령으로 정하는 배수를 곱한 비율[전문개정 2009.1.30.]

시행령
제5조 (월차임 전환 시 산정률) ① 법 제12조제1호에서 "대통령령으로 정하는 비율"이란 연 1할2푼을 말한다.② 법 제12조제2호에서 "대통령령으로 정하는 배수"란 4.5배를 말한다.[전문개정 2013.12.30] [[시행일 2014.1.1]]

8장

상가 임대와 매매
프로처럼 처리하는 요령

01 공실 상가에 대처하기

상가 투자자들이 가장 무서워하는 단어는 무엇일까? 바로 공실이다. 그래서 분양도 선임대로 맞춰놓아야 인기가 좋고, 일반 매매 때도 어느 임차인이 영업하고 있느냐에 따라 값어치가 달라진다. 그런데 임차인이 맞춰져 있어도 안심할 수 없다.

특히 경매로 나오는 상가 중에는 공실인 상가가 많다. 관련된 정확한 통계가 없다보니 인용할 수는 없지만 장기간 임차인을 구하지 못하고 금융 비용과 관리비의 부담을 감당하지 못해 경매로 나오는 경우가 있고, 임차인이 매출 부진 등으로 영업을 포기하고 비운 뒤 공실로 있다가 등장하는 경우도 있다.

이러한 공실 상가는 그만큼 더 많은 손품과 발품을 팔아야 빠른 시일 내에 임차인을 들일 수 있다.

그렇다면 공실 기간을 최대한 줄이기 위해서는 어떤 방안을 세워야 할까.

(1) 프랜차이즈 본점을 공략하자

OECD에 속한 국가 중 한국처럼 자영업자의 비율이 높은 나라는 몇 개국 안 된다. 이런 여건상 창업과 관련된 다양한 사업들이 활성화되어 있다.

내 상가가 공실이라면 프랜차이즈업체의 본사 점포개발부서에 전화를 걸어 지역을 설명하고 대리점 개설 의향을 검토해 달라고 문의해볼 수 있다. 좀 더 구체적으로는 상가에 대한 홍보자료를 하나 만들어 담당자들한테 직접 메일을 통해 발송하고 통화를 하는 등 적극적으로 홍보하는 것이다.

이런 노력만 해도 최소한 몇 군데 업체에서 상가에 대한 실사를 통해 구체적으로 분석해 보겠다는 연락을 받을 수 있다. 프랜차이즈본사는 입지가 좋은 곳에 많은 상가를 확보하고 있어야 창업에 관한 문의가 들어올 때 바로바로 대리점 개설을 해 줄 수 있고, 점포개발부서에서는 항상 좋은 상가들을 찾아다닌다. 공실을 갖고 있는 임대인과 프랜차이즈본사와의 이해관계가 맞아떨어져 상부상조할 수 있으니 적극적으로 노력한다면 좋은 결실도 맺을 수 있다.

(2) 각종 단체나 협회를 찾자

상가를 잘 아는 사람들 사이에서 많이 활용하는 방법 중 하나이다. 대부분의 업종은 관련 종사자들이 모인 협회가 있기 마련이고 인터넷에 동호회 성격의 커뮤니티들도 다수 개설되어 있다. 이중에 개업이나 창업을 위한 부동산 정보나 홍보를 할 수 있는 사이트들이 있어 원하는 임차 카테고리와 관련된 곳을 공략한다면 의외로 쉽게 우수한 업종을 입점 시킬 수도 있다.

(3) 홍보매체를 활용하자

상가임대전문사이트 활용하기

상가임대전문사이트를 찾아 내 상가를 홍보하는 것이다. 올리는 비용은 몇 만원 들지 않지만 운이 좋아 직거래를 하면 중개수수료를 아낄 수 있다.

임대 정보를 올릴 때 몇 가지 주의해야 할 사항이 있다. 우선 임대료, 관리비,

시설에 대한 부분 등을 정확히 기재해야 한다. 또한 현재 상황이 공실이더라도 업종을 지정해서 글을 올려야 한다. 상층부가 공실이라도 학원, 당구장, 노래방 등의 임대를 원하면 그것을 기재해서 알려야 한다는 뜻이다. 이러한 사이트를 찾는 임차인들은 이미 업종 선택이 끝난 상태이기에 공실 상가를 찾지 않고 자신이 선택한 업종의 상가를 검색하기 때문이다. 그래서 상가투자자는 업종에 대한 안목이 있어야 한다.

>> 대표적인 상가 거래 사이트이다.

오프라인 홍보를 위해서는 각 지역마다 활성화되어 있는 홍보매체들을 찾는 것이 급선무다. 어느 지역은 벼룩시장이, 어느 지역은 교차로가, 어느 지역은 지역홍보지가 발달되어 있다. 상가를 전문으로 하는 부동산들은 좋은 매물을 많이 확보해야하기 때문에 지역홍보지를 꾸준하게 모니터링 하는 편이다. 따라서 이런 홍보지에도 꾸준하게 직접 홍보하다 보면 상가의 주변 부동산이나 거리가 좀 떨어져 있는 부동산에서도 본인들이 손님을 연결해 보겠다며 전화가 온다.

전단지 및 현수막 작업을 하자

이 방법도 오래전부터 해오던 고전적인 방법이어서 식상한 것 같지만 여전히 많은 곳에서 꾸준하게 활용하는 방법이다. 혹여 이 말에 의심이 된다면 길을 걷다 주변을 살펴보라. 어느 곳에선가 상가나 부동산 관련 전단지가 눈에 들어올 것이다. 다른 방법에 비해 다소 노동력이 많이 소모되는 일이지만 공실상가를 해결하기 위해서는 유용한 방법이 될 수도 있다.

또한 내 상가 위치에 현수막을 다는 것도 좋은 방법이다. 정확한 금액은 제외하고 평수나 특징 등을 기재해서 걸어두면 꽤 자주 연락이 온다. 귀찮다고 연락처를 한 부동산을 지정해서 기재하면 여타 부동산에서 꺼릴 수 있으니 임대인의 번호를 기재하는 편이 낫다.

(4) 중개사무소를 공략하자

가장 고전적이면서도 많은 사람이 활용하고 있는 방법으로 효과가 좋은 방법이기도 하다. 중개사무소를 활용할 때에는 지역을 한정하지 말고 폭넓게 활용할 수 있어야 성공 확률이 높아진다. 몇몇 중개사무소에서는 부정적으로 말하는 경우가 있는데 낙찰가격이 너무 높다느니, 임대가를 조금 낮추라느니 하는 식의 말로 투자자의 힘을 뺀다.

그럴 때에는 좀 더 넓은 지역으로 범위를 넓힐 필요가 있다. 상권이 발달한 지역은 창업이나 투자 관련해서 많은 사람들이 있게 마련이다. 이런 사람들을 자신의 상가로 연결될 수 있도록 중개사무소 중에서도 유능하다고 판단되는 곳에 옵션을 제시해서 적극적으로 나설 수 있는 동기 부여를 준다면 먼 거리에 있는 중개사무소에서도 충분히 거래를 성사시킬 수 있다. 필자도 이런 방법으로 성공한 경험이 있다.

02 임대 계약서 유리하게 작성하는 법

(1) 계약서 특약 한 줄이 일 년 임대료를 좌우한다

낙찰 받은 상가를 매도할 때나 임대차 계약을 체결할 때 계약서를 작성하는 일은 매우 중요하다. 그런데 계약을 체결하는 행위를 가볍게 생각하고 중개사무소에서 모두 알아서 잘해주겠지, 내가 중개수수료를 지불하고 상가를 소유한 임대인이니 내 편을 들어주겠지라고 생각하면서 최종 계약서의 특약사항이나 세부내용을 꼼꼼하게 살펴보지 않고 대충 보증금과 월세 금액만 보고 도장을 찍는 경우가 있다.

만약 지금까지 이런 생각과 방법으로 부동산과 관련된 계약을 체결했다면 이 책을 읽고 나서부터는 바꿔야 한다. 왜냐하면 특약 한 줄에 임대수익률 몇 %가 달라질 수 있기 때문이다. 만약 잘못된 계약을 체결했다고 해도 이미 양 당사자가 서명을 했다면 그 계약을 되돌리는 것은 사실상 불가능하다. 어쩔 수 없이 1년이나 그 이상의 계약 기간 만료시점을 기다렸다 재계약 때 잘못된 부분을 반영하는 수밖에 없다.

부가세 특약이 수익을 좌우한다

상가 투자자가 된다면 필수적으로 임대사업자를 발급해야 한다. 임대사업자가 되는 순간 여러 세금 관계에 얽히게 된다. 세금 관련 부분은 제9장에서 자세히 설명하도록 하고 우선 특약과 관련이 깊은 *부가가치세에 대한 부분만 간단히 정리해 보자. (간이과세자가 아닌 일반과세자 기준으로 살펴보겠다.)

* **부가가치세**: 상품(재화)의 거래나 서비스(용역)의 제공과정에서 얻어지는 부가가치(이윤)에 대하여 과세하는 세금

만약 내가 임대료를 100원으로 책정했다면 이 금액에 대한 10%인 10원이 부가가치세(이하 부가세)이다. 사업자는 부가세를 모아났다가 분기별, 또는 반기별로 국가에 납부해야 한다. 이것이 바로 매출세액이다.

국가에서 돌려받을 수 있는 매입세액도 있다. 임대사업자가 전기세, 관리비 등 경비 처리한 부분에서 부가세를 추가 납부했다면 매입세액으로 이 10%가 환급된다. 돌려주고 납부하는 방식이 번거롭기에 매출세액에서 매입세액을 차감하여 계산한다. 즉 매출세액이 매입세액보다 크면 추가로 납부하고, 매입세액이 매출세액보다 크면 돌려받게 되는 구조다.

임대계약서에서 가장 중요하게 짚고 가야 할 특약이 부가세와 관련된 부분이다. 만약 보증금 3000만 원, 임대료 150만 원을 체결했는데 부가세 별도라는 특약을 넣지 않았다면 어떻게 될까?

임대인은 당연히 부가세를 뺀 순수 임대료가 150만 원이라고 생각하고 계약을 체결했는데, 계약 후 첫 달에 통장으로 입금된 금액을 살펴보니 150만 원만 입금된 것이다. 바로 임차인에게 전화를 걸어 임대료 150만 원의 부가세 10%인 15만 원을 왜 입금하지 않았느냐고 물을 테지만, 임차인은 임대차계약의 임대

료는 부가세 포함해서 150만 원이 아니었느냐고 오히려 임대인에게 반문할 수 있다. 임대료 150만 원에서 부가세 15만 원을 별도로 받지 못하면 월 임대료는 150만 원이 아닌 136만 3천 637원이 된다. 부가세 신고 시 월 13만 6364원을 매출세액으로 납부해야 하기 때문이다. 월 10%의 수익이 날아가는 순간이다. 가격 차이는 1년이면 168만 원으로 한 달 임대료 이상의 수익이 없어져 버린다.

150만 원× 12개월 = 1800만 원

136만 원× 12개월 = 1636만 원

그뿐 아니라, 월세가 낮아지면 더불어 매매 가치도 하락하게 된다.

간이와 면세사업자에게도 부가세를 받아야 한다

대부분의 임차인은 계약 시에 부가세 별도 특약에 이의를 달지 않는다. 그런데 간이과세사업자나 면세사업자 임차인인 경우 부가세 별도 부분에 대해 반발이 크다. 간이과세사업자나 면세사업자의 경우 임대료 외에 추가로 납부하는 부가세를 전액 환급받지 못하는 탓이다.

하지만 이러한 경우에도 꼭 부가세를 별도로 받아야 한다. 임대인이 일반사업자인 경우 임차인이 간이과세자이건 면세사업자이건 부가세 신고를 해야 하기 때문이다. 현재 임대인이 간이과세사업자라 부가세를 별도로 받지 않는다고 하더라도 추후에 일반과세자로 변경될 경우를 대비하여 이것을 따로 납부한다는 특약을 추가해야 한다. 상가 몇 개를 추가적으로 투자하고 연간 매출이 높아지게 되면 자동으로 일반과세사업자로 전환될 수 있다.

사업자별 과세 기준액

구 분	기준 금액
일반과세자	연간 매출액 8000만 원 이상
간이과세자	연간 매출액 8000만 원 미만

부가세 별도 외에도 다음과 같이 여러 내용을 구체적으로 계약서에 기술해야

한다.

① 임차인의 인허가 관련 책임 소재

② 간판 위치 및 개수

③ 원상복구 시 상태

④ 관리비(리모델링 기간 동안의 관리비 포함)

⑤ 리모델링의 정확한 기간

계약서 특약 예시

특 약 사 항

1. 본 상가임차인이 불법영업 및 불법구조변경으로 불이익 발생시 임차인이 모두 책임진다.

2. 임대료 및 관리비는 부가세 별도이다.

3. 관리비는 잔금일 및 리모델링 시작일 중 더 빠른 날부터 시작하여 정산한다.

4. 리모델링 기간은 2020년 4월 1일부터 4월 15일까지, 총 15일이다.

5. 렌트프리 기간은 2020년 4월 16일부터 30일까지이다.

   (임대료는 매월 말일 후불)

6. 임대인은 잔금일 건물 인도에 차질이 없도록 책임지고 명도한다.

7. 사업자등록 발급을 위한 허가, 신고 사항은 임차인의 책임 하에 진행한다.

8. 돌출간판은 설치할 수 없으며, 글자간판으로 지정된 위치를 벗어나지 않는다.

(2) 전세권 설정 시 부기등기를 잊지 마라

상가를 투자할 때 대부분은 대출을 받는 조건으로 자금계획을 세우게 된다. 가급적이면 실투자금을 줄이고 대출을 최대로 받아야 높은 수익을 올릴 수 있고 또 자금이 제한적이면서도 여러 상가들을 낙찰 받으려면 돈이 최대한 적게 묶여야 가능하다. 이렇게 투자를 하면 소액투자로 최대한의 효율을 높이는 투자가 가능하다.

한편, 높은 금액으로 담보대출이 설정되어 있는 상가를 바라보는 임차인 입장에서는 보증금을 지킬 수 있을까 하는 불안감이 상존하게 된다. 당연히 임차인은 불안한 마음에 임대차계약을 체결할 때 보증금을 지킬 수 있는 안정장치인 전세권 설정을 요구하게 된다. 대개 임차인 쪽에서 먼저 요구하는데, 근저당 금액이 높게 설정된 상가에 세를 빨리 놓고 싶을 때에는 미리 중개사무소에 임차인에게 전세권을 설정해 주겠다고 이야기를 해 놓는 편이 좋다.

보통은 임차인 쪽에서 요구하는 전세권 설정을 임대인이 먼저 해주겠다고 하면 임차인 입장에서는 안전하게 보증금을 지킬 수 있다고 생각하기 때문에 임대를 빨리 놓을 수 있는 조건을 갖추게 되는 것이다.

다만 임대인 입장에서는 전세권의 기본 성질을 파악하고 안정장치를 해 놓을 필요가 있다.

등기부에 전세권이 설정되면 임차인은 다른 권리나 채권들과 동등한 입장에서 권리를 주장할 수 있을 뿐만 아니라 만약에 상가주인이 보증금을 빼주지 않을 때에는 바로 경매를 신청할 수 있다. 반대로 급전이 필요한 임차인이 전세권을 담보로 돈을 빌려 쓰거나 대부업을 이용하다가 이자를 제대로 갚지 못했을 경우 대부업체에서 담보로 잡은 상가를 경매로 넘길 수도 있다.

때문에 **임대인 입장에서는 임차인에게 전세권을 설정해 주는 것은 막강한 권한을 부여해 주는 것이므로 권리를 함부로 쓰지 못하도록 제한할 필요가 있다.** 전세권의 부기등기를 통해 전세권을 사용, 수익하거나 담보로 쓰는 걸 막는 것이다.

민법 제306조에서는 전세권을 타인에게 양도 또는 담보로 제공할 수 있고 전전세도 줄 수 있지만 설정 행위를 금지할 때에는 하지 못한다는 법조문이 있다.

(3) 처음 임대차 계약 기간은 1년으로 하면 유리하다

초보자들이 처음 상가계약을 할 때에는 대부분 중개사무소의 의견을 많이 참고하게 된다. 경험이 부족하다 보니 그 지역의 특징이 어떤지 파악하기가 쉽지 않기 때문이다. 또 중개사무소의 능력에 따라 임차인을 구하는 능력도 차이가 있기 때문에 실력 있는 중개사무소의 의견을 무시할 수 없게 된다.

실례로 임차인이 영업을 시작하기 전까지 상가의 내외부에 필요한 인테리어 공사기간을 요구하게 되는데 임차인은 되도록 길게 요구를 하고 임대인 입장에서는 리모델링 기간에는 임대료가 산정되지 않으므로 되도록 짧게 주려고 한다.

일반적으로 공사기간은 15일~1달을 기준으로 정한다. 관행적으로 임차인에게 유리한 기간인 1달을 얘기하는 경우가 많다. 하지만 업종에 따라 굳이 긴 공사기간이 필요 없는 경우도 있기에 기간을 징할 때에는 업종에 따라 공사기간을 탄력적으로 적용할 필요가 있다. **협의가 어려울 경우 최대 1달 기간을 잡고 그 안에 개업을 한다면 개업한 날짜부터 임대료를 산정하겠다는 특약을 기재하면 된다.**

또 임대차 기간을 정할 때도 주의해야 한다. 임차인은 기본 2년에서 3년을 요구하는 경우가 많다. 장사가 자리도 잡아야 하고 들어간 공사비도 회수해야 한다고 말하면서 기본 계약을 최대한 길게 하려고 한다.

2018년 10월에 개정해서 새로 적용되는 임대차 계약부터는 특별한 사유가 없는 한 임차인의 권리금을 인정하고 임대차 기간도 계약갱신권으로 10년을 인정하고 있으므로 임대인 입장에서는 굳이 다년계약을 할 필요가 없다. 이럴 때에는 새로 적용되는 상임법을 설명하고 충분한 권리 보장을 약속하면서 기본 계약기간을 1년으로 해야 한다. 그래야 재계약시 주변 시세를 고려해서 임대시세를 조정할 수 있기 때문에 임대인 입장에서는 장기간의 계약보다는 단기간의 계약을 하는 것이 유리하다.

물론 대규모 시설을 갖추고 들어오는 경우에는 매년 계약하는 것이 유리하고 별 시설이 없는 업종이라면 매출에 따라 이동이 자유로울 수 있기 때문에 다년계약으로 체결하면 좋다.

(4) 대출 많은 상가는 보증보험증권을 이용하라

메이저급의 프랜차이즈 업종이 입점하게 되면 기본적으로 수반되는 시설비용이 억 단위가 넘는 것은 예사다. 따라서 권리상으로 안전하고 대출이 없는 상가에 입점하기를 요구한다. 하지만 임대인 입장에서는 투자금이 적게 들수록 이익이 크게 나기에 메이저급의 프랜차이즈 업종의 영입을 원하지만 현실적으로 어렵다. 이럴 때 활용할 수 있는 방법이 바로 보증보험증권이다.

보증보험이란 일정 보험료를 받고 상가에 임대차 계약을 체결 시 거래의 안정성을 높이기 위해 계약상의 채무나 법령상의 의무이행을 보증해 주는 특수한 형태의 보험을 말한다. 만약에 있을지 모르는 사고에 임차인의 계약 보증금을 금융기관에서 지급을 약속하고 이후에 보증금을 보험처리해서 지급해 주는 것이다.

심사 단계에서 임대인의 신용에 따라 보증하는 금액이 달라질 수 있다. 또한 보증금액, 기간에 따라 보험료가 차이 난다.

필자의 경우 롯데리아 입점 시 5년 동안 보증금을 보증하는 보험료만 2000만 원이 책정되었다. 보통 보험료는 반반씩 부담하는 경우가 일반적이나 5년 동안 보증하는 특수한 상황을 반영하여 500만 원으로 협의하기도 했다.

혹시나 대출이 많이 잡혀 있거나 해당 건물에 전세권이 다수 설정되어 있어 임차하는데 부정적인 중개사무소나 임차인이 있다면 보증보험을 이용해 쉽고 빠르게 세를 놓을 수 있도록 해보자.

> ### 🔍 다양하게 활용되는 보증보험
>
> 우리가 잘 모르고 있지만 보증보험은 다양한 분야에서 활용되고 있다. 가압류 또는 가처분 신청 시 공탁금을 공탁해야 하는데, 이 공탁금을 보증보험증권으로 대체할 수 있다. 물건을 할부로 구매하는 경우, 형사 보석금의 납부가 필요한 경우 신원보증, 납세보증 등 다양한 경우에 이용되고 있다.

(5) 무권리금 상가로 임대료 높이기

아무래도 권리금이 높게 형성되어 있는 상가를 매수하게 되면 월세를 인상해도 임차인과의 재계약이 쉽다. 한 번 계약이 된 상가는 재계약을 통해 임대차 관계가 지속되는 속성이 있다. 이는 곧 자신의 수익률로 연결되므로 되도록 권리금이 높게 형성되는 상가를 목표로 하는 것이 유리하다.

재계약이 되지 않고 임차인이 나간다고 해도 그리 나쁘지 않다. 바로 권리금에 대한 이익을 얻을 수 있기 때문이다.

상권이나 입지가 좋은 곳은 여러 종류의 권리금이 형성되어 있기에 임대인이 상황에 맞게 선택적으로 활용해서 금전적 이익을 얻으면 된다. 들어올 임차인 입장에서도 매출에 도움이 된다면 권리금 지급을 마다할 이유가 없다.

권리금은 크게 바닥권리금, 영업권리금, 시설권리금으로 구분된다. 이중 바닥권리금은 상가건물이 자리잡은 위치에서 오는 상권이나 입지를 금전적으로 산술한 것으로 다른 말로는 지역권리금, 장소권리금이라고도 한다. 상가건물이 위치한 장소에 따른 영업적인 장점 등 상권 내에서 장소나 위치 탓에 창출되는 무형의 재산적 가치이다. 바닥권리금은 영업 양도계약이나 임차권 양도 계약 또는 전대차 계약에 명시적으로 언급되지 않지만 권리금의 종류 중에서도 가장 중요한 것이다.

분양상가이거나 공실일 경우에는 종종 임대인이 바닥권리금 작업을 하거나 임차인에게 직접 요구하기도 한다. 통상 역세권이나 유동인구가 많은 곳에 주로 형성되고 입지와 상권에 따라 몇 천만 원에서 몇 억 원까지 간격의 차이가 상당히 넓은 편이다.

보통 바닥권리금을 한꺼번에 목돈으로 요구하는 임대인이 많다. 하지만 매도 시점을 몇 년 후 목표로 두고 있다면 보증금이나 월세 인상을 통해 바닥권리금을 받는 편이 유리하다.

임차인 입장에서는 주변보다 시세가 높아도 차라리 권리금이 없는 상가를 선호한다. 임대인 입장에서는 보증금이나 월세를 올린다는 것은 상가의 매매가를 올린다는 의미와 일맥상통하므로 지금 당장의 수익보다 미래의 수익을 가늠하는 편이 더 좋다. 바닥권리금을 낮게 책정하고 임대료를 일부 인상하는 방법을 사용할 수도 있다.

03 임차인과의 적정 관계

상가경매에서 가장 좋은 것은 인상된 금액으로 임차인과의 재계약이 이루어지는 것이다. 하지만 현실에서는 새로운 임차인을 구하는 경우가 더 많다.

(1) 좋은 게 좋은 것만은 아니다

처음 임차인을 구할 때에는 자기 나름의 기준과 가이드를 정해 놓고 중개사무소에도 이 정도는 해달라는 식으로 임차인을 구한다. 그런데 공실의 기간이 점점 늘어나게 되면서 임대인은 초조해진다. 공실을 없애기 위해 이제 임대인은 임대료를 인하하는 것은 물론 주변 임차인들이 원하는 수준을 충분히 반영하려는 적극적인 입장으로 바뀌게 된다. 이렇게 어렵게 임차인을 구하게 되면 기쁜 마음에 임차인이 원하는 요구 조건을 들어준다. 월세나 보증금의 조정은 물론이고 기본 인테리어 기간도 넉넉하게 받아준다. 이제 임차인의 요구가 이것저것 늘어나게 된다. 망설이고 있는데 중개사무소에서도 슬쩍 임대인을 압박한다. 공실보다는 그렇게라도 세를 놓는 편이 좋다고 말이다.

그리고 마침내 계약을 체결한다. 하지만 문제는 여기서 끝이 아니라는 점이다.

필자가 지금껏 임차인들을 대하면서 느꼈던 점 중 확실하게 말할 수 있는 게 있다. 너무 많은 양보는 오히려 독이 될 수 있다는 것이다.

가이드라인을 정해야 한다

물론 상호 협력관계로 좋은 동반자 관계의 임차인들이 대부분이다. 하지만 건물주가 초보자라는 점을 이용해서 임차인이 끝없이 무리한 요구를 하는 경우도 있다. 상호 협력관계로 잘 풀어보고자 하는 마음을 역으로 이용하는 사람들이 있기 때문에 세를 놓을 때에는 처음부터 내가 해줄 부분과 임차인이 해야 될 부분에 대해 기본 가이드를 철저하게 지킬 필요가 있다. 또한 무리한 요구가 있으면 처음부터 절대 긍정적으로 응하지 말고, 부정적인 단어와 함께 좀 더 생각을 해 보겠다는 식으로 당장은 회피하도록 한다. 그리고 요구에 응했을 경우 발생할 다양한 변수를 생각하고 결정하도록 한다.

그렇다면 기본적인 가이드라인이란 무엇일까? 간단하다. 임대인은 상가라는 공간만 제공한다는 개념으로 접근하는 것이다. 기본적으로 전기, 수도 시설의 메인 배관이 해당 상가까지 연결되어 있으면 된다. 그 외 전용공간에서의 배관 및 전기시설을 비롯한 각종 설치에 대한 부분은 임차인이 직접 공사해야 한다. 그런데 간혹 어떤 임차인은 중천장부터 다중이용업소에서 꼭 필요한 계단 만드는 작업까지 이것저것 요구할 수 있다. 하지만 원칙적으로 임대인이 요구에 응할 의무는 없다. 물론 임대를 쉽게 하기 위해 임대인이 시설 설치를 조건으로 걸 수도 있으나 명확하게 한계를 긋고 임차인과 협상에 응해야 할 것이다.

임차인에게 어느 부분까지 해줘야 하는지에 대한 가이드는 지역별로 다소 차이가 있을 수 있기 때문에 주변 중개사무소에 문의해 보면 금방 알 수 있다. 한 군데가 아닌 최소 몇 군에서 정보를 취합해야 객관적인 자료가 나올 수 있다는 점도 명심하자. 원활한 계약 진행을 위해 임차인을 대변하는 중개사무소도 많기 때문이다.

재계약 시 임대료를 인상할 때에도 나만의 가이드라인이 세워져 있어야 한다. 임차인은 매출이 안 좋다, 동네 가게들이 다 손 빨고 있다면서 하소연을 한다. 때문에 임대인이 인상을 요구할 때에는 어떤 근거로 왜 인상을 하는지 임차인을 이해시키는 작업이 필요하다. 주변 상가의 월세 시세와 해당 업소의 매출 등을 비교해서 현재 상가의 월세가 높은지 낮은지를 이야기할 수도 있다.

경매로 낙찰 받은 상가에 입점을 꺼리는 임차인들도 더러 있기에 처음 세를 놓을 때부터 주변 시세보다 다소 낮은 가격에 놓는 경우가 많다. 그래서 이후에 재계약을 할 때에는 가급적이면 주변 시세를 맞추도록 해야 수익률을 올릴 수 있다.

(2) 원상복구의 기준은 어디까지일까

주거용 부동산에서는 원상복구라는 용어가 별로 사용되는 일이 없지만 상가에서는 상황이 다르다. 영업을 위한 시설물을 하나둘씩 늘리다 보면 나중에는 임차인이 공용면적까지 차지하게 되는 경우가 있다. 관청에서 위반건축물로 단속 대상이 되기도 한다. 그렇다보니 임대차계약서를 작성할 때 가장 정확하게 강조할 부분이 바로 원상복구 조항이다.

실제로 별로 신경 쓰지 않고 있다가 임차인이 나갈 때나 새로 임차인을 들일 때 이 문제로 애를 먹거나 추가로 임대인이 비용을 들여 원상복구 하는 경우를 종종 보게 된다.

건축물대장상의 원상태로의 복구

공인중개사무소에서 사용하는 표본계약서에는 단순히 '원상복구 한다'라고만 기재된 경우가 대부분이다. 구체적으로 범위를 제한하지 않아 무엇을, 얼만큼, 어떻게 해야 하는지에 대한 다툼의 여지가 많다. 업종 승계로 계약이 쭉 이어졌을 경우에는 문제가 없지만 신규 업종이 입점할 경우 현재 임차인은 전 임차인에게 이어받은 상태가 원상복구의 기준이 된다. 결국 임대인이 원하는 원상복구는 시설물이 완전 제거된 상태이므로 현재 임차인과 불협화음이 생길 수밖에 없다. 이러한 다툼을 없애기 위해 계약 시 다음의 조항을 삽입하도록 요구하자.

🔍 계약조항

임차인이 다음 임차인의 승계 없이 공실 상태로 계약을 만료 및 계약이 해지되었을 경우 임차인이 임의로 건물의 내부구조 중 일부를 변경하였거나 시설물 칸막이 등의 시설물을 설치한 당사자이거나 또는 당사자가 아니더라도 이미 전 임차인의 시설물을 인정하고 계약했다 할 것이므로 임차인은 계약종료 이전에 **건축물대장상의 원상태로 복구한** 뒤 반환해야 한다.

중개사무소와 계약할 경우에도 임대인이 원하는 바를 정확히 기재할 것을 요구해야 한다.

원상복구 범위를 정확히 지정하자

만약 건축물대장상의 원상태로 복구해 달라고까지 주장하기가 어렵다면 어느 범위까지 하는지 범위를 정확하게 계약서에 명기하는 것이 좋다.

상가의 원상복구 범위는 먼저 건물의 외부와 내부로 나누어 생각해야 한다. 건물의 외부 범위는 간판부터 광고를 위한 기타 부착물 전부를 포함해야 하며 어닝이나 다소 불법적인 소지가 있을 부착물 전부이다. 또 임차인이 영업의 편익을 위해 설치한 전면 가설물이나 고정된 시설물들과 상가의 뒤쪽에 설치된 전용 시설물들도 여기에 포함된다.

만약 다음 임차인이 이런 시설물을 그대로 사용한다고 임차인 간에 상호 협상이 됐다고 하면 그 부분에 대해 구체적으로 계약서에 적어놓아야 한다. '전 임차인의 설치물을 철거해야 하나 새로운 임차인이 인수하는 조건이면 그가 철거의 의무를 부담하는 조건으로 계약한다.'라는 식의 구체적인 언급이 필요하다. 만약 상호 동의로만 계약이 진행되고 이후 계약 만료 시 임차인이 자기가 설치한 게 아니라 철거해줄 의무가 없다고 한다면 소송으로 가도 임대인에게도 일부 책임 소재가 있을 수 있다.

건물 내부 시설물의 원상복구는 간단하다. 건물이 건축될 당시나 분양 당시의 상태로 하는 게 가장 좋다. 다음 임차인이 어떤 식으로 내부 인테리어를 꾸밀지 모르기에 아무것도 없는 상태가 아닐 때에는 임대인에게 시설의 철거비를 청구할 수도 있다.

≫ 원상복구 전과 후(위) 불법 확장 사진(아래)

그래서 임차인과의 계약할 때 내부 시설물은 건물의 분양 당시처럼 아무것도 설치되어 있지 않은 상태로 원상복구를 요구하면 된다.

(3) 임대인의 슈퍼 파워, 제소전화해

목표 금액으로 임차인을 구해 기분 좋게 임대차계약을 작성하는데 은근 앞으로의 일이 걱정되기 시작한다.

'월세가 제대로 들어올까?'

'혹시 월세가 밀리면 어떡하지?'

'월세 밀리면 명도소송 해야 하는데.....'

임대료를 꼬박꼬박 잘 내야 하는데 만약에 임대료가 밀리면 언제쯤 명도소송을 해야 하나, 관리비까지 생각을 해야 하는구나, 임대차계약을 하는 즐거움보다는 불안감이 머릿속을 떠나지 않는다. 이럴 경우 법적으로 사전에 대비할 수 있는 제도가 바로 제소전화해라는 것이다.

이것은 어떤 문제나 사건으로 소송을 제기할 일이 발생할 경우 사전에 양측의 협의를 통해 소송 등을 거치지 않고 화해신청을 통해 빠르게 해결하는 절차다. **제소전화해가 성립하면 확정판결과 동일한 효력이 있다.**

상가계약의 경우 임대인과 임차인간에 계약 내용 등의 미이행으로 보증금의 지급이나 건물의 인도와 관련된 법정 다툼이 예상되는 경우 미리 일정한 내용의 화해문구를 작성해서 이를 양 당사자가 관할법원의 판사 앞에서 확인 받는 것으로 활용하고 있다. 판사의 확인 이후에는 재판의 확정판결문과 같은 효력이 생긴다.

이후 혹시라도 불미스러운 일이 생겼을 경우 바로 강제집행을 통해 임차인을 명도할 수 있다. 명도소송이라는 다소 긴 시간이 들어가는 절차를 생략하는 효과가 있어서 임대인들이 상가에 임대차계약을 하기 전 제소전화해를 계약 조건으로 제시하는 경우도 늘고 있다. 임대차 진행 중에는 굳이 임차인 입장에서 본인들에게 불리한 제도를 승낙해 주지 않으려 하기에 대개 임대차계약과 동시에 작성한다.

제소전화해 신청 방법

제소전화해는 법원에 신청서를 통해 신청하면 된다. 법정대리인을 통해 진행하기도 하고 당사자가 직접 하기도 한다. 하지만 화해조서 작성을 하려면 임차인이 법정에 출석해야 하는데 다소 꺼려하는 경향이 있어서 임대인 측에서 임차인 측의 법정대리인을 선임해 주는 경우가 대부분이다. 만약에 임차인이 직접 법정에 나오겠다고 약속을 하고 제소전화해 신청을 했는데 당일 법정에 나오지 않는다면 임대인만 낭패를 볼 수 있기 때문에 제소전화해를 임차인측에 요구할 때 법정대리인의 선임까지 미리 생각하고 있어야 한다.

제소전화해 신청서 작성 예

제 소 전 화 해 신 청

신 청 인   (이름) 김 철 수   (주민등록번호 ○○○○○○ - ○○○○○○○)

         (주소) ○○시 ○○구 ○○동 ○○   (연락처)

피신청인   (이름) 신 수 요

         (주소) ○○시 ○○구 ○○동 ○○   (연락처)

대여금청구화해

신 청 취 지

신청인과 피신청인은 다음 화해조항 기재 취지의 제소전화해를 신청합니다.

신 청 원 인

> 신청을 하게 된 이유를 최대한 자세히 기재합니다.

1. 신청인은 2008. 1. 1. 피신청인에게 이자 월2%로 금 30,000,000원을 빌려주었습니다.

2. 피신청인은 2010. 1. 1. 까지 갚기로 하였으나 기간이 지나도록 갚지 않아 다투다가 2010. 11. 11. 까지 원금 및 이자 전액을 변제하겠다고 약속을 하여 당사자 간에 아래와 같은 화해가 성립되어 이 사건의 신청에 이른 것입니다.

화 해 조 항

> 화해가 성립된 내용을 상세하고 정확히 기재합니다.

1. 피신청인은 2010. 11. 11. 까지 원금 30,000,000원과 이자 6,600,000원을 갚는다.

2. 피신청인은 2010. 4. 30까지 피신청인 명의의 땅에 신청인을 등기권리자로 하는 소유권 이전 청구권 가등기를 설정해 준다.

3. 피신청인이 제1항을 위반하면 1. 제소전화해신청일로부터 다 갚는 날까지 연 20%의 지연손해금을 계산하여 지급한다.

4. 피신청인이 제2항을 위반하면 2010. 5. 1. 즉시 원금 30,000,000원과 이자 6,600,000원을 변제해야 하고, 변제하지 못할 경우 제소전화해신청일로부터 다 갚는 날까지 연 20%의 지연손해금을 계산하여 지급한다.

입 증 방 법

1. 갑 제1호증.   금전차용증서

> 화해신청 사유를 입증할만한 자료를 첨부합니다.

첨 부 서 류

1. 위 입증방법   1통
1. 신청서부본   1통
1. 송달료납부서   1통

2010. 4. 1.

위 신청인 김 철 수 (서명 또는 날인)

서울중앙 지방법원 귀중

제소전화해의 신청절차

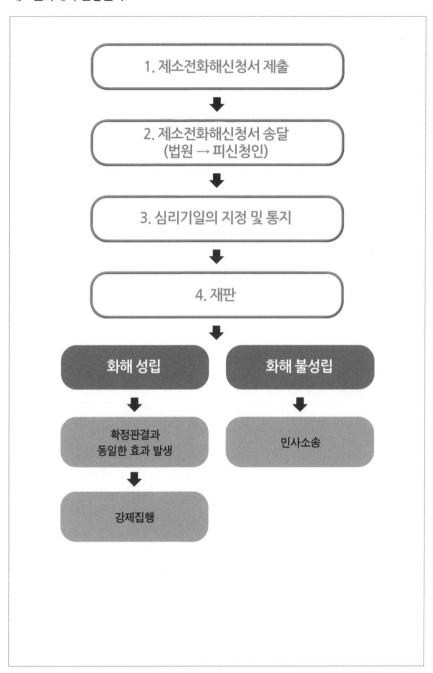

04 매도 타이밍 필살기

수익형 부동산은 임대 수익이라는 목적달성 상품이기는 하지만 매도 시기를 언제나 가늠해야 한다. 현재의 수익률이 영원할 수 없기도 하거니와 외부 변수에 의해 매도하고 싶어도 매도할 수 없는 상황이 발생할 수 있기 때문이다.

(1) 매도 타이밍 가늠하기

상가투자에 있어서 가장 어려운 단계라고 할 수 있다. 신이 아닌 이상 상권이 어떻게 변화할지는 아무도 장담할 수 없다. 하지만 관심을 갖고 지켜보면 몇 가지 변화의 징후를 통해 예상할 수는 있다. 대표적인 징후는 다음과 같다.

- 경제상황의 변화
- 업종의 변화
- 배후세대의 변화
- 교통 조건의 변화
- 대체상권(대체제)의 유입

변화의 징후를 통해 앞으로 내가 투자한 상가 수익률이 부정적으로 변화할 수 있다면 적극적으로 매도 타이밍에 대한 시기를 가늠해야 한다. 상가투자자로서 최대한 할 수 있는 방법은 내 상가 주변을 중심으로 지역 상권에 대해 꾸준한 관심을 기울이는 것이다.

(2) 대체 가능한 건물에 대비하자

좋은 상가 물건은 현재 임차인과 재계약을 하고 장기간 꾸준하게 지속시키는 것이다. 그러려면 임차인의 업종이 안정적인 직업군에 속한 소위 전문 업종에 속하는 한의사, 치과의사, 내과, 피부과 등등이면 더할 나위 없이 좋고 그 다음으로 좋은 업종은 많은 비용이 들어가는 시설업종들이다. 기본 20평 정도에 프랜차이즈 업종을 입점 시키기 위해서는 평당 최소 200만 원 정도의 인테리어 비용이 들어가게 된다. 인테리어 비용 최소 4000만 원에다 덧붙여 간판비, 실내 기자재비, 계산용 전산비 등을 합산하면 최소 6000만 원 이상 비용이 발생한다.

만약 평수가 더 넓거나 특수 업종이라면 그 비용은 억을 넘어가는 경우가 허다하다. 이런 업종의 상가가 경매로 나오면 대부분의 임차인은 직접 낙찰을 받으려고 한다. 그 말은 해당 상가의 재계약 가능성이 높다는 것을 의미하기도 한다. 때문에 현 임차인과 재계약으로 높은 수익이 보장되는 안정적인 월세를 받을 수 있게 된다.

하지만 임차인이 지속적으로 한 곳에서 영업을 계속한다는 생각은 버려야 한다. 만약 입주한 상가건물에 문제가 생기거나 주변 상권의 변화가 생기게 되면 영업에 영향이 미치게 되고 매출의 하락으로 이어지기도 한다.

특히 입주해 있는 상가건물이 특수형태의 건물인데, 주변에 비슷한 대체제의 건물이 들어선다면 치명적이다.

소재지	경기도 군포시 산본동 ○○○○외 1필지, 산본○○○1오플러스 3층 ○○○ 도로명주소검색						
				오늘조회: 1 2주누적: 0 2주평균: 0 조회동향			
물건종별	근린상가	감 정 가	720,000,000원	구분	입찰기일	최저매각가격	결과
				1차	2011-07-19	720,000,000원	유찰
매 지 권	18.44㎡(5.578평)	최 저 가	(41%) 294,912,000원	2차	2011-08-23	576,000,000원	유찰
				3차	2011-09-27	460,800,000원	유찰
건물면적	98.57㎡(29.817평)	보 증 금	(10%) 29,500,000원	4차	2011-11-01	368,640,000원	유찰
					2012-01-10	294,912,000원	변경
매각물건	토지·건물 일괄매각	소 유 자	○○○,○○○,○○○	5차	2012-02-14	294,912,000원	
				낙찰 : 300,999,999원 (41.81%)			
개시결정	2010-10-28	채 무 자	○○○	(입찰1명,낙찰:○○○ 외 1)			
				매각결정기일 : 2012.02.21 - 매각허가결정			
				대금지급기한 : 2012.03.30			
사 건 명	임의경매	채 권 자	우리은행	대금납부 2012.03.16 / 배당기일 2012.05.07			
				배당종결 2012.05.07			

산본역 3번 출구 앞에는 롯데시네마가 입점해 있는 오피스텔이 있다. 저층에는 상가가 입점해 있고 상층부에는 오피스텔이 있는 전형적인 주상복합의 건물이다. 멀티플렉스 형태의 롯데시네마가 입점해 있어서 동선이 좀 어중간해도 저층부의 상가에는 긍정적인 요인으로 작용하고 있다.

3층 상가 대부분이 경매로 나왔을 때 입찰 경쟁률은 그리 높지 않았다. 하지만 업종의 특성상 재계약이 가능한 업종은 낙찰 대비 수익률이 좋아서 낙찰을 받는다면 성공한 투자를 하는 셈이었다.

낙찰 이후 90%의 대출을 받고 임차인과의 계약은 신고한 시세와 같은 금액으로 체결했다. 음식점을 운영하던 임차인이었는데 이후 2회에 걸쳐 재계약을 했고 현재에는 220만 원에 임대료를 받고 있다. 처음에 예상했던 것처럼 업종 특성상 쉽게 이전하기 어려운 측면이 있었고, 또 목표되는 시점의 매각을 위해서

• 임차인현황 (말소기준권리 : 2006.08.28 / 배당요구종기일 : 2011.01.20)						
임차인	점유부분	전입/확정/배당	보증금/차임	대항력	배당예상금액	기타
○○○	○○○○○ (○○○)	사업자등록: 2010.10.23 확 정 일: 2010.10.20 배당요구일: 2011.01.07	보20,000,000원 월1,800,000원 환산20,000만원	없음	예상배당표참조	현황서상 사 2010.10.2 0
기타사항	☞ 채무자(소유자)가 직접 점유하고 있지 않고, 목적물 전부에 대해 임대차있음 ☞ 계약내용은 세무서 등록사항등의 현황서에 의한 것임					

318

는 높은 임대수익이 따라와야 하기 때문에 지속적으로 임대료 상승을 요구했다.

2015년 임대료 협상에서 임차인은 지금의 건물과 가까운 곳에 멀티체인극장이 건물의 신축과 함께 입점한다는 소식을 듣고 있던 터라 재계약시 월세 조정이 없으면 새로 신축하는 건물로 가겠다는 통보를 했다. 임차인 우위의 시장으로 진입한 것이다.

다른 건물과 다르게 특수 업종이 입주한 상가건물에는 많은 장점이 있다. 하지만 상권이 발전하면서 영향력이 커지면 상권 내 독점업종을 대체하는 경쟁 업종들이 하나둘씩 들어오게 된다. 이후에는 자연스럽게 매출의 하락과 임대가의 조정 등으로 수익률이 악화된다. 그 이후에는 매도하고 싶다고 해도 쉽게 거래가 어려울 수도 있고 설사 한다고 해도 턱없이 낮은 가격으로 이루어질 수밖에 없다.

"오는 4월 산본로데오거리와 길 하나 건넌 곳에 롯데자산개발이 위탁운영하는 복합쇼핑몰 롯데피트인이 들어온다는 소식이 전해지자 다시 위기감이 덮치게 된 것"이라며 롯데피트인 산본점은 10층 규모에 2개 층은 롯데시네마 영화관, 3개 층은 뷔페 등 식당가, 5개층은 패션 및 안경 등 편의시설 매장, 지하 4층 규모의 주차장으로 이뤄질 계획이다.
　　　　　　　　　　　　　　　　　　　　　　 – 2016년 2월 3일 군포시민신문 기사 중 일부 발췌

(3) 흐름 주시하기

초광역상권의 주 소비층은 10대~30대가 주류를 이룬다. 이 젊은 연령대의 특징을 한마디로 요약하자면 '보고(놀고), 먹고, 입고'로 정리할 수 있다.

이 세 가지를 한꺼번에 해결할 수 있으면 많은 사람들을 끌어 모을 수 있는 집객력이 좋고 유동층이 풍부한 곳이다. 이 중 한 가지만 부족해도 상권의 성장에 한계가 있기 마련이다.

첫째, '보고'의 의미는 영화나 공연 등을 직접 관람할 수 있는 시설 등을 말한다. 젊은층의 대부분이 문화 활동을 영화관람이나 공연관람으로 하고 있다. 따라서 상권 내에서 이런 시설을 갖추었느냐 아니냐가 매우 중요하다. 만약 그렇지 못하다면 그 상권은 성장성이나 상권의 영향력의 한계가 뚜렷한 상권이다. 최고의 상권에는 항상 '보고'와 관련된 업종들이 한 개 이상 있기 마련이다.

'보고'와 비슷한 의미인 '놀고'의 의미는 놀이동산의 놀이시설이 아닌 젊은층이 가장 자주 가는 곳인 노래방, PC방, 만화방, 당구장과 같은 놀이를 체험할 수 있는 시설을 말한다. 연인끼리는 영화관을 가지만 친구끼리는 주로 PC방, 만화방, 당구장을 가게 된다. 전에는 볼링장 같은 곳으로도 자주 갔었다. 이런 시설은 어느 상권이든 몇 개씩은 꼭 있을 만큼 우리 주변에서 흔히 볼 수 있는 업종으로 상권의 규모에 따라서 업종별 밀집도가 다르게 나타난다. 상권이 크고 넓을수록 많다.

둘째, '먹고'의 의미는 말 그대로다. 젊은 층이 주로 모이는 곳에는 스타벅스와 카페베네가 기본으로 있고 크고 작은 브랜드의 커피전문점이 모여 있다. 강남이나 홍대, 신촌 같이 상권이 크고 넓은 곳에는 스타벅스가 몇 개 이상 있다. 또 롯데리아, 맥도날드, 버거킹, 베스킨라빈스 같은 패스트푸드 등 다수의 브랜드가 상권 내 여기저기에 포진되어 있다. 다른 업종으로는 죠스떡볶이 같은 분식점이나 다양한 일반음식점들이 브랜드 별로 있다. 대부분의 약속시간은 식사시간 때이거나 보고 놀다 보면 먹을 때가 되기 마련이다. 마시는 것 중에는 다양한 주류 업종이 있다. 맥주전문점이나 삼겹살과 소주 또는 일본식 술인 사케를 파는 곳 등 다양한 종류가 있는 곳일수록 상권이 좋은 곳이다. 또 프랜차이즈형 브랜드가 많은 곳일수록 상권이 좋다.

셋째, '입고'의 의미는 머리부터 발끝까지 입을 수 있는 의류, 신발, 헤어를 말한다. 젊은 층의 특징 중 하나가 자신을 가꾸는 데 투자를 아끼지 않는 것이다. 그래서인지 미용관련 업종이 특화, 발전하면서 네일숍이나 마사지숍은 누구나 이용하는 업종으로 자리 잡았다. 또한 상권이 좋은 곳에 꼭 있는 브랜드 중 하나가 '나이키' 매장이다.

이런 곳은 매장의 기본 크기가 250평 이상이기 때문에 웬만한 상권에는 잘 입점하지도 않는다. 매출로 기본 유지관리비를 제외하고도 수익이 남아야 하기에 대부분의 매장이 집객력이 좋은 상권 위주나 대형 쇼핑시설을 중심으로 입점하고 있다. 따라서 이런 의류브랜드가 입점해 있는 곳이라면 상권의 기본 규모가 상당함은 물론 기본 보증금과 월세가 높은 지역으로 경쟁력이 높은 소상공인을 제외하고는 대형매장의 경우 본사에서 직영으로 운영하는 경우가 많다. 그래서 적자를 감수하기도 한다. 이런 상권은 매물이 쉽게 나오지 않는 지역이다.

업종이 편향되어 있다면 이용층의 한계로 집객력이 떨어져 상권이 성장하지 못하고 쇠락할 가능성이 높다. 때문에 앞서 말한 세 가지 업종을 주로 이용하는 핵심층이 선호하는 가게들을 중심으로 상권이 균형을 이루고 있어야 한다.

만약 이중 한 가지라도 갖추지 못한 상권이라도 기본 규모를 갖추고 있다면 진입하고자 하는 임차인들이 꾸준해서 월세를 약간 조정해 주면 임차인을 쉽게 구할 수 있다. 또한 입지가 좋은 곳은 높은 월세를 유지할 수 있기 때문에 임대인 입장에서는 그다지 영향을 받지 않는다. 하지만 상가 임차인 입장에서는 이용층 및 유동층의 제한으로 매출의 하락과 부진이 길어질 수밖에 없고 특히 불경기에는 더욱 심각하게 느낄 수 있다.

★ 영원한 상권은 없다 ★

불당상업지역의 고층 대형상가가 경매에 나왔다. 이를 계기로 불당상업지역을 조사하기 시작했다. 불당상업지구는 배후에 불당지구가 있고 옆으로는 천안시청이 자리 잡고 있다. 지도를 펴고 주변을 살펴보면 전체적으로 택지개발지구임을 알 수 있다. 상권의 형태도 구도시내에 있는 택지지구형 상권이다.

불당상업지역은 택지개발지구라 주변에 아파트단지와 관공서 등이 함께 들어서면서 발전하기 시작한 상권이다. 상권의 경계에 시청과 대단지 아파트가 자리하고 있고 대로변 상가에는 각종 금융기관과 웨딩샵, 뷔페, 대형음식점 등이 자리 잡고 있다. 주택가와 마주보는 곳에는 크고 작은 보습학원들과 각종 병원·의원들이 있다.

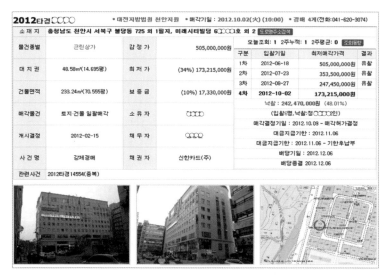

6층의 고층인데다가 이면도로에 접한 상가인지라 4차까지 떨어져 입찰 당시에 감정가 대비 34%대 물건이었다. 유찰이 많다 보니 덕분에 경쟁률은 제법 있었지만 원래 목표로 생각했던 50% 미만으로 낙찰 받았다.

낙찰 후 대출 받고 보증금 3000만 원에 월 200만 원으로 임대를 놓았다. 그리고 3년이 채 안 되는 시점에 다다르자 매도시기를 잡았다. 투자금 800만 원으로 월 100만 원 임대수익이 나오는 초우량 상가를 매도한다는 것이 현명한 판단인지 많은 사람들이 반문했다. 하지만 불당상가를 계속해서 보유해야 한다고 주장하는 사람들은 아직 미래를 보지 못하는 상가투자자라고 말할 수 있다.

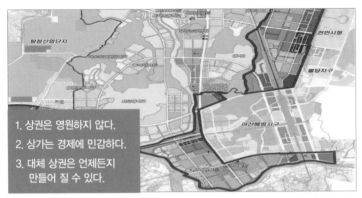

1. 상권은 영원하지 않다.
2. 상가는 경제에 민감하다.
3. 대체 상권은 언제든지
   만들어 질 수 있다.

불당상업지역의 이 상가를 매도한 이유는 입점한 마시지 업종 자체가 상권의 변동성이나 경기 흐름에 민감하기 때문이기도 하지만 결정적으로 불당상업지구 건너편에 대규모 택지지구 신도시가 건설되는 탓이었다. 혹자는 건너편에 신도시가 들어오면 전체 상권의 배후가 확장되는 게 아니냐 또는 현 상권에 대한 지역 내 인지도 상승이나 수요의 확산이 있어 보인다는 식의 이야기를 하곤 한다.

하지만 필자는 정반대로 생각을 했다. 입찰할 당시부터 천안신도시 건설을 알고 있었기 때문에 너무 높은 가격으로 낙찰 받을 시 매도에 어려움이 있을 것이라고 예상했고 낙찰 후에도 임대수익률을 맞추고 나면 바로 매도를 하기 위해 다각도로 방안을 모색했다.

다행인건 건물이 불당상업지구 내에서 랜드마크 역할을 하고 있었고 상가의 관리가 잘되고 입점 업종이나 브랜드들도 나쁘지 않아서 상가건물이 지속적으로 높은 가격에 매매가 이루어지고 있었다. 또한 임대 수익이 높게 현재 임차인과 재계약만 이루어진다면 높은 임대수익률을 원하는 매수자들이 있으니 소개를 해 보겠다는 언질을 주변 중개사무소에서 받을 수 있었다.

마침 2015년 8월에 현 임차인과 재계약 시점이 다가오고 있었고 임차인도 상가를 매수하고 싶어 하는 의사표시를 보였다. 이에 현 임차인과 재계약 후에 우리가 원하는 가격으로 상가를 매도한다는 계획을 세워 놓았다.

그리고 며칠 후 한 중개사무소에서 현 임차인과 재계약하는 조건으로 매수를 원하는 매수자가 있다는 연락을 받고 천안으로 내려가 3억 4500만 원에 매매계약을 체결하고 잔금과 소유권은 한 달 뒤에 마무리하기로 했다.

투자금 800만 원으로 매도수익 8400만 원과 매년 임대 수익 1200만 원의 알짜 수익을 남겨준 물건이었다. 경매이므로 가능한 수치가 아니었나 싶다.

상가 매매 계약서

매도인과 매수인 쌍방은 아래 표시 부동산에 관하여 다음 계약 내용과 같이 매매계약을 체결한다.

1. 부동산의 표시

소 재 지	천안시 서북구 불당동 ○○○외1필지 미래시티빌딩 제6층 ○○○○○○○○○○					
토 지	지 목	대	대지권	1803.2분의 48.5799	면 적	901.6㎡
건 물	구 조	철근콘크리트	용 도	상업지역	면 적	233.24㎡

2. 계약내용

제 1조 (목적) 위 부동산의 매매에 대하여 매도인 매수인은 합의에 의하여 매매대금을 아래와 같이 지불하기로 한다.

매매대금	금 삼억사천오백만원정 (₩345,000,000)		
융 자 금	금 이억팔천삼백사십만원정은	매도인이 잔금지급일까지 말소한다.	
계 약 금	금 삼천오백만원정은 계약시에 지불하고 영수함.	영수자 ○○○원 (인)	
중 도 금	금	에 지불한다.	
	금	에 지불한다.	
잔 금	금 삼억일천만원정은	2015년 08월 17일 에 지불한다.	

제2조 [소유권 이전 등] 매도인은 매매대금의 잔금을 수령함과 동시에 매수인에게 소유권 이전등기에 필요한 모든 서류를 교부하고 등기절차에 협력하며, 위 부동산의 인도일은 2015년 08월 17일 로 한다.

제3조 [제한물권 등의 소멸]매도인은 위 부동산에 설정된 저당권,지상권,임차권등 소유권의 행사를 제한하는 사유가 있거나, 제세공과금과 기타 부담금의 미납금 등이있을때에는 잔금 수수일까지 그 권리의 하자 및 부담 등을 제거하여 완전한 소유권을 매수인에게 이전한다. 다만, 승계하기로 합의하는 권리 및 금액은 그러하지 아니하다.

제4조 [지방세등] 위 부동산에 관하여 발생한 수익의 귀속과 제세공과금 등의 부담은 위 부동산의 인도일을 기준으로 하되, 지방세의 납부의무 및 납부책임은 지방세법의 규정에 의한다.

제5조 [계약의 해제] 매수인이 매도인에게 중도금(중도금이 없을때에는 잔금)을 지불하기 전까지 매도인은 계약금의 배액을 상환하고, 매수인은 계약금을 포기하고 본 계약을 해제할 수있다.

제6조 [채무불이행과 손해배상] 매도자 또는 매수자가 본 계약상의 내용에 대하여 불이행이 있을 경우 그 상대방은 불이행한 자에 대하여 서면으로 최고하고 계약을 해제할 수 있다. 그리고 계약 당사자는 계약해제에 따른 손해배상을 각각 상대방에게 청구할 수 있으며, 손해 배상에 대하여 별도의 약정이 없는 한 계약금을 손해배상의 기준으로 본다.

제7조 [중개보수] 부동산개업공인중개사는 매도인 또는 매수인의 본 계약 불이행에 대하여 책임을 지지 않는다. 또한 중개보수는 본 계약 체결과 동시에 계약 당사자 쌍방이 각각 지불하며, 개업공인중개사의 고의나 과실없이 본계약이 무효,취소 또는 해지되어도 중개보수는 지급한다. 공동 중개인 경우에 매도인과 매수인은 자신이 중개 의뢰한 개업공인중개사에게 각각 중개보수를 지급한다.

제8조 [중개보수 외] 매도인 또는 매수인이 본 계약 이외의 업무를 의뢰한 경우 이에 관한 보수는 중개보수와는 별도로 지급하며 그 금액은 합의에 의한다.

제9조 [중개대상물확인설명서교부등] 개업공인중개사는 중개대상확인설명서를 작성하고 업무보증관계증서(공제증서등) 사본을 첨부하여 거래당사자 쌍방에게 교부한다.

특약사항
-본계약은 현 상태에서의 계약임.
-현 세입자는 매수인이 승계한다.
-기타사항은 일반관례에 준한다.

본 계약을 증명하기 위하여 계약당사자가 이의없음을 확인하고 각자 서명 · 날인한다.   2015년 07월 20일

매 도 인	주 소	인천광역시 연수구 ○○○○○○○○○호 (○○○, ○○○○○)				
	전 화	010-○○○-○○○	주민번호	○○○○○-○○○○○○○	성 명	○ ○ ○ 외 2인 (인)
	공동명의인주소	서울특별시 중랑구 상봉중앙○○○○, ○○○○○호 (○○○○○○○○)				
	공동명의인	전화 010-○○○-○○○	주민번호	○○○15-○○○○○○	성 명	○ ○ ○
매 수 인	주 소	충남 아산시 배방읍 ○○○○○○○○○○○시티 ○○○동 ○○○호				
	전 화	010-○○○-○○○	주민번호	○○○26-○○○○○○	성 명	○ ○ ○
	대리인주소					
	대리인	전화	주민번호		성 명	
개 업 공 인 중 개 사	사무소소재지		사무소소재지			
	사무소 명칭		사무소 명칭			
	대 표	서명및날인 (인)	대 표	서명및날인 (인)		
	등록번호	전화	등록번호	전화		
	소속공인중개사	서명및날인 (인)	소속공인중개사	서명및날인 (인)		

9장

세금으로 수익을
극대화하라

01 때마다 내는 세금, 제대로 알아야 한다

아무리 투자를 잘했어도 마지막 처리가 잘못되면 전체 투자는 실패했다고 이야기할 수도 있다. 많은 투자자들이 상가물건을 검색하고, 분석하고, 투자하고, 매매까지가 모든 처리의 마지막이라고 생각하고 있다. 하지만 중요한 것이 하나 빠졌다. 바로 세금이다.

상가는 상업용이라 기본적인 세율이 주거용 부동산과는 다르고 단계별은 물론 보유 시 세금의 종류가 많기에 이것에 대해 미처 대처하지 못하고 투자했다가는 낭패를 본다. 따라서 미리 세금에 대해 철저하게 공부해야 한다.

상가의 세금은 크게 3가지로 나눌 수 있다. 취득할 때 세금, 보유할 때 세금, 처분할 때 세금이다.

① 취득할 때 : 취득세 및 등록세, 부가가치세 (건물분)
② 보유할 때 : 종합소득세, 재산세, 임대소득 관련 부가가치세
③ 처분할 때 : 양도소득세, 부가가치세 (건물분)

5억 원 정도의 상가를 매수한다면 취득세가 4.6%이므로 2300만 원이 취득세이다. 거기에 중개수수료는 450만 원이다. 이외에도 재산세라든지 부가가치세, 종합소득세, 보증금에 대한 간주임대료도 있다. 따라서 수익률이 9%라고 해도 세금을 생각하면 약 2% 정도는 더 낮춰서 생각해야 한다.

세금을 회피하기 위해 임대인이 고의로 사업자등록증을 발급하지 않거나 현금으로 임대료를 받는 사례도 빈번하다. 하지만 매년 진행되는 상가 현황 조사를 통해 또는 임차인이 영업을 위해 사업자등록증을 발급받게 되므로 어쩔 수 없이 보유한 상가의 현황이 국세청 자료로 넘어가게 된다. 앞으로는 세금 회피가 절대적으로 어려우므로 절세하는 방법을 찾아야 한다.

(1) 상가 취득 시 업종을 살핀다

취득세란 지방자치단체의 재정 수요를 충당하기 위해 부동산 등을 취득할 때 납부하는 세금이다. 취득세는 부동산을 낙찰 받거나 일반 매매로 취득할 때 가장 먼저 내는 세금 중 하나다. 취득세의 세금요율은 부동산의 용도에 따라 조금씩 다르다. 특히 주거용과 상업용 부동산은 적용되는 기본 요율도 다르다.

상업용 부동산의 취득세율은 4%이고 함께 부과되는 농어촌특별세 0.2%, 지방교육세 0.4%를 포함해서 총 4.6%를 납부한다. 또 상가나 건물의 용도가 사치성에 속하는 고급오락장(유흥주점), 별장, 골프장 등을 취득할 경우 취득세율인 4%에 중과기준세율 2% × 4배를 더해서 12%의 취득세를 납부해야 한다. 따라서 중과 대상 업종에 입찰할 경우 비용적인 부분을 다시 한 번 살펴봐야 한다.

상가 취득 시 부가가치세도 확인해 보도록 한다. 일반적으로 건물가액에 대해서만 부가가치세가 부과된다. 분양 상가의 경우 분양 받고 사업자등록을 하면 바로 환급해 준다. 일반 매매의 경우 대개 포괄양수도로 매매가 이루어지기에 부가가치세는 그리 크게 부각되지 않는다.

종 류	취득세	농어촌특별세	지방교육세	합 계
과세기준	취득가의 4%	취득세 1/2의 10%	취득세 1/2의 20%	
세율	4%	0.2%	0.4%	4.6%
중과세율	12%	0.2%	1.2%*	13.4%

*중과시 지방교육세는 기본 2%의 3배로 계산함

★ 경매에서의 포괄양수도란 ★

상가를 일반적으로 매도, 매수 시에는 원칙적으로 건물분에 한해 부가가치세를 납부해야 한다. 그런데 이러한 부가가치세가 발생하면 매도자는 매수자에게 부가세를 징수하여 국가에 납부하고 매수자는 일반사업자로 등록하여 이를 다시 환급받게 되는데 이러한 일련의 과정들이 국가로서는 실익이 없다.

그래서 부가세 없이 거래할 수 있는 포괄양수도 계약방식을 허용하고 있다. 이 제도는 상가임대사업에 대한 모든 권리와 의무를 매도자가 매수자에게 그대로 이전한다는 계약이다. 따라서 매수자는 임대업을 그대로 유지하는 것은 물론이고 임대업에 속하는 자산, 부채, 그리고 임차인까지 승계하는 것이다.

포괄양수도 계약을 하기 위해서는 매수자와 매도자가 사업자여야 한다. 별도의 포괄양수도 계약서를 작성하여 세무서에 제출하면 부가세를 납부하지 않아도 된다. 단, 포괄양수도 계약서는 세무서 신고용이므로 매매계약서는 별도로 따로 작성하고 특약에 위계약이 포괄양수도 계약이라는 문구를 기재하면 된다.

포괄양수도 계약서

1. 물건의 표시 :

　(토지 :　　　　분의　　　　　m²　건물 :　　　　　　　m²)

2. 내　　용

가. 목적

　본 계약은 양도인이 소유한 상가에 관한 권리와 의무를 양수인이 포괄적으로 양수함으로써 부
가가치세법 제6조 6항의 규정에 의한 재화의 공급이 아닌 사업양도를 함에 목적이 있다.

나. 양도양수기준일

　양도인은 부가가치세법 제6조 6항의 규정에 의한 사업양도에 따른 부가가치세의 면제를 받기
위하여 본 계약의 잔금일을 기준으로 양수인에게 본 상가에 대한 권리와 의무를 포괄적으로
양도한다.

다. 양도양수가액

　양도일 현재 물건의 총 매매대금은 일금　　　　　원정(₩　　　　　)으로 하고, 건물분에
대한 부가가치세는 포괄양수도한다. (부동산 매매계약서 참조)

라. 대금지불조건

　부동산매매계약서에 의한 계약(특약사항)대로 청산한다.

마. 협조의무

　부동산 양도양수와 관련하여 양도인은 소유권이전에 필요한 전반적인 업무에 협조를 하여야
한다.

바. 기타

　본 계약서에 접하지 아니한 사항은 양도인과 양수인이 협의하여 처리하며 본 계약을 증명하
기 위하여 양도인과 양수인은 쌍방 날인하여 각각 1부씩 보관한다.

20 　년　　월　　일

양도인	주　　소	
	주민등록번호	
	성　　명	
양수인	주　　소	
	주민등록번호	
	성　　명	

330

(2) 상가 보유 시 부과되는 세금

상가를 보유할 때 납부하는 세금은 크게 재산세와 종합소득세와 부가가치세가 있다. 재산세는 특정 부동산을 보유하고 있는 때 국가에서 발표하는 과표와 부동산의 용도에 맞는 요율을 계산해서 부과되는 세금이다. 상반기와 하반기에 납부하며 건물 분과 토지 분으로 나누어서 부과된다. 그외 보유 시 부과되는 세금에 대해 자세히 알아보자.

사업자등록은 이제 필수다

상가를 매수한 후 임대를 놓게 되면 임대 놓은 날로부터 20일 이내에 사업장 소재지 관할 세무서에 가서 사업자등록을 신청해야 한다. 여기서 말하는 사업자란 '영리목적 유무에 불구하고 사업상 독립적으로 재화 또는 용역을 공급하는 자'를 말한다.

임대업을 하는 사람이 사업자등록을 하지 않거나 세입자로부터 임대료에 대한 부가가치세를 받지 않았다고 해도 부가가치세를 납부할 의무가 있다.

따라서 사업자등록을 하지 않고 임대해 주다가 과세관청에 적발된 경우에는 이전까지의 부가가치세를 가산세와 함께 징수 당하게 되므로 필히 사업자등록을 하도록 한다.

사업자등록은 국가의 조세업무 차원에서 하기도 하지만 임차인에게 받는 부가가치세의 세금계산서 발행과 신고 등에도 필요하기 때문에 임차인이 영업을 시작하는 시기에 맞추어 신청하는 게 좋다. 1개의 상가는 1개의 사업체로 생각하면 된다. 그래서 2개 이상의 상가에 부동산 임대업을 하는 경우에는 각각 상가 소재지별로 사업자등록을 해야 한다. 단 2개 이상의 상가 중에 서로 인접하여 사실상 하나의 사업장으로 쓰이는 경우에는 2개의 상가지만 하나의 사업장으로 보기도 한다.

사업자를 등록할 때 간이과세사업자와 일반과세사업자 중 선택할 수 있다. 임차인의 업종과 월세의 합계에 따라 본인에게 맞는 것으로 선택한다.

일반적으로 연간 임대료가 8000만 원 미만이면 간이과세자로 등록할 수 있는데, 특히 4800만 원 미만이면 간이과세자가 유리할 수 있다. 부가가치세 과세기간인 상반기와 하반기의 소득이 4800만 원 미만이면 소액부징수로 분류되어 부가가치세를 납부하지 않는다. 하지만 간이과세자라도 매출이 8000만 원 이상이 되면 일반과세자로 전환된다.

부가가치세

부가가치세란 상품(재화)의 거래나 서비스(용역)의 제공과정에서 얻어지는 부가가치(이윤)에 대하여 과세하는 세금이며, 사업자가 납부하는 부가가치세는 매출세액에서 매입세액을 차감하여 계산한다.

$$부가가치세 = 매출세액 - 매입세액(=공제세액)$$

※ 일반과세자의 경우 매입세액이라 지칭하고 간이과세자의 경우 공제세액이라고 지칭한다.

부가가치세는 물건 값에 포함되어 있기 때문에 실제로는 최종소비자가 부담하는 것으로 최종소비자가 부담한 부가가치세를 사업자가 세무서에 납부하는 것이다. 그러므로 부가가치세 과세대상 사업자는 상품을 판매하거나 서비스를 제공할 때 거래금액에 일정 금액의 부가가치세를 징수하여 납부해야 한다.

부가가치세는 간이과세자이냐 일반과세자이냐에 따라 납부방법과 세액 등 여러 면에서 다르다.

구분	일반과세자	간이과세자
기준	1년간 매출액이 8000만 원 이상이거나 간이과세 배제되는 업종·지역인 경우	1년간 매출액이 8000만 원 미만이고 간이과세 배제되는 업종·지역에 해당되지 않는 경우
매출세액	① 공급가액 × 10%	② 공급대가 × 업종별 부가가치율 × 10%
매입세액	③ 매입가액 × 10%	–
공제세액	–	세금계산서상 매입세액 ×업종별 부가가치율
세금계산서 발급	발급 의무 있음	발급 의무 없음
과세기간	1기 1월 1일 ~ 6월 30일 2기 7월 1일 ~ 12월 31일	1월 1일 ~ 12월 31일

① 부가가치세 제외한 금액 ② 부가가치세 포함한 금액(합계금액) ③ 부가가치세 제외한 금액

다음 부동산 임대업의 사례를 통해 부가가치세를 계산해 보도록 하자.

- 공급가액 8000만 원 / 매출세액 800만 원 / 합계금액 8800만 원

- 매입가액 5500만 원 / 매입세액 550만 원 / 합계금액 6050만 원

- 부동산 임대업의 부가가치율은 30%이다.

- 간이과세자 공급대가가 8800만 원으로 동일한 조건일 경우를 단순 비교해 본다.

구분	일반과세자	간이과세자
매출세액	공급가액(매출액) 8000만 원 ×10% = 800만 원	공급대가 8800만 원 ×부가가치율 30% ×10% = 264만 원
매입세액	매입가액 5500만 원 ×10% = 550만 원	–
공제세액	–	매입세액 550만 원 ×부가가치율 30% = 165만 원
부가가치세	800만 원 – 550만 원 = 250만 원	264만 원 – 165만 원 = 99만 원

※ 일반과세자의 경우 1기 동안의 부가가치세이며, 간이과세자의 경우 1년 동안의 부가가치세이다.

위 사례는 부가가치를 이해하기 쉽게 단순화한 내용이다. 좀 더 정확하게 살펴보면 부동산 임대업의 경우 매출세액은 월 임대료의 10%와 간주임대료의 10%로 구성되며, 큰 금액은 아니지만 신용카드 매출전표 발행공제 등이 매입세액

(=공제세액)에서 추가로 공제될 수 있다. 간주임대료는 뒤 페이지에서 다시 자세하게 설명하겠다.

납부할 부가가치세를 줄이기 위해서는 매입세액(=공제세액)을 늘려야 하는데 일반적으로 부동산 임대업의 경우 매입(경비)이 크게 발생하지 않는다. 따라서 부동산 중개수수료, 청소 비용, 유지 및 보수 비용, 수선비 등이 발생한 경우에는 반드시 세금계산서 또는 신용카드 매출전표와 같은 정규증빙을 꼼꼼하게 챙겨서 절세하도록 한다.

종합소득세

부동산이나 상가를 임대하면서 얻게 되는 소득(임대료)에 대해서는 종합소득세를 내야 한다. 부동산 임대소득, 근로소득, 사업소득 등이 있는 경우에는 다른 모든 소득금액을 합산한 뒤 과세표준에 따라 6~45%의 누진세율에 따른 종합소득세를 납부해야 한다. 우리가 직장생활을 할 때 연말정산을 하는데 이건 근로소득만을 정산한 것이다. 그래서 다른 소득이 없을 때에는 다음해 5월에 연말 정산을 확정하기만 하면 된다.

하지만 근로소득 외에 부동산 임대소득이 있다면 근로소득과 임대소득을 합산해서 종합소득세를 신고하고 납부해야 된다.

종합소득세 세율(2022년 기준)

과세표준	세율	누진공제
1200만 원 이하	6%	–
1200만 원 초과 ~ 4600만 원 이하	15%	108만 원
4600만 원 초과 ~ 8800만 원 이하	24%	522만 원
8800만 원 초과 ~ 1억 5000만 원 이하	35%	1490만 원
1억 5000만 원 초과 ~ 3억 원 이하	38%	1940만 원
3억 원 초과 ~ 5억 원 이하	40%	2540만 원
5억 원 초과 ~ 10억 원 이하	42%	3540만 원
10억 원 초과	45%	6540만 원

만약 내가 전업 투자자라면 문제가 덜하지만 근로소득이나 다른 임대소득이 있다면, 소득을 합산해서 과세표준 소득금액에 따라 세율이 정해지고 추가로 세금을 납부해야 한다.

연봉 3000만 원에 낙찰 받은 상가에서 임대수익이 한 달에 200만 원 정도 나온다면 1년에 5400만 원의 종합소득이 발생하게 된다. 공제 등을 감안하지 않았을 때 전체 과세표준으로 24%의 세율이 부과될 수 있다.

이 정도를 종합소득세로 납부하게 되면 내가 1년에 상가 임대를 통해 벌어들인 수익의 상당 부분을 세금으로 낼 수도 있다는 말이다. 물론 공제를 많이 받는다면 세율이 낮아질 수도 있지만 그래도 적지 않은 돈을 세금으로 납부해야 하고 자신이 얻는 임대수익도 대폭 줄어든다. 전업 투자자라면 의료보험이나 국민연금도 추가 상승하게 된다.

간주임대료

상가를 임대하고 받은 전세금이나 임대보증금에 일정한 이율을 곱하여 계산한 금액에 대해 금융기관에 예치할 때 발생하는 이자소득에 대해서도 수입으로 간주해서 월세처럼 과세하는 것을 말한다. 보통 시중은행 정기예금을 기준으로 보증금에 일정 이율을 곱해 계산한다.

소득세와 법인세는 간주임대료를 소득금액에 포함시켜 과세하고, 부가가치세의 경우에는 간주임대료를 임대인의 과세표준에 포함시켜 과세하고 있다. 간주임대료는 세 부담의 공평을 기하고 부동산 투기를 억제한다는 명분으로 도입되었다.

간주임대료 = 보증금×(임대일수×(국세청고시이자율 : 2021년 기준 1.2%)÷365)

임대보증금의 간주임대료에 대한 부가가치세 과세는 임대인이 임차인으로부터 받은 임대보증금에 대하여 이자에 상당하는 금액만큼 임대료 소득이 있다고 보아 과세하는 것이다. 임대인 중에 간주임대료 부분까지 임차인에게 받는 경우도 있는데, 부가가치세와 달리 세금계산서도 발행할 수 없고 이에 따라 환급도 받을 수 없기 때문에 임차인 입장에서는 반발이 심한 부분이다. 임대인 입장에서는 보증금이 크면 또 무시할 수 없는 금액이라 차라리 보증금을 줄이고 임대료를 인상하는 방식으로 전환하는 편이 편하다.

(3) 매도시기를 조정하여 양도세 줄이기

상가를 매매했을 때에는 국세인 양도소득세를 납부해야 한다. 부가적으로 지방소득세 및 농어촌특별세도 포함된다. 이것은 부동산 또는 부동산에 관한 권리(아파트 분양권 등)와 같은 자산의 양도에 따라 발생하는 소득에 대하여 과세하는 세금이다. 상가를 양도한 경우에는 양도일이 속하는 달의 말일부터 2개월 이내에 주소지 관할세무서에 예정신고하고 납부하여야 한다.

양도소득세는 과세표준에 양도소득 세율을 곱하여 산정한다.

상가는 주택과 다르게 양도 시 비과세가 없다. 2년 이상 보유 시에는 무조건 일반과세를 적용받는다. 단 보유기간에 따라 장기보유특별공제 혜택이 주어진다.

양도소득세 세율표

보유기간	세 율	초과 누진세율과 누진공제액	
1년 미만	50%		
2년 미만	40%		
2년 이상	과세 표준	세 율	누진공제액
	~ 1200만 원 이하	6%	–
	1200만 원 초과 ~ 4600만 원 이하	15%	108만 원
	4600만 원 초과 ~ 8800만 원 이하	24%	522만 원
	8800만 원 초과 ~ 1억 5000만 원 이하	35%	1490만 원
	1억 5000만 원 초과 ~ 3억 원 이하	38%	1940만 원
	3억 원 초과 ~ 5억 원 이하	40%	2540만 원
	5억 원 초과 ~ 10억 원 이하	42%	3540만 원
	10억 원 초과	45%	6540만 원

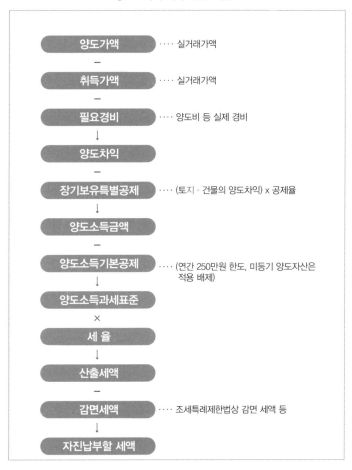

양도소득세 세액 계산 흐름도

양도가액 ···· 실거래가액

−

취득가액 ···· 실거래가액

−

필요경비 ···· 양도비 등 실제 경비

↓

양도차익

−

장기보유특별공제 ···· (토지·건물의 양도차익) x 공제율

↓

양도소득금액

−

양도소득기본공제 ···· (연간 250만원 한도, 미등기 양도자산은 적용 배제)

↓

양도소득과세표준

×

세 율

↓

산출세액

−

감면세액 ···· 조세특례제한법상 감면 세액 등

↓

자진납부할 세액

상가경매의 투자수익 중 한 가지가 매매차익이다. 하지만 상가 같은 상업용 부동산의 특성상 짧은 시간 내에 매매하기는 어려움이 있다. 그래서 장기적인 관점으로 세금을 고려해 매매 시점을 3, 5, 10년 단위 기준으로 기간을 맞추어 매도한다. 장기보유특별공제는 3년 이상 보유한 토지와 건물, 주택 등을 양도할 경우에 양도차익에서 양도차익에 일정비율을 곱한 금액을 공제해 준다. 공제율은 보유기간이 3년 이상 4년 미만일 경우 양도차익에 6%가 공제되며, 5년 이상 6년 미만인 경우 차익의 10%, 10년 이상의 경우에는 차익의 20%가 공제된다.

장기보유 특별공제 요율표

보유기간	1세대 1주택 양도	1세대 1주택 이외의 토지·건물의 양도
3년 이상 4년 미만	24%	6%
4년 이상 5년 미만	32%	8%
5년 이상 6년 미만	40%	10%
6년 이상 7년 미만	48%	12%
7년 이상 8년 미만	56%	14%
8년 이상 9년 미만	64%	16%
9년 이상 10년 미만	72%	18%
10년 이상 11년미만	80%	20%
11년 이상 12년미만		22%
12년 이상 13년미만	보유기간 중 2년 이상	24%
13년 이상 14년미만	거주한 주택	26%
14년 이상 15년미만	(20.1.1. 이후 양도분부터)	28%
15년 이상		30%

(4) 세금이 중과되는 업종을 확인하자

상가는 업종과 종류에 따라 적용되는 세금이 다르다. 특히 사치성으로 분류되는 업종들은 중과세되고 있기 때문에 임장할 때 상가의 업종이 중과세 대상인지를 꼭 확인해야 한다. 특히 가끔씩 경매에서 볼 수 있는 업종 중에 유흥업종이 있다. 상권이 발달한 도심지역에는 유흥업종들이 넓게 분포되어 있다. 요즘 불경기로 영업에 어려움이 있다 보니 이런 업종들의 상가들이 경매로 나오는 빈도가 늘어나고 있다. 그래서인지 유흥업종의 상가경매에 관심을 갖는 사람들이 부쩍 늘었다. 그런데 이런 업종이 사치성재산의 세금 중과대상이라는 걸 모르고 낙찰 받았다가 뒤늦게 취득세부터 일반 상가에 비해 3배의 세금이 중과된다는 사실을 알고 잔금을 포기하는 경우도 있다.

사치업종으로 분류된 업종은 취득세의 중과뿐만 아니라 보유시 재산세도 중과해서 부과된다.

지방세법상 지방세 중과세 제도의 종류

① 별장, 골프장, 고급주택, 고급오락장 또는 고급선박을 취득하거나 법인이 본점·
   주사무소의 사업용 부동산을 취득한 경우 취득세 중과

② 대도시 내에 법인의 본점·주사무소·지점 또는 분사무소의 설치·설립 등
   기와 부동산 취득에 따른 등기시 등록세 중과

③ 사치성재산에 대한 재산세 중과

④ 폐수 또는 산업폐기물 등 배출업소에 대한 지방소득세 재산분 중과

⑤ 화재위험 건축물에 대한 공동시설세 중과

위 5가지가 지방세법에서 해당 부동산을 취득하거나 보유할 때 세금을 중과해
서 부과시키는 것들로 이중에서 경매를 통해 자주 접하거나 실제로 입찰하는
부동산 종류로는 별장, 고급주택, 고급오락장 등으로 보인다.

세금의 중과세에 잘 모르고 있었다면 기본적인 공부가 필요하다. 좋은 상권의
고층에 유흥주점이나 관련 업종들을 낙찰 받아서 명도 후에 다른 업종으로도
전환시키면 충분히 경쟁력 있어 보이는 물건들이 있기 때문이다. 이런 물건들
은 경쟁률도 낮아 경매 2회차가 아닌 3회차인 49%대나 가야 관심을 보인다. 물
론 명도에 어려움이 있기 때문에 명도 방안을 갖고 있어야 한다.

① 도박장

당사자 상호간에 재물을 걸고 우연한 결과에 의하여 재물의 득실을 결정하는
카지노장 사행 또는 도박 행위에 공여될 수 있도록 자동도박기를 설치한 장소
(빠징고, 슬로트머신, 아케이트이퀴프트)

② 미용실

두발과 안면에 대한 미용시설 외에 욕실 등을 부설한 장소로서 그 설비를 이용
하기 위하여 소정의 요금을 지급하도록 시설된 미용실

③ 유흥주점

– 손님이 춤을 출 수 있도록 객석과 구분된 무도장을 설치한 무도유흥주점(캬바레, 나이트클럽, 디스코클럽) 등으로 영업장의 면적이 100㎡ 이하는 제외 대상이다.

– 유흥접객원이 유흥을 돋우는 룸살롱 및 요정영업으로서 별도의 반영구적으로 구획된 객실 면적이 영업장 면적의 100분의 50 이상이거나 객실의 수가 5개 이상인 영업 장소이다. 영업장의 면적이 100㎡ 이하는 제외 대상이다.

(5) 셀프 신고, 셀프 납부

상가에 관심 있는 사람이라면 국세와 지방세의 개념에 대한 기본적인 이해가 있어야 한다. 이와 관련 신고와 납부까지 한 번에 끝낼 수 있는 시스템의 활용도 필요하다.

국세	종합소득세, 부가가치세, 양도소득세	납세의무자의 주소지 관할 세무서
지방세	취득세, 재산세	과세대상 소재지 관할 지방자치단체

국세 관련해서는 국세청 홈택스에서 조회, 신고할 수 있다. 홈택스(hometax)란 용어 그대로 납세자가 세무서에 가지 않고도 가정이나 사무실에서 인터넷으로 세금을 신고하고 증명발급 등을 처리할 수 있도록 국세청이 인터넷으로 제공하는 행정서비스 시스템을 말한다.

홈택스시스템이 도입되면서 세무관련 편의성은 엄청난 변화를 가져왔다.

① 전자신고제를 도입하기 이전에는 납세자 대부분이 국세에 대한 세금신고를 서면으로 작성하여 직접 세무서를 방문하거나 우편으로 제출하였지만 2004 년 이후부터는 소득세, 법인세 등 직접세 분야까지 전자신고 대상을 단계적으로 확대하였다.

② 전자고지를 통해 납세자가 전자우편 등으로 고지사실을 안내 받아 홈택스서비스 홈페이지에 접속하여 고지내용을 확인할 수 있도록 했다.

③ 전자납부는 그동안 대부분의 납세자가 은행 또는 세무관서 등을 직접 방문하여 세금을 납부하고, 2002년 6월부터는 이를 모든 세목으로 확대했다. 홈택스서비스를 이용한 전자납부가 종전부터 시행하고 있는 인터넷뱅킹 등의 전자납부와 다른 점은 전자고지를 받거나 전자신고를 한 납세자는 전자납부 화면에 자동으로 입력된 납부정보에 본인의 예금이 있는 은행명, 계좌번호 및 암호를 입력하기만 하면 간편하게 계좌이체를 통해 세금을 납부할 수 있다는 것이다.

④ 전자민원의 경우 종전까지 납세자는 세무관서를 방문하여 증명민원을 신청·발급받거나 인터넷으로 증명발급을 신청한 후 발급된 증명서류를 수령하기 위해 세무관서를 방문했다. 그러나 홈택스서비스에서는 민원인이 인터넷으로 사업자등록증명 등을 신청하고 즉시 그 발급내용을 확인한 후 발급된 증명번호를 증명민원을 제출할 수요처에 전화 또는 이메일 등으로 알려주면 해당 수요처에서 홈택스서비스 홈페이지에 접속하여 발급된 증명내용을 업무처리에 활용하게 된다.

① ~ ④ 참고자료〈전자정부백서〉

이 외에도 각종 증명서를 세무서에 방문하지 않고 집에서 프린터로 간단하게 출력할 수 있다.

주요 민원증명	사업자등록증재발급, 납세증명서, 사업자등록증명, 휴업사실증명, 폐업사실증명, 납세사실증명, 소득금액증명, 납세증명서(국세완납증명), 부가가치세과세표준증명, 부가가치세 면세사업자수입금액증명, 표준재무제표증명(개인/법인), 연금보험료등 소득·세액공제확인서, 사업자단위과세 적용 종된사업장증명, 모범납세자증명, 소득확인증명(재형저축가입자용), 취업후학자금상환, 상환금납부사실증명서

이후 꾸준한 업그레이드로 현금영수증, 전자세금계산서, 연말정산간소화, 근로
장려세제, 공익법인공시, 국세법령정보, 고객만족센터 등의 개별적으로 운영되
던 사이트가 홈택스(www.hometax.go.kr)로 통합되어 납세자가 한 번의 접속
으로 모든 서비스를 이용할 수 있게 했다.

홈택스에서 신고 가능한 세금은 부가가치세, 법인세, 원천세, 종합소득세, 양
도소득세, 증여세, 종합부동산세, 교육세, 개별소비세, 인지세, 주세, 증권거래
세, 교통에너지환경세 등이다.

각종 지방세 업무는 위택스(www.wetax.go.kr)에서 신고 가능하다. 위택스
(WeTax)란 인터넷으로 전국의 지방세를 신고 및 납부하거나 지방세 관련 민원
처리나 정보검색 등을 제공하는 지방세종합정보시스템으로 지난 2010년 4월부
터 전국적으로 시행된 서비스다.

위택스(WeTax)의 주요 서비스 내용

㉠ 전자신고 : 지금까지 방문 또는 우편접수방식으로 신고 받은 취득세(부동산), 등록세, 주민세, 사업소세, 지역개발세, 레저세 등의 법정신고사항을 인터넷으로 신고

㉡ 전자납부 : 재산세, 자동차세 등 모든 지방세를 금융기관 수납창구를 통해 납부하던 것을 인터넷으로 납부

㉢ 전자신청 : 지방세 과오납금 환부신청, 자동이체 신청 등 지방세 관련 민원신청을 인터넷으로 처리

㉣ 전자조회 : 지방세 부과내역, 납부내역 등을 인터넷으로 조회

㉤ 지방세정보조회 : 지방세 심사결정, 질의답변 사례, 지방세 통계 등의 자료를 인터넷으로 검색

특히 서울시 지방세 관련 업무는 서울시 이택스(etax.seoul.go.kr)에서 가능하다.

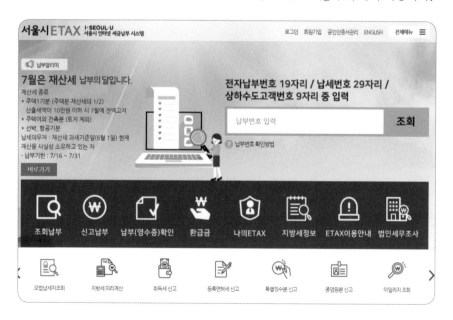

02 탈세가 아닌 효과적인 절세법

상가 투자자라면 가장 부담되는 세금으로 양도소득세를 꼽을 것이다. 열심히 공부하고 조사하고 어렵게 임차인과 계약하는 등 상가를 활성화시켜 매도했더니 양도세로 수익이 대폭 줄어들어 오직 국가만 돈을 번다는 푸념 섞인 소리가 여기저기 들린다.

상가나 부동산과 관련된 세금은 입찰 전부터 염두에 두고 있어야 최대한 절세할 수 있는 방법을 찾을 수 있다. '사후약방문'이라고 일이 벌어지고 나서 절세해 보겠다고 여기저기 알아보고 다니면서 많은 시간을 할애해도 매도 후에는 쓸 수 있는 방법에는 한계가 있기에 시간만 낭비하다 끝난다.

(1) 공동명의를 활용하라

매도 시 양도세를 줄이는 가장 좋은 방법은 공동명의로 매수하는 방법이다. 공동명의는 가장 기본적인 절세방법으로 양도소득세가 높을수록 더 활용가치가 높다.

부동산을 매도하게 되면 양도자는 1인당 1년에 한 번씩 기본공제를 받을 수 있다.

양도소득 기본공제가 좋은 이유는 공동으로 낙찰 받은 명의자가 3명이면 3명 전부 대상이 되기 때문이다. 무엇보다도 가장 좋은 점은 양도소득금액을 3명이 n분의 1로 나누어서 계산하기 때문에 인당 양도소득세율이 줄어든다. 예를 들어 양도차익이 1억 원이라고 가정하자. 1인 단독명의라면 35%의 세율을 적용받아 3500만 원의 양도세를 납부해야 한다.

하지만 3명의 공동명의인 경우 인당 약 3300만 원이 된다. 3300만 원에 해당되는 양도소득 세율은 15%이므로 단독 명의일 때와 3명이 공동투자를 했을 때 실제 납부금액의 차이가 생기게 된다.

양도차익 1억 원인 경우

인 원	양도소득세
1명	3500만 원
3명	1인당 약 500만원/ 합계 약 1500만원

위 표에도 나와 있듯이 상가를 혼자 받았을 때와 3명이 공동투자했을 때 최종 납부하는 양도소득세의 금액 차이가 상당하다. 공투를 통해 2000만 원이라는 큰 돈을 절세할 수 있게 됐다.

경매나 부동산투자를 하는 사람들 사이에서는 공동투자에 대한 회의적인 시각이 있는 것도 사실이다. 중간에 의견이 맞지 않아서 문제가 되고, 비용 부담에서 문제가 되고, 업무 분담에서 문제가 발생한다. 그래서 공동투자를 하지 말라는 부정적인 이야기도 흔하다.

하지만 요즘같이 투자수익을 올리기 쉽지 않고 불경기에 경제적인 변수가 속출하는 시기에는 이익에 대한 절세뿐만 아니라 손해에 대한 위험도 나눌 수 있는 장점이 있다.

때문에 공동투자는 이익을 극대화하며, 손해를 분담해서 나눌 수 있는 방법으로 추천하고 싶다. 다만 오랫동안 지켜보면서 기본적인 성향이 맞아야 한다. 또

결혼을 했다면 부부의 공동투자나 직계가족들과의 공동투자도 적극 활용할 수 있다.

(2) 보유기간 늘이기

현명한 투자자는 입찰할 때부터 매각시기와 금액을 염두에 두고 있으며 양도세를 절세하기 위한 보유기간까지 고민한다.

때문에 입찰 고려 시부터 임대수익률과 함께 보유기간이나 이후 예상 매도금액을 추측해서 얼마 정도의 세금이 나올까를 예상하고 사전에 절세할 수 있는 방법은 무엇이 있는지를 체크해야 한 푼이라도 세금을 줄일 수 있다.

국세청 홈페이지에서 양도소득세와 관련된 자료 중 양도소득세 세율 변동 연혁표를 찾아보면 다음과 같다.

자산	구분		02.1.1 이후 양도	04.1.1 ~ 08.12.31	09.1.1 ~ 09.3.15	09.3.16 ~ 13.12.31	14.1.1 ~
토지,건물, 부동산에 관한 권리	보유 기간	1년미만	36%	50%			50%
		2년미만	누진세율	40%		40%	40%
		2년이상	누진세율				

보유기간	세율	초과누진세율과 누진공제액	
1년 미만	50%		
2년 미만	40%		
2년 이상	과세 표준	세율	누진공제액
	~ 1200만 원 이하	6%	
	1200만 원 초과 ~ 4600만 원 이하	15%	108만 원
	4600만 원 초과 ~ 8800만 원 이하	24%	522만 원
	8800만 원 초과 ~ 1억 5천만 원 이하	35%	1490만 원
	1억 5천만 원 초과 ~ 3억 원 이하	38%	1940만 원
	3억 원 초과 ~ 5억 원 이하	40%	2540만 원
	5억 원 초과 ~ 10억 원 이하	42%	3540만 원
	10억 원 초과	45%	6540만 원

표에 나와 있듯이 보유기간에 따라 적용되는 세율의 차이가 제법 많이 난다. 우리나라의 조세제도는 단기 매매를 투기로 보는 경향이 있어 단기매매에 따른 중과세 정책을 고수하고 있기 때문에 중과세를 피하기 위해서는 보유기간을 최소한 2년 이상 잡아야 한다. 만약에 2년이 채 안 된 1년 10개월에 매도를 해도 보유기간이 2년 미만으로 40%의 세율이 적용된다. 양도차익에 따라 다르지만 불과 2개월 차이로 적용 요율이 몇 십%의 차이가 나게 된다. 만약 양도차익이 1억 원이라는 가정 하에 계산해 보면 다음과 같다.

양도차익 1억 원인 경우

보유기간	양도소득세
1년 10개월	4000만 원
2년 이상	1500만 원

불과 2~3개월 차이로 양도소득세가 2500만 원이나 차이가 나게 된다. 몇 개월의 차이로 너무 많은 돈을 추가로 지출하는 셈이다.

공동입찰과 함께 양도시기를 잘 조정한다면 1억 원의 양도차익은 같지만 마지막 내 손에 남는 액수의 차이는 크게 벌어질 수 있다. 상가투자는 상가를 잘 사는 것도 중요하지만 파는 것도 중요하다. 흔한 말로 앞으로 남고 뒤로 밑지는 장사는 하지 말자.

(3) 체납 관리비도 비용 처리한다

경매에 나온 상가 중에는 장기간 체납된 관리비의 금액이 몇 백만 원부터 몇 천만 원까지 제법 부담될 정도로 액수가 큰 경우가 많다. 특히 몇 평 안 되는 오픈형상가가 장기간 공실로 인해 고액의 관리비가 연체된 경우도 종종 있다.

집합건물의 연체관리비는 '대법원 2001. 9. 20. 선고 2001다8677 전원합의체 판결'로 건물의 공용부분의 관리는 낙찰자의 전용공간과는 상관없이 건물의 유지보수를 위해서 필요하기 때문에, 낙찰자가 승계해야 한다고 나와있다.

채무부존재확인
[대법원 2001.9.20. 선고, 2001다8677, 전원합의체 판결]

【판시사항】
아파트의 전 입주자가 체납한 관리비가 아파트 관리규약의 정함에 따라 그 특별승계인에게 승계되는지 여부(=공용부분에 한하여 승계)

과거 이렇게 승계하여 납부한 관리비는 전혀 비용처리 하지 못하고 고스란히 손해로 남았다. 여기저기 문제제기와 국세청을 상대로 소송을 제기했지만 번번이 패소하는 경우가 있었지 낙찰자에게 유리한 판결은 나오지 않았다.

그러다 근래 상가경매인에게 매우 반가운 판례가 나왔다. 3심 대법원까지 가서야 최종 확정 판결을 받은 판례로써 회수가 불가능한 연체 관리비를 낙찰자가 부담했을 때 양도세 계산 시 비용 처리할 수 있다는 내용이다.

양도소득세 부과처분 취소
[대법원 2013.4.26 선고, 2012두28285]

【판결요지】
건물 낙찰로 인하여 전 소유자가 부담하는 공용부분 체납관리비 납부의무를 법적으로 승계하였고 전 소유자로부터 상환받을 가망이 없는 점, 단전·단수 등의 조치를 피하기 위해 부득이하게 체납관리비를 납부한 점 등에 비추어 매입가액에 가산되는 부대비용으로서 필요경비에 해당함

필요경비로 적용되기 위해서는 연체된 관리비를 납부할 때 확실한 증빙자료가 필요하다. 유치권 합의 비용도 공증 등의 확정적인 근거가 있어야 비용처리가 가능하듯이 납부할 때도 연체된 관리비라는 구체적인 문구와 세부적인 항목이 기재되어 있어야 한다.

이후 상가를 매도한 후에 양도세를 납부할 때 해당 세무서에 관련 판례를 제시하고 충분한 설명으로 이해시켜 반영될 수 있도록 해야 한다. 아직까지 조세심판원의 확정된 판결이 없어 세무서별로 인정을 안 할 수도 있다. 이때 조세불복제도를 이용, 부과된 양도세에 대해 부당한 처분을 받았다면 불복하여 상급기관에 이의신청을 하면 구제 받을 수 있다.

양도소득세 부과처분 취소
[서울고등법원 2012. 11. 15. 선고 2012누3608 판결]

양도소득세부과처분취소

원고, 항소인	이XX
피고, 피항소인	서인천세무서장
제1심판결	인천지방법원 2012. 1. 12. 선고 2011구합3504 판결

주 문
1. 제1심 판결 중 아래에서 취소를 명하는 부분에 해당하는 원고 패소 부분을 취소한다. 피고가 2010. 9. 8. 원고에 대하여 한 2007년 귀속 양도소득세 000원의 부과처분 중 000원을 초과하는 부분을 취소한다.
2. 원고의 나머지 항소를 기각한다.
3. 소송 총 비용 중 1/10은 원고가, 나머지는 피고가 각 부담한다.

---

(4) 대항력 있는 임차보증금, 취득세에 합산할까

다음의 경매물건은 선순위 대항력이 있는 임차인의 보증금 중 낙찰자가 인수한 보증금이 부동산 취득에 필요한 비용으로 인정된 사례다. 낙찰물건의 취득세에 반영되어 부과, 고지되었다.

소재지	부산광역시 동구 수정동 891-3 도로명주소검색		

					오늘조회: 1 2주누적: 0 2주평균: 0 조회동향			
물건종별	근린주택	감정가	128,218,000원	구분	입찰기일	최저매각가격	결과
				1차	2007-03-23	128,218,000원	유찰
토지면적	71㎡(21.478평)	최저가	(13%) 17,209,000원	2차	2007-04-27	102,574,000원	유찰
				3차	2007-06-01	82,059,000원	유찰
				4차	2007-07-05	65,647,000원	유찰
건물면적	193.4㎡(58.504평)	보증금	(10%) 1,730,000원	5차	2007-08-09	52,518,000원	유찰
				6차	2007-09-13	42,014,000원	유찰
매각물건	토지·건물 일괄매각	소유자	(주)0○○○디앤씨	7차	2007-10-18	33,611,000원	유찰
				8차	2007-11-22	26,889,000원	유찰
				9차	2007-12-27	21,511,000원	유찰
개시결정	2006-07-13	채무자	(주)0○○○디앤씨	10차	**2008-01-30**	**17,209,000원**	
				낙찰: 17,500,000원 (13.65%)			
사건명	강제경매	채권자	○○○	(입찰:1명,낙찰:북구 만덕동○○○)			
				매각결정기일 : 2008.02.05 - 매각허가결정			
				대금납부 2008.02.26 / 배당기일 2008.04.07			
				배당종결 2008.04.07			

  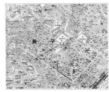

● 임차인현황 (말소기준권리 : 2005.09.12 / 배당요구종기일 : 2006.10.18)

임차인	점유부분	전입/확정/배당	보증금/차임	대항력	배당예상금액	기타
김○○○	주거용 1층전부	전 입: 2003.08.18 확 정: 2003.08.18 배당요구일: 2006.07.18	보15,000,000원 월100,000원	있음	소액임차인	경매신청인선순등기자
김○○○	주거용 3층방2칸	전 입: 2005.04.11 확 정: 2005.06.21 배당요구일: 2006.09.26	보23,000,000원	있음	소액임차인	
송○○○	주거용 4층방2칸	전 입: 2003.03.12 확 정: 2003.03.12 배당요구일: 2006.09.26	보23,000,000원	있음	소액임차인	
이○○○	주거용 2층방2칸	전 입: 1994.11.02 확 정: 1994.11.15 배당요구일: 2006.09.26	보25,000,000원	있음	소액임차인	권리신고서상)전:1994.11.04

임차인수: 4명 , 임차보증금합계: 86,000,000원, 월세합계: 100,000원

임차인분석	☞위 조사된 임차인 모두 전소유자인 김○○와 임대차계약함 / 1층은 폐문상태이므로 임차인들에게 문의한바 1층에는 본건 채권자인 김○○이 거주하다 약4~5개월전 타처로 이사가 현재 비어 있는 상태라고 함/ ☞주민등록상 김○○(전:2002.9.9),정○○(전:2004.11.17),정○○(전:2006.1.10),김원기(전:2006.3.21) 전입되어 있으나, 임차관계 및 점유는 불명임 ▶대항력 있는 임차인 있으며, 보증금이 전액 변제되지 아니하면 잔액을 매수인이 인수함

[청구번호 조심 2008지0644]

※ 쟁 점

경매로 부동산을 취득한 경우, 경락대금 이외 별도로 부담하는 대항력 있는 임차보증금이 그 취득세·등록세 과세표준에 포함되는지 여부

※ 결 론

이 건 심판청구는 심리결과 청구인의 주장이 이유 없으므로 지방세법 제77조제5항과 국세기본법 제81조 및 제65조제1항제2호의 규정에 의하여 주문과 같이 결정한다.

따라서 처분청이 이 건 부동산의 임차보증금 중 배당금을 제외한 금액을 과세표준액으로 하여 산출한 이 건 취득세 등을 부과한 처분은 잘못이 없는 것으로 판단된다.

가. 지방세법 제111조 제5항 제4호에서 공매방법에 의한 취득에 대하여는 사실상의 취득가격 또는 연부금액에 의한다고 규정하고 있고, 동법 시행령 제82조의 3 제1항에서 취득세의 과세표준이 되는 취득가격은 과세대상 물건의 취득시기를 기준으로 그 이전에 당해 물건을 취득하기 위하여 거래 상대방 또는 제3자에게 지급하였거나 지급하여야 할 일체의 비용을 말한다고 규정하고 있습니다.

나. 주택법 제3조 제1항,3항에서 임대차는 그 등기가 없는 경우에도 임차인이 주택의 인도와 주민등록을 마친 때에는 그 다음 날부터 제삼자에 대하여 효력이 생기고, 임차주택의 양수인(그밖에 임대할 권리를 승계한 자를 포함한다)은 임대인의 지위를 승계한 것으로 본다고 규정하고 있으며, 동법 제3조의 5에서 임차권은 임차 주택에 대하여「민사집행법」에 따른 경매가 행하여진 경우에는 그 임차주택의 경락에 따라 소멸하지만 보증금이 모두 변제되지 아니한, 대항력이 있는 임차권은 그러하지 아니하다고 규정하고 있습니다.

다. 귀문 관련, 임대차로 거주하던 임차인이 당해 아파트를 직접 경락받아 소유권을 취득한 경우 경락대금 이외에「주택임대차보호법」제3조의 규정에 의한 대항력 있는 임차보증금은 경락 부동산을 취득하기 위하여 실질적으로 소요된 비용으로 보아 취득세 및 등록세 과세표준에 포함하는 것이 타당하다고 판단되나, 이에 해당하는지는 과세권자가 구체적인 사실관계를 확인하여 판단할 사항입니다.

낙찰물건에 추가로 지출된 비용까지 취득세에 포함된다는 것을 모르는 사람이 많다. 전 임차인의 보증금을 인수하면서 추가로 돈이 지출되는 것도 안타까운데 그 비용을 낙찰 받은 물건의 인수 금액에 합산해서 취득세를 부과한다니 전혀 생각하지도 못한 비용이 이중으로 지출되는 일이다.

세무당국에서는 이미 10년 전부터 유료경매사이트에서 제공되는 각종 정보를 활용해서 경매물건의 선순위 임차인 비용과 유치권의 비용 등을 추가로 지출하고 낙찰 받은 물건뿐만 아니라 무허가 건물과 많은 경매물건에 단골로 거론되는 제시외 건물에 대해서도 면적에 따라 재산세 등이 추가로 과세될 수 있도록 하고 있다.

지금 이 순간부터는 수익률을 계산할 때 유치권 합의 금액이나 선순위 임차인의 인수금액을 낙찰가에 포함해서 계산해야 한다. 만약 낙찰 이후에 추가비용이 지출되면 수익률에 차질이 생길수도 있기 때문이다.

가치 못지 않게 현실을 직시하는
안목을 갖추면 성공에 다가설 수 있다

상가투자의 현실을 직시하자

대한민국에서 자영업자의 비율은 해가 갈수록 높아질까?

대부분 비율이 높아진다고 생각하겠지만 실제로는 그렇지 않다. 우리나라는 선진국 대열에 있는 국가 중에서도 자영업자의 비율이 월등히 높은 편이다. 그러나 몇 년 간의 변화를 살펴보면 자영업자의 비율이 장기불황과 내수경제 침체 탓에 2003년부터 지속적으로 감소하고 있다. 2012년에는 1차 베이비부머 세대가 은퇴하여 창업시장에 진입하면서 자영업자의 비율이 약간 반등하기도 했다. 하지만 2015년 기준으로, 신규 자영업자 중 40%가 창업 후 1년 내 폐업하고 있다는 중소기업연구원의 보고서는 상가 투자자들도 직시해야 할 현실을 보여 준다.

그렇다면 폐업이 왜 잦은 것일까?

다른 국가들에 비해 자영업자의 비율이 높다는 것은 그만큼 상가에 대한 수요가 높아 상가투자자로서 반가운 현상이라고 할 수도 있지만, 반면 자영업자의 비율이 높기에 서로 치열한 경쟁을 할 수밖에 없는 것이다.

현실이 이렇다보니 내가 투자한 상가도 임차인을 구하지 못해 장기간 공실로 방치될 수 있는 위험성을 가지고 있다. 상가가 장기간 공실로 방치될 경우 투자자가 담보대출 이자는 물론이고 상가의 비싼 관리비까지 계속해서 부담해야 한다. 이건 그 어떤 공포 영화보다도 끔찍한 스토리다. 여러분이 그 당사자라고 생각하면 대체 어떻게 해야 할지 고민해보시라. 내가 투자한 상가는 절대 공실일 리가 없다고 장담할 수 있을 것인가!

따라서 상가투자 전 반드시 명심해야 할 부분이 있다. A급 상권의 1급 상가는 결코 투자시장에서 쉽게 접할 수 없다는 사실이다. 그런 상가는 투자 시장으로 나오기 전에 메이저 업종에 선점되기도 하고, 일반 투자자들이 높은 수익률을 기대할 수 없을 만큼의 과한 금액을 제시하기 때문이다. 간혹 나오더라도 권리상, 공법상 함정을 안고 있을 수 있어 초보자가 매입하기에 리스크가 큰 경우가 많다.

그래서 상가투자 시 A급 상권의 1급 물건을 투자하는 경우보다는 B급이나 C급 상권의 상가 물건을 투자하는 경우가 더 많다. 때문에 많고 많은 물건 중에서 옥석을 가릴 줄 아는 안목을 키워야하는 것이다.

상가투자는 상권 분석이 핵심이다!

상가투자를 성공하기 위해서는 반드시 공법적인 요소와 상권 분석이라는 두 마리의 토끼를 잡아야 한다. 그런데 공법적인 부분들은 관련 법령을 확인하거나 관할관청에 문의하면 비교적 쉽게 해결할 수 있다.

하지만 상권분석은 절대 그렇지 않다. 본문에서 언급되었던 신촌 상권의 사례로 위 의미를 실감할 수 있다. 신촌 상권에는 몇 개 대학과 대형 쇼핑몰 등이 밀집되어 있고, 지하철 중 최대 탑승객 수를 자랑하는 2호선과 연결되어 있어서 대학생뿐 아니라 직장인 등 외부에서 지속적으로 유동인구가 유입된다. 이곳은 마치 마르지 않는 샘물과 같은 상권이었다. 하지만 불과 얼마 떨어지지 않은 곳에 위치한 홍대 상권과의 경쟁에서 밀리고 말았다. 두 상권의 객관적 지표를 살펴보면 신촌 상권이 훨씬 크다. 그러나 독특한 문화가 있는 홍대 상권이 결국 신촌 상권을 뛰어 넘게 되었다. 거기에 인접해서 시너지 효과를 내던 이대 상권마저 무너져 버렸다.

상권은 마치 흐르는 물과 같다. 물줄기는 날씨에 따라 변화하고 외부 환경에 의해서 오염되거나 말라버릴 수 있다. 물은 외부 변수에 너무나 취약하고 민감하게 반응한다. 그래서 똑똑한 상가를 찾기 위해서는 한강처럼 거대한 물줄기를 잡아야 한다. 상가도 외부 변수에 관계없이 안정적으로 수익을 낼 수 있는 물건이 있고, 그렇지 않은 물건이 있다. 그래서 필자는 개별 상가에 관한 가치보다 상권 분석이 가장 중요하다고 생각한다. 상권이 흥할 것 같으면 매입하고, 쇠퇴 분위기가 감지되면 다른 사람보다 미리 빠져 나와야 한다.

밝은 면과 어두운 면을 함께 보아야 한다

주거용 부동산의 투자 한계, 100세 시대 돌입, 한 번 설정해 두면 지속적으로 현금이 발생하는 구조에 대한 필요성과 갈망 등에 의해 주목받게 된 수익형 부동산, 특히 상가의 인기가 고공행진 중이다.

인기에 편승해 상가 전문 강의가 여러 학원에서 개설되고 있고 관련 서적들도 출판되고 있다. 필자가 공부를 시작했던 시기와는 확실히 다른 분위기다. 기쁜 마음에 강의도 들어보고 상가에 관련한 거의 모든 책을 구매해서 읽어 보았다. 그런데 참으로 실망스러운 부분들이 많이 보였다. 잘못된 지식을 전파하는 것은 물론이고 자신의 한 가지 사례를 전부의 사례인양 언급하기도 했다. 무엇보다, 상가의 특성에 대해 너무 밝은 면만 강조하는 것이 가장 우려되었다. 상가는 명암이 확실한 부동산인데 어두운 면은 등한시 한다. 오해 마시라. 상가의 부정적인 측면을 말하는 것이 아니다. 상가가 주거용 부동산과는 기본 뿌리가 다르다는 이야기를 하는 것이다. 상가는 태생적으로 공법적인 요소를 지니고 있기 때문에 낙찰이나 투자를 하기 전에 하자나 결격 사유가 없는지를 알고 매수해야 된다는 의미이다.

그래서 요즘 상가 시장에 부는 열풍이 걱정스럽다. 상가라는 분야가 시대의 유행에 편승해 가볍게 투자하기에는 너무 무겁기 때문이다. 주거용은 아무리 낙후된 곳이라도 저렴하면 저렴한 대로 임차인이 맞춰지지만 상가는 아무리 가격이 낮아도 임차될 수 없는 상가가 존재하는데 그런 상가는 자칫 공실 상태로 자자손손 물려줄 수도 있기 때문이다.

경매학원 실장으로 있으면서 낙찰 받아서는 안 될 물건들을 받아서 어쩔 수 없이 보증금을 포기하는 사례를 숱하게 보아 왔다. 단 한 가지만 확인하면 되는 부분인데 왜 그 부분을 확인하지 못해서 실패한 투자로 이어질 수밖에 없는지 참으로 안타까웠다.

상가는 까다로운 물건이지만 결코 어려운 물건은 아니다. 약간의 수고와 학습만 있다면 충분히 정복할 수 있는 투자처다. 전후가 확실한, 스토리 있는 투자처이므로 그것만 잘 파악한다면 결코 실패하지 않는다. 현재 상권의 침체나 활성화가 갑자기 생긴 현상이 아니고 인과 관계에 의해 형성된 것이라는 의미이다.

다음 만남을 기약하며

상가는 단순한 몇 가지 부분으로 파악하기는 어렵고 전체를 살펴보아야 하는 종합예술에 가깝다. 독자 분들이여, 이 책에서 필자가 수익을 다룬 부분만이 아닌, 위험 요소를 제거하는 부분도 반복하여 읽어서 실수하지 않고 성공하는 투자자가 되었으면 한다.

부록

1. 상가임대차보호법

투자 가치를 판단하는 데 있어 수익률만큼 중요한 것이 또 하나 있다. 바로 임차인에 대한 부분이다. 현재 임대차 현황과 매년 임대료 인상 등을 종합적으로 고려해 매수를 결정해야 하는데, 상가임대차보호법에 의해 보호받는 임차인과 그렇지 못하는 임차인으로 인해 매년 인상할 수 있는 임대료 폭의 차이가 발생할 수 있기 때문이다. 또는 내가 예상했던 수익률에 맞춰 현재 업종의 임차인에서 다른 업종의 임차인으로 변경해야 하는데 이 또한 상가임대차보호법(이하 상임법)에 대해 자세히 알지 못하면 원하는 업종으로 마음대로 바꿀 수 없는 상황이 생길 수도 있다. 그러므로 투자 판단에 앞서 상가임대차보호법에 대한 숙지는 꼭 필요하다. 특히 2001년 제정 이후 2019년까지 개정되면서, 달라지거나 추가된 조항을 꼼꼼히 챙겨야 한다.

(1) 상가임대차보호법의 보호를 받기 위한 조건

① 사업자등록의 대상이 되는 상가건물의 임차 여부

② 대통령령이 정하는 일정 금액 이하의 임차보증금(월세일 경우 환산보증금)

지역 기간	2002.11.1.~ 2008.8.20.	2008.8.21.~ 2010.7.25.	2010.7.26.~ 2013.12.31.	2014.1.1.~ 2018.1.25.	2018.1.26.~ 2019.4.1.	2019.4.2.~ 현재
서울특별시	2억 4천만 원	2억 6천만 원	3억 원	4억 원	6억 1천만 원	9억 원
수도권과밀억제권역 (서울특별시제외)	1억 9천만 원	2억 1천만 원	2억 5천만 원	3억 원	5억 원	6억 9천만 원
광역시(과밀억제권역에 포함된 지역, 군지역 제외), 안산시, 용인시, 김포시 및 광주시	1억 5천만 원 (군지역, 인천광역시제외)	1억 6천만 원 (군지역, 인천광역시제외)	1억 8천만 원	2억 4천만 원	3억 9천만 원	5억 4천만 원
그 밖의 지역	1억 4천만 원	1억 5천만 원	1억 5천만 원	1억 8천만 원	2억 7천만 원	3억 7천만 원

주의해야 할 것은 ***환산보증금액을 초과하는 임대차에 대해서는 상임법을 적용하지 않는다**는 내용이 상임법 제2조 제1항에 규정되어 있다는 것이다. 즉 임차보증금이 기준 금액 이상이면 상임법의 핵심 내용이라 할 수 있는 매년 5% 이내의 임대료 인상과 10년 동안 보장되는 계약갱신요구권이라는 권리가 거부될 수 있다. 임대인 입장에서는 인상 제한 폭 없이 임대료를 올릴 수 있으며, 10년 이내더라도 계약이 만료되는 시점에 계약을 거부할 수 있었다. 그런데 개정된 상임법에 의해 임차인의 권리가 일부 수정되었다.

※ 환산보증금 : 상가에서 임대보증금과 월세의 금액을 합산해서 계산한 보증금 총액을 말한다. 주로 상임법에서 사용되는 용어로 임차인의 상임법 적용 대상 여부를 가르는 기준이 된다.

환산보증금 = 보증금 + (월세 × 100)

(2) 임차인의 권리 분석

환산보증금 이내의 임차인은 대항력, 우선변제권, 최우선변제권, 계약갱신요구권이라는 권리를 통해 법적으로 보호 받을 수 있게 되었다. 2011년 제정된 이후 상임법은 지속적으로 법이 개정되면서 임차인의 적용대상의 범위와 권리보호가 확대되었다.

투자자 입장에서 관심을 가지고 확인해야 할 부분은 법 개정의 시점 이전 계약과 이후 계약 시 적용이 달라지는 부분이다.

① 대항력

임차인이 상가 건물을 양수한 사람이나 그밖에 경 · 공매 등으로 이해관계를 가지고 있는 사람인 제3자에게 임대차의 계약 내용을 주장할 수 있는 법률상 권리를 말한다.

- 대항력 있는 임대차는 그 등기가 없더라도 임차인이 상가 건물의 인도와 사업자등록을 신청한 그 다음날 0시부터 제3자에게 대항력이 생긴다.
- 일반 매매에서의 대항력은 소유주가 바뀌어도 이전 소유주의 지위를 승계한 것으로 보기 때문에 이전 계약된 조건으로 영업을 지속할 수 있는 권리를 말한다.
- 경·공매의 경우, 임차인이 등기부상 근저당 등의 어떠한 권리보다 가장 최우선일 때에는 낙찰자에게 임차 권리의 인수를 주장할 수 있지만 *후순위일 때에는 임차 권리가 소멸된다. 즉 후순위 임차인은 인도명령이나 명도소송을 통한 명도 대상이고, 선순위 임차인이 경매 배당금으로 보증금을 반환받지 못할 경우가 생기면 낙찰자가 반환해 주어야 한다.
- 단, 과거에는 대항력의 가장 기본 전제조건은 환산보증금 이내의 임차인이어야 하므로 기준 금액을 초과하는 임대차계약은 선순위이든 후순위이든 낙찰자가 보증금을 반환해 줄 의무가 없었다.

※ 후순위 : 등기부상에 (근)저당, (가)압류, 경매기입등기, 담보가등기 등 말소기준권리보다, 임대차계약을 체결한 날이나 전입한 날짜가 늦은 것을 말한다. 경매 시 후순위 임차인은 권리를 보호받지 못해 인도명령의 대상이다.

달라진 점

⊙ 개정 전

2015년 5월 13일 이전에는 환산보증금이 기준 금액을 초과하였다는 이유로 보증금을 보호받지 못했다. 그래서 상임법 개정 전 환산보증금을 초과하는 임차인들은 등기 상 전세권 등을 설정하여 자신의 재산권을 보호했다.

⊙ 개정 후

2015년 5월 13일 이후에 재계약하거나 신규계약을 한 임차인은 환산보증금액과 상관없이 상가의 점유와 사업자등록증만 있다면 대항력을 갖게 되었다. 따라서 등기부상 가장 선순위인 임차인이 보증금을 배당 받지 못하게 되면 낙찰자에게 인수될 수도 있으니 앞으로 권리분석에 더욱 신경을 써야 한다.

고수의 tip

2015년 5월 13일 개정된 상임법상 선순위 대항력 있는 임차인의 이해

법무부 법무심의관실

1. 질의의 요지

- 귀하의 질의 요지는 상가임대차보호법(이하 상임법이라고 함)상 환산보증금을 초과하는 임대차의 대항력 및 우선변제권에 관하여 묻는 것으로 판단됩니다.

2. 검토 의견

- 2015. 5. 13. 상임법 제2조 제3항이 개정되어 환산보증금을 초과하는 임대차의 경우에도 대항력이 인정되게 되었습니다. 다만 상임법 부칙 제2조에 의하면 "제2조 제3항의 개정 규정 중 제3조 대항력에 관한 규정은 이 법 시행 후 최초로 계약이 체결되거나 갱신되는 임대차부터 적용한다"고 규정하고 있습니다.

- 위 부칙 규정에 의하면 위 개정된 대항력 규정은 2015. 5. 13. 이후 임대차계약이 체결되거나 갱신된 경우에 적용되므로, 환산보증금을 초과하는 상가 임대차의 경우 2015. 5. 13. 이후 임대차계약이 체결 또는 갱신되었다면 상임법 제3조가 적용될 것입니다. ○ 상임법 제3조 대항력의 의미는 임차건물의 양수인, 임대할 권리를 승계한 자, 기타 임차건물에 관하여 이해관계를 가진 자에 대하여 임대차 내용을 주장할 수 있다는 것으로 건물의 인도와 사업자등록을 그 요건으로 하고 있습니다.

- 따라서 환산보증금을 초과한 임대차의 경우에도 건물인도와 사업자등록의 요건을 갖추고 2015. 5. 13. 이후 체결 또는 갱신되었다면 상임법 제3조제1항에 따라 대항력이 있고, 해당 상가건물의 양수인은 종전 임대인의 지위를 승계하므로 임대차보증금 반환채무도 승계하게 됩니다.

- 다만, 환산보증금을 초과하는 임대차에 대하여 상임법 제5조는 적용되지 않으므로 우선 변제권은 인정되기 어려울 것입니다.

② 우선변제권

경매 절차에서 보증금을 후순위 권리자보다 우선 변제받기 위해서는 배당요구 종기일까지 집행법원에 서면으로 권리신고 및 배당요구를 해야 한다.

- 대항력을 위한 상가건물의 인도와 사업자등록은 물론, 우선변제권이 성립하기 위해서는 임대차계약서상에 확정일자를 받아야 한다.
- 임차인이 상가건물을 인도 받고 사업자등록을 신청하고 동시에 임대차계약서에 확정일자를 받았다면 상가건물의 인도와 사업자등록을 신청한 다음날 오전 0시부터 우선변제권이 발생한다.

③ 최우선변제권(소액임차인)

경매 진행 시 우선변제권이 있어도 채권액이 과도하면 임차인은 보증금 전액을 변제받지 못하게 될 수도 있다. 이런 문제를 방지하고자 일정 보증금 이하의 소상공인이나 상가임차인들을 보호하기 위해, **소액 보증금에 속하는 경우에는 일정 금액을 채권의 순위에 상관없이 우선하여 배당 받을 수 있도록 상임법으로 보호해 주는 제도가 최우선변제권이다.**

- 성립 요건은 경매신청기입등기 이전에 대항력(상가건물의 인도+사업자등록)만 갖추면 되고, 확정일자 여부는 문제되지 않는다.
- 기준시점은 저당권, 근저당권, 가등기담보권 등 담보물권 설정일자로 한다.
- 임차인이 최우선변제금을 배당 받기 위해 갖추어야 하는 조건이 있다. 첫째, 환산보증금이 적용 범위 이내에 속해 있어야 한다. 둘째, 보증금이 법에 정한 임차인 보증금 범위 내에 속해야 한다.
- 임차인이 최우선변제금을 받을 수 있다고 해도 해당 경매사건에서 소액보증금을 무한대로 전액 배당 받을 수 있는 것은 아니다. 경매를 신청한 채권자 등의 기본 권리를 보장해 주기 위해 상가건물에 다수의 임차인이 있을 때에

는 임차인 전체가 최우선변제금을 받을 수 있는 자격을 갖추었다고 해도 최 우선변제 금액이 건물가액의 2분의 1을 초과하는 경우에는 2분의 1에 해당 하는 금액에 한해서 배당된다.

기준시점	지 역	적용범위	임차인 보증금 범위	보증금 중 최우선변제금 범위
2002. 11. 1.~	서울특별시	2억 4000만 원 이하	4500만 원 이하	1350만 원
	과밀억제권역(서울특별시外)	1억 9000만 원 이하	3900만 원 이하	1170만 원
	광역시(군지역과 인천광역시 지역外)	1억 5000만 원 이하	3000만 원 이하	900만 원
	그 밖의 지역	1억 4000만 원 이하	2500만 원 이하	750만 원
2008. 8. 21.~	서울특별시	2억 6000만 원 이하	4500만 원 이하	1350만 원
	과밀억제권역(서울특별시外)	2억 1000만 원 이하	3900만 원 이하	1170만 원
	광역시(군지역과 인천광역시 지역外)	1억 6000만 원 이하	3000만 원 이하	900만 원
	그 밖의 지역	1억 5000만 원 이하	2500만 원 이하	750만 원
2010. 7. 26.~	서울특별시	3억 원 이하	5000만 원 이하	1500만 원
	과밀억제권역(서울특별시外)	2억 5000만 원 이하	4500만 원 이하	1350만 원
	광역시(군지역外), 안산시, 용인시, 김포시 및 광주시	1억 8000만 원 이하	3000만 원 이하	900만 원
	그 밖의 지역	1억 5000만 원 이하	2500만 원 이하	750만 원
2014. 1. 1.~	서울특별시	4억 원 이하	6500만 원 이하	2200만 원
	과밀억제권역(서울특별시外)	3억 원 이하	5500만 원 이하	1900만 원
	광역시(군지역外), 안산시, 용인시, 김포시 및 광주시	2억 4000만 원 이하	3800만 원 이하	1300만 원
	그 밖의 지역	1억 8000만 원 이하	3000만 원 이하	1000만 원
2018.1.26~	서울특별시	6억 1000만 원 이하	6500만 원 이하	2200만 원
	과밀억제권역(서울특별시外)	5억 원 이하	5500만 원 이하	1900만 원
	부산광역시(기장군外)	5억 원 이하	3800만 원 이하	1300만 원
	부산광역시(기장군)	5억 원 이하	3000만 원 이하	1000만 원
	광역시(군지역外), 안산시, 용인시, 김포시, 광주시	3억 9천만 원 이하	3800만 원 이하	1300만 원
	세종시, 파주시, 화성시	3억 9천만 원 이하	3000만 원 이하	1000만 원
	그 밖의 지역	2억 7000만 원 이하	3000만 원 이하	1000만 원

2019.4.2~	서울특별시	9억 원 이하	6500만 원 이하	2200만 원
	과밀억제권역(서울특별시外)	6억 9000만 원 이하	5500만 원 이하	1900만 원
	부산광역시(기장군外)	6억 9000만 원 이하	3800만 원 이하	1300만 원
	부산광역시(기장군)	6억 9000만 원 이하	3000만 원 이하	1000만 원
	광역시(군지역外), 안산시, 용인시, 김포시, 광주시	5억 4000만 원 이하	3800만 원 이하	1300만 원
	세종시, 파주시, 화성시	5억 4000만 원 이하	3000만 원 이하	1000만 원
	그 밖의 지역	3억 7000만 원 이하	3000만 원 이하	1000만 원

④ 계약갱신요구권

임차인은 임대차기간 만료 전 6개월부터 1개월까지 사이에 임대인에게 계약갱신을 요구할 수 있으며, 이 경우 임대인은 정당한 사유가 없는 한 이를 거절할 수 없는 것을 말한다. 임차인에게 계약갱신 요구를 인정하는 이유는 영업초기 투자나 시설 비용이 과대함에도 불구하고 임대차기간의 만료로 영업장을 옮겨야 할 경우 그 초기 비용을 회수하지 못하여 손실을 입게 되므로, 최소한의 임차기간을 보장하기 위한 것이다.

- 계약갱신 요구는 최초 임대차 기간을 포함한 전체 임대차 기간이 10년을 초과하지 않는 범위 내에서 행사할 수 있다.
- 갱신되는 임대차는 전 임대차와 동일한 조건으로 다시 계약된다. 단 임대료나 보증금은 인상할 수 있는데, 청구 당시의 임대료 또는 보증금의 5%를 초과할 수 없다.

달라진 점

⊙ 개정 전

2013년 8월 13일 상임법이 개정되기 전에는 환산보증금 이내의 임차인에게만 계약갱신요구권이 주어졌다.

⊙ **개정 후**

- **2013년 8월 13일 이후부터** 환산보증금 상관없이 상가건물의 임차와 사업자 등록증이 있는 모든 임차인에게는 계약갱신요구권이 주어진다.

  앞으로는 임차인이 가게를 운영하던 중 건물이 다른 사람에게 팔렸을 때 새 건물주가 나가라고 하면 새 건물주의 요구를 거절하고 10년의 계약갱신요구권을 주장하며 계속 가게를 운영할 수 있다. 물론 다음의 경우에는 임대인이 정당하게 계약갱신요구권을 거부할 수 있다.

㉠ 임차인이 3기의 차임액에 해당하는 금액에 이르도록 차임을 연체한 사실이 있는 경우

㉡ 임차인이 거짓이나 그 밖의 부정한 방법으로 임차한 경우

㉢ 서로 합의하여 임대인이 임차인에게 상당한 보상을 제공한 경우

㉣ 임차인이 임대인의 동의 없이 목적 건물의 전부 또는 일부를 전대(轉貸)한 경우

㉤ 임차인이 임차한 건물의 전부 또는 일부를 고의나 중대한 과실로 파손한 경우

㉥ 임차한 건물의 전부 또는 일부가 멸실되어 임대차의 목적을 달성하지 못할 경우

㉦ 임대인이 목적 건물의 전부 또는 대부분을 철거하거나 재건축하기 위하여 목적 건물의 점유를 회복할 필요가 있는 경우

㉧ 그 밖에 임차인이 임차인으로서의 의무를 현저히 위반하거나 임대차를 계속하기 어려운 중대한 사유가 있는 경우

㉨ 경매로 낙찰 받은 상가의 임차인에게는 계약갱신요구권은 발생하지 않는다.

환산보증금과 임차권

2020년 기준

	환산보증금 이내	환산보증금 이상
대항력	●	● (2015년 5월 13일 이후)
우선변제권	●	×
최우선변제권	●	×
계약갱신요구권	●	● (2013년 8월 13일 이후)
임대료와 보증금 5% 이내 인상	●	×

● 권리 있다 / ×권리 없다.

※ 경공매도 동일. 단 계약갱신요구권, 5% 이내 인상은 해당되지 않는다.

? 임차 임대료 인상은?

(1) 보증금과 임대료는 동시에 인상할 수 있다?

→ YES

임대료도 5%, 보증금도 5% 동시에 인상할 수 있다. 보증금의 인상분을 임대료로 전환해서 받을 수도 있다.

(2) 1년에 무조건 5% 인상할 수 있다?

→ NO

어떠한 사정으로 2년 또는 3년 만에 인상하게 되더라도 한번에 인상할 수 있는 한도는 5%이다. 2년만에 인상했다고 10%를 인상할 수는 없다.

(3) 개정된 상임법의 의의

지금까지 몇 차례 상임법이 개정되었지만 **2015년 5월 13일 개정**된 상임법에서는 임차인의 권리금 보호 및 대항력 관련 부분 등에서 한층 강화되었다. 개정안은 이후에 신규로 계약되거나 재계약한 임대차부터 적용된다.

대항력에 대한 부분이 수정되어 환산보증금 기준에 상관없이 임차인이 건물의 인도와 사업자등록을 신청한 경우에는 대항력이 인정된다. 경매로 상가를 취득하는 경우, 상임법 개정안 전 환산보증금 이상의 임차인은 선순위이든 후순위이든 신경을 쓰지 않아도 되었으나 앞으로는 선순위일 경우 보증금을 배당 받을 수 있는지를 확인해야 한다. 다만 상가경매는 기존 임차인의 권리금 회수에 협조할 필요는 없다.

⊙ 개정 후

• **권리금을 모든 상가건물 임대차에 적용한다**

이때 환산보증금 적용하지 않는다.

상임법에 권리금과 관련된 제반 사항(영업시설 · 비품, 거래처, 신용, 영업 노하우, 상가건물 위치에 따른 영업상 이점 등 유형 · 무형의 재산적 가치의 양도 또는 이용 대가로 임대인, 임차인에게 보증금과 차임 이외에 지급하는 금전)을 명시했다. 또한 임대차계약이 만료되기 6개월 전 부터는 전 임차인이 소개한 신규 임차인과 임대차계약을 맺어야 한다. 단, 신규 세입자가 보증금 및 월세를 낼 능력이 없는 경우, 이전 세입자가 월세를 3회 이상 연체했거나 건물주 몰래 다시 세를 놓는 경우(전대), 건물주가 해당 점포를 1년 6개월간 영리목적으로 사용하지 않는 경우에는 제외한다. 경공매 시 제외한다.

• **임차인의 권리금 회수를 방해하는 행위를 금지한다.**

권리금 액수 내에서 건물주에게 손해배상을 청구할 수 있다. 경공매 시 제외.

• **상가건물 임대차정보의 열람제도를 확대 적용한다.**

건물의 임대차계약을 체결하려는 자는 임대인의 동의를 받아 임대차정보 제공을 요청할 수 있다.

• **표준권리금계약서를 도입했다.**

2. 표준계약서

상가건물 임대차 표준계약서

임대인(이름 또는 법인명 기재)과 임차인(이름 또는 법인명 기재)은 아래와 같이 임대차 계약을 체결한다

[임차 상가건물의 표시]

소 재 지				
토 지	지목		면적	㎡
건 물	구조·용도		면적	㎡
임차할부분			면적	㎡

유의사항: 임차할 부분을 특정하기 위해서 도면을 첨부하는 것이 좋습니다.

[계약내용]

제1조(보증금과 차임) 위 상가건물의 임대차에 관하여 임대인과 임차인은 합의에 의하여 보증금 및 차임을 아래와 같이 지급하기로 한다.

보 증 금	금		원정(₩	)
계 약 금	금	원정(₩	)은 계약시에 지급하고 수령함. 수령인 (	인)
중 도 금	금	원정(₩	)은 ____년 ____월 ____일에 지급하며	
잔 금	금	원정(₩	)은 ____년 ____월 ____일에 지급한다	
차임(월세) (입금계좌:	금	원정(₩	)은 매월 ____일에 지급한다.	□ 불포함 □ 포함)
환산보증금	금		원정(₩	)

유의사항: ① 당해 계약이 환산보증금을 초과하는 임대차인 경우 확정일자를 부여받을 수 없고, 전세권 등을 설정할 수 있습니다 ② 보증금 보호를 위해 등기사항증명서, 미납국세, 상가건물 확정일자 현황 등을 확인하는 것이 좋습니다 ※ 미납국세·선순위확정일자 현황 확인방법은 "별지" 참조

제2조(임대차기간) 임대인은 임차 상가건물을 임대차 목적대로 사용·수익할 수 있는 상태로 ____년 ____월 ____일까지 임차인에게 인도하고, 임대차기간은 인도일로부터 ____년 ____월 ____일까지로 한다.

제3조(임차목적) 임차인은 임차 상가건물을 _____(업종)을 위한 용도로 사용한다.

제4조(사용·관리·수선) ① 임차인은 임대인의 동의 없이 임차 상가건물의 구조·용도 변경 및 전대나 임차권 양도를 할 수 없다.

② 임대인은 계약 존속 중 임차 상가건물을 사용·수익에 필요한 상태로 유지하여야 하고, 임차인은 임대인이 임차 상가건물의 보존에 필요한 행위를 하는 때 이를 거절하지 못한다.

③ 임차인이 임대인의 부담에 속하는 수선비용을 지출한 때에는 임대인에게 그 상환을 청구할 수 있다.

제5조(계약의 해제) 임차인이 임대인에게 중도금(중도금이 없을 때는 잔금)을 지급하기 전까지, 임대인은 계약금의 배액을 상환하고, 임차인은 계약금을 포기하고 계약을 해제할 수 있다.

제6조(채무불이행과 손해배상) 당사자 일방이 채무를 이행하지 아니하는 때에는 상대방은 상당한 기간을 정하여 그 이행을 최고하고 계약을 해제할 수 있으며, 그로 인한 손해배상을 청구할 수 있다. 다만, 채무자가 미리 이행하지 아니할 의사를 표시한 경우의 계약해제는 최고를 요하지 아니한다.

제7조(계약의 해지) ① 임차인은 본인의 과실 없이 임차 상가건물의 일부가 멸실 기타 사유로 인하여 임대차의 목적대로 사용, 수익할 수 없는 때에는 임차인은 그 부분의 비율에 의한 차임의 감액을 청구할 수 있다. 이 경우에 그 잔존부분만으로 임차의 목적을 달성할 수 없는 때에는 임차인은 계약을 해지할 수 있다.

② 임대인은 임차인이 3기의 차임액에 달하도록 차임을 연체하거나, 제4조 제1항을 위반한 경우 계약을 해지할 수 있다.

이 계약서는 법무부에서 국토교통부·서울시·중소기업청 및 학계 전문가와 함께 민법, 상가건물 임대차보호법, 공인중개사법 등 관계법령에 근거하여 만들었습니다. 법의 보호를 받기 위해 【중요확인사항】(별지)을 꼭 확인하시기 바랍니다.

제8조(계약의 종료와 권리금회수기회 보호) ① 계약이 종료된 경우에 임차인은 임차 상가건물을 원상회복하여 임대인에게 반환하고, 이와 동시에 임대인은 보증금을 임차인에게 반환하여야 한다.

② 임대인은 임대차기간이 끝나기 3개월 전부터 임대차 종료 시까지 「상가건물임대차보호법」 제10조의4제1항 각 호의 어느 하나에 해당하는 행위를 함으로써 권리금 계약에 따라 임차인이 주선한 신규임차인이 되려는 자로부터 권리금을 지급받는 것을 방해하여서는 아니 된다. 다만, 「상가건물임대차보호법」 제10조제1항 각 호의 어느 하나에 해당하는 사유가 있는 경우에는 그러하지 아니하다.

③ 임대인이 제2항을 위반하여 임차인에게 손해를 발생하게 한 때에는 그 손해를 배상할 책임이 있다. 이 경우 그 손해배상액은 신규임차인이 임차인에게 지급하기로 한 권리금과 임대차 종료 당시의 권리금 중 낮은 금액을 넘지 못한다.

④ 임차인은 임대인에게 신규임차인이 되려는 자의 보증금 및 차임을 지급할 자력 또는 그 밖에 임차인으로서의 의무를 이행할 의사 및 능력에 관하여 자신이 알고 있는 정보를 제공하여야 한다.

제9조(재건축 등 계획과 갱신거절) 임대인이 계약 체결 당시 공사시기 및 소요기간 등을 포함한 철거 또는 재건축 계획을 임차인에게 구체적으로 고지하고 그 계획에 따르는 경우, 임대인은 임차인이 상가건물임대차보호법 제10조 제1항 제7호에 따라 계약갱신을 요구하더라도 계약갱신의 요구를 거절할 수 있다.

제10조(비용의 정산) ① 임차인은 계약이 종료된 경우 공과금과 관리비를 정산하여야 한다.

② 임차인은 이미 납부한 관리비 중 장기수선충당금을 소유자에게 반환 청구할 수 있다. 다만, 임차 상가건물에 관한 장기수선충당금을 정산하는 주체가 소유자가 아닌 경우에는 그 자에게 청구할 수 있다.

제11조(중개보수 등) 중개보수는 거래 가액의 _____% 인 _____원(부가세 □ 불포함 □ 포함)으로 임대인과 임차인이 각각 부담한다. 다만, 개업공인중개사의 고의 또는 과실로 인하여 중개의뢰인간의 거래행위가 무효·취소 또는 해제된 경우에는 그러하지 아니하다.

제12조(중개대상물 확인·설명서 교부) 개업공인중개사는 중개대상물 확인·설명서를 작성하고 업무보증관계증서(공제증서 등) 사본을 첨부하여 임대인과 임차인에게 각각 교부한다.

[특약사항]

① 입주전 수리 및 개량, ②임대차기간 중 수리 및 개량, ③임차 상가건물 인테리어, ④ 관리비의 지급주체, 시기 및 범위, ⑤귀책사유 있는 채무불이행 시 손해배상액예정 등에 관하여 임대인과 임차인은 특약할 수 있습니다

본 계약을 증명하기 위하여 계약 당사자가 이의 없음을 확인하고 각각 서명날인 후 임대인, 임차인, 개업공인중개사는 매 장마다 간인하여, 각각 1통씩 보관한다.   년   월   일

임대인	주　　　소							서명 또는 날인㊞
	주민등록번호 (법인등록번호)			전　화		성　명 (회사명)		
	대　리　인	주 소		주민등록번호		성　명		
임차인	주　　　소							서명 또는 날인㊞
	주민등록번호 (법인등록번호)			전　화		성　명 (회사명)		
	대　리　인	주 소		주민등록번호		성　명		
개업공인중개사	사무소소재지			사무소소재지				
	사무소명칭			사무소명칭				
	대　　표	서명 및 날인	㊞	대　　표	서명 및 날인		㊞	
	등록번호		전화	등록번호			전화	
	소속공인중개사	서명 및 날인	㊞	소속공인중개사	서명 및 날인		㊞	

별지)

법의 보호를 받기 위한 중요사항! 반드시 확인하세요

┌ < 계약 체결 시 꼭 확인하세요 >

【당사자 확인 / 권리순위관계 확인 / 중개대상물 확인·설명서 확인】

① 신분증·등기사항증명서 등을 통해 당사자 본인이 맞는지, 적법한 임대·임차권한이 있는지 확인합니다.

② 대리인과 계약 체결 시 위임장·대리인 신분증을 확인하고, 임대인(또는 임차인)과 직접 통화하여 확인하여야 하며, 보증금은 가급적 임대인 명의 계좌로 직접 송금합니다.

③ 중개대상물 확인·설명서에 누락된 것은 없는지, 그 내용은 어떤지 꼼꼼히 확인하고 서명하여야 합니다.

【대항력 및 우선변제권 확보】

① 임차인이 상가건물의 인도와 사업자등록을 마친 때에는 그 다음날부터 제3자에게 임차권을 주장할 수 있고, 환산보증금을 초과하지 않는 임대차의 경우 계약서에 확정일자까지 받으면, 후순위권리자나 그 밖의 채권자에 우선하여 변제받을 수 있습니다.

   ※ 임차인은 최대한 신속히 ① 사업자등록과 ② 확정일자를 받아야 하고, 상가건물의 점유와 사업자등록은 임대차 기간 중 계속 유지하고 있어야 합니다.

② 미납국세와 확정일자 현황은 임대인의 동의를 받아 임차인이 관할 세무서에서 확인할 수 있습니다.

┌ < 계약기간 중 꼭 확인하세요 >

【계약갱신요구】

① 임차인이 임대차기간이 만료되기 6개월 전부터 1개월 전까지 사이에 계약갱신을 요구할 경우 임대인은 정당한 사유(3기의 차임액 연체 등, 상가건물 임대차보호법 제10조제1항 참조) 없이 거절하지 못합니다.

② 임차인의 계약갱신요구권은 최초의 임대차기간을 포함한 전체 임대차기간이 5년을 초과하지 아니하는 범위에서만 행사할 수 있습니다.

③ 갱신되는 임대차는 전 임대차와 동일한 조건으로 다시 계약된 것으로 봅니다. 다만, 차임과 보증금은 청구당시의 차임 또는 보증금의 100분의 9의 금액을 초과하지 아니하는 범위에서 증감할 수 있습니다.

   ※ 환산보증금을 초과하는 임대차의 계약갱신의 경우 상가건물에 관한 조세, 공과금, 주변 상가건물의 차임 및 보증금, 그 밖의 부담이나 경제사정의 변동 등을 고려하여 차임과 보증금의 증감을 청구할 수 있습니다.

【묵시적 갱신 등】

① 임대인이 임대차기간이 만료되기 6개월 전부터 1개월 전까지 사이에 임차인에게 갱신 거절의 통지 또는 조건 변경의 통지를 하지 않으면 종전 임대차와 동일한 조건으로 자동 갱신됩니다.

   ※ 환산보증금을 초과하는 임대차의 경우 임대차기간이 만료한 후 임차인이 임차물의 사용, 수익을 계속하는 경우에 임대인이 상당한 기간내에 이의를 하지 아니한 때에는 종전 임대차와 동일한 조건으로 자동 갱신됩니다. 다만, 당사자는 언제든지 해지통고가 가능합니다.

② 제1항에 따라 갱신된 임대차의 존속기간은 1년입니다. 이 경우, 임차인은 언제든지 계약을 해지할 수 있지만 임대인은 계약서 제8조의 사유 또는 임차인과의 합의가 있어야 계약을 해지할 수 있습니다.

┌ < 계약종료 시 꼭 확인하세요 >

【보증금액 변경시 확정일자 날인】

계약기간 중 보증금을 증액하거나, 재계약을 하면서 보증금을 증액한 경우에는 증액된 보증금액에 대한 우선변제권을 확보하기 위하여 반드시 다시 확정일자를 받아야 합니다.

【임차권등기명령 신청】

임대차가 종료된 후에도 보증금이 반환되지 아니한 경우 임차인은 임대인의 동의 없이 임차건물 소재지 관할 법원에서 임차권등기명령을 받아, 등기부에 등재된 것을 확인하고 이사해야 우선변제 순위를 유지할 수 있습니다. 이때, 임차인은 임차권등기명령 관련 비용을 임대인에게 청구할 수 있습니다.

【임대인의 권리금 회수방해금지】

임대인이 신규임차인으로부터 권리금을 지급받는 것을 임대인이 방해하는 것으로 금지되는 행위는 ① 임차인이 주선한 신규임차인이 되려는 자에게 권리금을 요구하거나, 임차인이 주선한 신규임차인이 되려는 자로부터 권리금을 수수하는 행위, ② 임차인이 주선한 신규임차인이 되려는 자로 하여금 임차인에게 권리금을 지급하지 못하게 하는 행위, ③ 임차인이 주선한 신규임차인이 되려는 자에게 상가건물에 관한 조세, 공과금, 주변 상가건물의 차임 및 보증금, 그 밖의 부담에 따른 금액에 비추어 현저히 고액의 차임 또는 보증금을 요구하는 행위, ④ 그 밖에 정당한 이유 없이 임차인이 주선한 신규임차인이 되려는 자와 임대차계약의 체결을 거절하는 행위입니다.

임대인이 임차인이 주선한 신규임차인과 임대차계약의 체결을 거절할 수 있는 정당한 이유로는 예를 들어 ① 신규임차인이 되려는 자가 보증금 또는 차임을 지급할 자력이 없는 경우, ② 신규임차인이 되려는 자가 임차인으로서의 의무를 위반할 우려가 있거나, 그 밖에 임대차를 유지하기 어려운 상당한 사유가 있는 경우, ③ 임대차목적물인 상가건물을 1년 6개월 이상 영리목적으로 사용하지 않는 경우, ④ 임대인이 선택한 신규임차인이 임차인과 권리금 계약을 체결하고 그 권리금을 지급한 경우입니다.

상가건물 임대차 권리금 계약서

임차인(이름 또는 법인명 기재)과 신규임차인이 되려는 자(이름 또는 법인명 기재)는 아래와 같이 권리금 계약을 체결한다.

※ 임차인은 권리금을 지급받는 사람을, 신규임차인이 되려는 자(이하 「신규임차인」이라한다)는 권리금을 지급하는 사람을 의미한다.

[임대차목적물인 상가건물의 표시]

소 재 지		상 호	
임대면적		전용면적	
업 종		허가(등록)번호	

[임차인의 임대차계약 현황]

임 대 차 관 계	임차보증금					월 차 임			
	관 리 비					부가가치세	별도( ), 포함( )		
	계약기간	년 월 일부터		년 월 일까지(월)					

[계약내용]

제1조(권리금의 지급) 신규임차인은 임차인에게 다음과 같이 권리금을 지급한다.

총 권리금	금	원정(₩)
계 약 금	금	원정은 계약시에 지급하고 영수함. 영수자((인))
중 도 금	금	년 월 일에 지급한다.
잔 금	금	년 월 일에 지급한다.
	※ 잔금지급일까지 임대인과 신규임차인 사이에 임대차계약이 체결되지 않는 경우 임대차계약 체결일을 잔금지급일로 본다.	

제2조(임차인의 의무) ① 임차인은 신규임차인을 임대인에게 주선하여야 하며, 임대인과 신규임차인 간에 임대차계약이 체결될 수 있도록 협력하여야 한다.

② 임차인은 신규임차인이 정상적인 영업을 개시할 수 있도록 전화가입권의 이전, 사업등록의 폐지 등에 협력하여야 한다.

③ 은 신규임차인이 잔금을 지급할 때까지 권리금의 대가로 아래 유형·무형의 재산적 가치를 이전한다.

유형의 재산적 가치	·비품 등
무형의 재산적 가치	거래처, 신용, 영업상의 노하우, 상가건물의 위치에 따른 영업상의 이점 등

※ 필요한 경우 이전 대상 목록을 별지로 첨부할 수 있다.

④ 임차인은 신규임차인에게 제3항의 재산적 가치를 이전할 때까지 선량한 관리자로서의 주의의무를 다하여 제3항의 재산적 가치를 유지·관리하여야 한다.

이 계약서는 「상가건물 임대차보호법」을 기준으로 만들었습니다. 작성시 【작성요령】(별지)을 꼭 확인하시기 바랍니다.

⑤ 임차인은 본 계약체결 후 신규임차인이 산금을 지급할 때까지 임차목적물상 권리관계, 보증금, 월차임 등 임대차계약 내용이 변경된 경우 또는 영업정지 및 취소, 임차목적물에 대한 철거명령 등 영업을 지속할 수 없는 사유가 발생한 경우 이를 즉시 신규임차인에게 고지하여야 한다.

제3조(임대차계약과의 관계) 임대인의 계약거절, 무리한 임대조건 변경, 목적물의 훼손 등 임차인과 신규임차인의 책임 없는 사유로 임대차계약이 체결되지 못하는 경우 본 계약은 무효로 하며, 임차인은 지급받은 계약금 등을 신규임차인에게 즉시 반환하여야 한다.

제4조(계약의 해제 및 손해배상) ① ＿＿＿＿＿ 이 중도금(중도금 약정이 없을 때는 잔금)을 지급하기 전까지 임차인은 계약금의 2배를 배상하고, 신규임차인은 계약금을 포기하고 본 계약을 해제할 수 있다.

② 임차인 또는 신규임차인이 본 계약상의 내용을 이행하지 않는 경우 그 상대방은 계약상의 채무를 이행하지 않은 자에 대해서 서면으로 최고하고 계약을 해제할 수 있다.

③ 본 계약체결 이후 임차인의 영업기간 중 발생한 사유로 인한 영업정지 및 취소, 임차목적물에 대한 철거명령 등으로 인하여 신규임차인이 영업을 개시하지 못하거나 영업을 지속할 수 없는 중대한 하자가 발생한 경우에는 신규임차인은 계약을 해제하거나 임차인에게 손해배상을 청구할 수 있다. 계약을 해제하는 경우에도 손해배상을 청구할 수 있다.

④ 계약의 해제 및 손해배상에 관하여는 이 계약서에 정함이 없는 경우 「민법」의 규정에 따른다.

[특약사항]

본 계약을 증명하기 위하여 계약 당사자가 이의 없음을 확인하고 각각 서명 또는 날인한다.

년   월   일

임차인	주 소						(인)
	성 명		주민등록번호		전화		
대 리 인	주 소						
	성 명		주민등록번호		전화		
신규임차인	주 소						(인)
	성 명		주민등록번호		전화		
대 리 인	주 소						
	성 명		주민등록번호		전화		

별지)

1. 이 계약서는 권리금 계약에 필요한 기본적인 사항만을 제시하였습니다. 따라서 권리금 계약을 체결하려는 당사자는 이 표준계약서와 **다른 내용을 약정할 수 있습니다.**

2. 이 계약서의 일부 내용은 현행 「상가건물임대차보호법」을 기준으로 한 것이므로 계약 당사자는 법령이 개정되는 경우에는 개정내용에 부합되도록 기존의 계약을 수정 또는 변경할 수 있습니다. 개정법령에 **강행규정이 추가되는 경우**에는 반드시 그 개정규정에 따라 계약내용을 수정하여야 하며, 수정계약서가 작성되지 않더라도 **강행규정에 반하는 계약내용은 무효로 될 수 있습니다.**

3. 임차인이 신규임차인에게 이전해야 할 대상은 **개별적으로 상세하게 기재**합니다. 기재되지 않은 시설물 등은 이 계약서에 의한 이전 대상에 포함되지 않습니다.

4. 계약내용 제3조 **"무리한 임대조건 변경"** 등의 사항에 대해 구체적으로 특약을 하면, 추후 임대차 계약조건에 관한 분쟁을 예방할 수 있습니다.

   (예: 보증금 및 월차임 ㅇㅇ% 인상 등)

5. 신규임차인이 임차인이 영위하던 **영업을 양수**하거나, 임차인이 사용하던 **상호를 계속사용**하는 경우, **상법 제41조(영업양도인의 경업금지), 상법 제42조(상호를 속용하는 양수인의 책임)** 등 상법 규정을 참고하여 특약을 하면, 임차인과 신규임차인간 분쟁을 예방할 수 있습니다.

   (예: 임차인은 ㅇㅇ동에서 음식점 영업을 하지 않는다, 신규임차인은 임차인의 영업상의 채무를 인수하지 않는다 등)

   > 상법 제41조(영업양도인의 경업금지) ①영업을 양도한 경우에 다른 약정이 없으면 양도인은 10년간 동일한 특별시·광역시·시·군과 인접 특별시·광역시·시·군에서 동종영업을 하지 못한다.
   > ②양도인이 동종영업을 하지 아니할 것을 약정한 때에는 동일한 특별시·광역시·시·군과 인접 특별시·광역시·시·군에 한하여 20년을 초과하지 아니한 범위내에서 그 효력이 있다.

   > 상법 제42조(상호를 속용하는 양수인의 책임) ①영업양수인이 양도인의 상호를 계속 사용하는 경우에는 양도인의 영업으로 인한 제3자의 채권에 대하여 양수인도 변제할 책임이 있다.
   > ②전항의 규정은 양수인이 영업양도를 받은 후 지체없이 양도인의 채무에 대한 책임이 없음을 등기한 때에는 적용하지 아니한다. 양도인과 양수인이 지체없이 제3자에 대하여 그 뜻을 통지한 경우에 그 통지를 받은 제3자에 대하여도 같다.

3. 안전시설 완비 등 서식

다중이용업소의 안전관리에 관한 특별법 시행규칙 [별지 제9호서식] <개정 2013.1.11>

안전시설등 완비증명서 재발급 신청서

[ ]에는 해당되는 곳에 √표를 합니다.   ⊙ 안전시설 등 완비증명서가 필요한 업종 승계 시

접수번호	접수일		처리일	처리기간	3일

신청인	영업주 성명(변경 전/변경 후)	전화번호
	영업장 상호(변경 전/변경 후)	영업장 소재지
	완비증명서 발급번호	완비증명서 발급일

재발급 신청사유	[ ] 경우	[ ] 헐어서 쓸 수 없게 된 경우
	[ ] 상호가 바뀐 경우	[ ] 영업주가 바뀐 경우

「다중이용업소의 안전관리에 관한 특별법 시행규칙」 제11조제4항에 따라 안전시설등 완비증명
서 재발급을 신청합니다.

월   일

신청인

(서명 또는 인)

• 소방서장 귀하

첨부서류	증명서가 헐어서 쓸 수 없게 된 경우에는 쓸 수 없게 된 안전시설등 완비증명서, 영업주 또는 상호 등이 바뀐 경우에는 변경 전의 완비증명서를 함께 제출하여야 합니다.	수수료 없음

유의사항A

1. 영업주 또는 상호 등이 바뀐 경우에는 변경 전과 변경 후의 내용을 적습니다.
2. 완비증명서 발급번호 · 발급일은 신청인이 알고 있는 경우에 적습니다.
3. 완비증명서를 발급받은 후 안전시설등 · 영업장 내부구조 · 실내장식물이 변경된 경우에는 재발급을 받으실 수 없으며, 설치(완공)신고
   를 하시고 신규로 발급 받으셔야 합니다.
4. 기존 고시원업 · 산후조리업은 영업주가 바뀌는 경우에는 간이스프링클러설비를 갖추어야 하므로 설치(완공)신고를 하시고, 신규로
   발급 받으셔야 합니다(이미 간이스프링클러설비를 갖추어 신규로 발급 받으신 경우는 그렇지 않습니다).

처리절차

신청서	→	접수 및 확인 (완비증명서 발급대장)	→	재발급
신청인		처 리 기 관 (소방본부 · 소방서)		처 리 기 관 (소방본부 · 소방서)

210mm×297mm[백상지 (80g/㎡) 또는 중질지 (80g/㎡)]

안전시설 등 설치(완공)신고서				처리기간	
⊙ 안전시설 등 완비증명서 필요한 업종 신규 신청 시				3일	

신고인	① 성명			② 주민등록번호	
	③ 주소				
④ 상호				⑤ 전화번호	
⑥ 영업의 종류				⑦ 영업장 면적	
⑧ 영업장이 있는 층		층 중 층		⑨ 허가 구분	신규 □ 변경
⑩ 소방시설등의 종류					

소방시설공사업자	⑪ 상호(명칭)		⑫ 등록번호	제 호	⑬ 대표자	
	⑭ 소재지				(전화:	)

⑮ 불 연 화	사용재료:	설치면적:	
⑯ 영업장내부통로		⑰ 창문크기	가로 ㎝×세로 ㎝
⑱ 위치도(약도)			

「다중이용업소 안전관리에 관한 특별법」 제9조제3항 및 같은 법 시행규칙 제11조제1항에 따라 위와 같이 안전시설등 설치(완공)를(을) 신고합니다.

년   월   일

신고인   (서명 또는 인)

첨부서류	수 수 료
1. 「소방시설공사업법」 제4조제1항에 따라 소방시설 설계업자가 작성한 소방시설등의 설계도서(소방시설의 계통도, 실내장식물의 재료 및 설치면적, 비상구 등이 표시된 것을 말합니다). 완공신고의 경우에는 설치신고 시 제출한 설계도서와 달라진 내용이 있는 경우에만 제출합니다.	
2. 「다중이용업소 안전관리에 관한 특별법 시행규칙」 별지 제6호의2서식의 안전시설등 설치내역서. 완공신고의 경우에는 설치내역이 설치신고 시와 달라진 내용이 있는 경우에만 제출합니다. * 기재란이 부족할 경우에는 별지를 첨부할수있습니다.	없 음

제 호

안전시설 등 완비증명서

다중이용업소의 안전관리에 관한 특별법」 제9조제5항 및 같은 법 시행규칙 제11조제2항에 따라 안전시설등을 확인한 결과 같은 법 시행규칙 별표 2에 적합하게 설치되었음을 증명합니다.

년 월 일

○○ 소방본부장(소방서장) 인

※ 알 림

이 증명서에 적힌 내용이 변경되는 경우에는 관할 소방본부장(소방서장)의 확인을 받아야 합니다.

업 소 명				소 재 지	
사 업 자				업 종	
규 모	바닥면적: , 설치층: 층, 사용면적: ㎡				
소 방 시 설 등 의 설 치 내 용					
시 설 구 분	설 비 명		기 준 수 량	설 치 수 량	적 합 여 부
소 화 설 비	소 화 기	수 동 식			
		자 동 식			
	(간이)스프링클러설비				
피 난 설 비	유도등·유도표지 또는 비상조명등				
	휴 대 용 비 상 조 명 등				
	피 난 기 구				
경 보 설 비	비상벨설비·비상방송설비 또는 단독경보형감지기				
	가 스 누 설 경 보 기				
방 화 시 설	방 화 문				
	비 상 구				
그 밖의 시설	영 상 음 향 차 단 장 치				
	누 전 차 단 기				
	피 난 유 도 선				
	내부통로 폭		㎝		
	창 문 크 기	설치개수 개	창문크기 가로 ㎝×세로 ㎝		
실 내 장 식 물 불 연 화	사용재료:			설치면적:	
방 염	방염대상물품 사용 여부			물품명:	

210㎜×297㎜(보존용지(2종) 70g/㎡)

376

영업자지위승계신고서

	접수일자	발급일자	처리기간 즉시

① 승계를 하는 사람	성명		생년월일	
	주소		전화번호	

② 승계를 받는 사람	성명		생년월일	
	주소		전화번호	

③ 영업소	명칭 (상호)	변경 전	변경 후
	영업의 종류		
	소재지		(전화번호:)

④ 신고번호		⑤ 승계사유	☐ 영업양도 ☐ 상속 ☐ 그 밖의 사유( )

「공중위생관리법」 제3조의2 및 같은 법 시행규칙 제3조의4에 따라 위와 같이 신고합니다.

월   일

신고인   (또는 인)

시장 · 군수 · 구청장 귀하

신고인 제출서류	1. 영업양도의 경우	양도 · 양수를 증명할 수 있는 서류 사본 및 양도인의 인감증명서 [다만, 양도인의 행방불명(주민등록법상 무단전출을 포함합니다) 등으로 양도인의 인감증명서를 첨부하지 못하는 경우로서 시장 · 군수 · 구청장이 사실확인 등을 통하여 양도 · 양수가 이루어졌다고 인정할 수 있는 경우 또는 양도인과 양수인이 신고관청에 함께 방문하여 신고를 하는 경우에는 이를 생략할 수 있습니다]
	2. 상속의 경우	「가족관계의 등록 등에 관한 법률」 제15조제1항에 따른 가족관계증명서 및 상속인임을 증명할 수 있는 서류
	3. 그 밖의 경우	해당 사유별로 영업자의 지위를 승계하였음을 증명할 수 있는 서류

처리절차

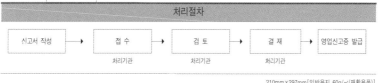

신고서 작성	→	접 수	→	검 토	→	결 재	→	영업신고증 발급
		처리기관		처리기관		처리기관		

210mm×297mm[일반용지 60g/㎡(재활용품)]

( )

행정처분 등의 내용고지 및 가중처분대상업소 확인서

1.　　　　최근 1년 이내에 다음과 같이 「공중위생관리법」 제7조 및 제10조, 제11조, 같은 법 시행규칙 제19조 및 별표 7에 따라 행정처분을 받았다는 사실 및 행정제재처분의 절차가 진행 중인 사실(최근 1년 이내에 행정처분을 받은 사실이 없는 경우에는 없다는 사실)을 양수인에게 알려주었습니다.

가. 최근 1년 이내에 양도인이 받은 행정처분

처분받은 일자	행정처분내용	행정처분사유

나. 행정제재처분 절차 진행사항

적발일자	공중위생관리법령 위반내용	진행 중인 내용

(1) 최근 1년 이내에 행정처분을 받은 사실이 없는 경우에는 위 표의 처분받은 일자란에 "없음"이라고 적어 넣어야 합니다.

(2) 양도·양수 담당 공무원은 위 행정처분의 내용을 행정처분대장과 대조하여 일치하는지를 확인하여야 하며, 일치하지 않는 경우에는 양도인 및 양수인에게 그 사실을 알리고 위 난을 보완하도록 하여야 합니다.

2. 양수인은 위 행정처분에서 지정된 기간 내에 행정처분의 내용대로 이행하지 않거나, 행정처분을 받은 위반 사항이 다시 적발된 경우에는 「공중위생관리법 시행규칙」 제19조 및 별표 7에 따라 양도인이 받은 행정처분의 효과가 양수인에게 승계되어 가중 처분 된다는 사실을 알고 있음을 확인합니다.

년　　　　월　　　　일

양도인 성명　　　　　　　　　　　　(인) 또는 서명(직접 방문하여 신고한 경우
주소　　　　　　　　　　　　　　　에만 해당됩니다)

양수인 성명　　　　　　　　　　　　(서명 또는 날인)
주소

영업권 양도 양수 계약서

○ 영 업 권

영업의 종류			
소 재 지			
업 소 명			
대 표 자	주 소	성 명	주민등록번호

상기 영업권에 대하여 다음과 같이 양도 양수 계약을 체결한다.

1. 양도자는 양수자에게 금_____원에 상기 권리 일체를 양도한다.

2. 양수자 양도금액을 20 .   .   . 양도자에게 일괄 지급한다.

3. 양도 양수를 한 이후에는 양도자는 본 영업 권리에 대하여 일체의 권한을 행사할 수 없다.

20 .   .   .

양 도 자   주 소 :

　　　　　 성 명 :

양 수 자   주 소 :

4. 상가투자 할 때 유용한 사이트 모음

통계 데이터	소상공인 상권정보시스템	http://sg.sbiz.or.kr
	통계청	국가통계포털 http://kosis.kr
	학교환경위생정화구역	https://cleanupzone.edumac.kr
	SGIS Plus	생활통계지리 정보서비스 http://sgis.kostat.go.kr
	한국감정원부동산통계	http://www.r-one.co.kr
	서울통계	서울시 통계 포털 http://stat.seoul.go.kr
	K-BIZ중소기업통계	중소기업 및 소상공인분석통계 http://www.kbiz.or.kr
	biz-gis.com	GIS지도상권분석 http://www.biz-gis.com
	서울시 지능형 도시정보시스템	상권분석을 위한 서울시포털 http://stat.seoul.go.kr
	산업단지관리공단	지식산업센터 : 업체수, 종업원수, 입주율 등 http://www.kicox.or.kr
	SK텔레콤 지오비전	SK텔레콤 상권분석시스템 http://www.geovision.co.kr
	나이스비즈맵	상권분석관련 토털서비스 https://www.nicebizmap.co.kr
관련기사 및 정보	상가닷컴	http://www.jbsangga.com http://www.sangga.com
	분양닷컴	http://www.aptbuy.net
	상가114	http://www.sangga114.co.kr
	매경부동산	http://estate.mk.co.kr
	국가 및 지자체부동산포털	서울시부동산통합열람일사편리 http://kras.seoul.go.kr 경기도부동산포털 http://gris.gg.go.kr 부동산포털 http://www.bdsportal.com 온나라부동산 http://www.onnara.go.kr
	조인스	http://www.onnara.go.kr
	상가뉴스레이다	http://www.sangganews.com
	CVS아카데미	편의점창업 및 상권분석 http://www.cvsacademy.com
	각종 기사검색	http://www.kinds.or.kr

매물 정보	매경매물정보	http://estate.mk.co.kr
	한경매물정보	http://land.hankyung.com
	파인드몰(벼룩시장)	http://www.findall.co.kr
	아이크로스(교차로)	http://bds.icross.co.kr
	가게팔고사고	http://www.gage8949.co.kr
	각종 포털 부동산 시세	네이버, 다음
법률 정보	대법원	사건검색, 판결문 신청 http://www.scourt.go.kr
	대한법률구조공단	법률상담, 법률서식 및 자료 http://www.klac.or.kr
	나홀로소송	소송관련 http://pro-se.scourt.go.kr
	법제처 생활법령정보	생황법령, 부동산관련법령 http://oneclick.law.go.kr
	자치법규정보시스템	각 지방자치단체의 조례 및 자치법규 확인 http://www.elis.go.kr
	법제처	판례 및 법령 검색 http://www.moleg.go.kr

도서출판 지혜로

'도서출판 지혜로'는 경제 · 경영, 법률 서적 전문 출판사입니다. 지혜로는 독자들을 '지혜의 길로 안내한다'는 의미입니다. 지혜로는 특히 부동산 분야에서 독보적인 위상을 자랑하고 있으며, 지금까지 출간되었던 모든 책들이 베스트셀러 그리고 스테디셀러가 되었습니다.

출판업계에선 베스트셀러보다 몇 배 더 귀한 평가가 바로 스테디셀러가 되는 것입니다. 왜냐하면 독자들이 그 책을 읽고 좋은 평가가 있어야만 꾸준한 입소문을 타서 비로소 스테디셀러가 될 수 있기 때문입니다. 초반에 베스트셀러가 되고 스테디셀러가 되지 못했다면 그 책은 좋은 책이 아닐 가능성이 매우 높습니다. 지혜로의 모든 책들이 스테디셀러가 된 것도 독자분들께 가장 큰 상을 받았다고 생각하고 앞으로도 엄선된 책만을 출간할 것을 다짐하게 합니다.

지혜로는 '소장가치 있는 책만 만든다'는 출판에 관한 신념으로 사업적인 이윤보다 우선 '독자를 향한 마음'에 초점이 맞춰져 있고, 계속해서 아래의 원칙을 지켜나가겠습니다.

첫째, 객관적으로 '실전에서 실력이 충분히 검증된 저자'의 책만 선별하여 제작합니다.
실력 없이 책을 내는 사람들도 많은데 그런 책은 읽더라도 절대 유용한 정보를 얻을 수 없습니다. 원고뿐 아니라 저자의 실력에 관해 엄격하게 검증을 하고 출간합니다.

둘째, 불필요한 지식이나 어려운 내용은 편집하여 최대한 '독자들의 눈높이'에 맞춥니다.

저자가 알고 있는 지식보다 독자에게 필요한 지식을 채우는 것이 최우선입니다.

마지막으로 도서출판 지혜로의 '어떤 책이든 믿고 구매'하실 수 있도록 초심을 잃지 않고 좋은 책만 만들겠습니다.

뉴스 〉 부동산

도서출판 지혜로, '돌풍의 비결은 저자의 실력 검증'

송희창 대표, "항상 독자들의 입장에서 생각하고, 독자들에게 꼭 필요한 책만 제작"

도서출판 지혜로의 주요 인기 서적들

경제·경영 분야의 독자들 사이에서 '믿고 보는 출판사'라고 통하는 출판사가 있다. 4권의 베스트셀러 작가이자 부동산 분야의 실력파 실전 투자자로 알려진 송희창씨가 설립한 '도서출판 지혜로'가 그곳.

출판시장이 불황임에도 불구하고 이곳 도서출판 지혜로는 지금껏 출간된 모든 책이 경제·경영 분야의 베스트셀러로 자리매김하는 쾌거를 이룩하며, 출판업계에 희망의 아이콘으로 자리 잡았다.

엑시트 EXIT

당신의 인생을 바꿔 줄 부자의 문이 열린다!
수많은 부자를 만들어낸 송사무장의 화제작!

- 무일푼 나이트클럽 알바생에서 수백억 부자가 된 '진짜 부자'의 자본주의 사용설명서
- 부자가 되는 방법을 알면 누구나 평범한 인생을 벗어나 부자의 삶을 살 수 있다!
- '된다'고 마음먹고 꾸준히 정진하라! 분명 바뀐 삶을 살고 있는 자신을 발견하게 될 것이다.

송희창 지음 | 352쪽 | 17,000원

싱글맘 부동산 경매로 홀로서기
(개정판)

채널A 〈서민갑부〉 출연!
경매 고수 이선미가 들려주는 실전 경매 노하우

- 경매 용어 풀이부터 현장조사, 명도 빨리하는 법까지, 경매 초보들을 위한 가이드북!
- 〈서민갑부〉에서 많은 시청자들을 감탄하게 한 그녀의 투자 노하우를 모두 공개한다!
- 경매는 돈 많은 사람만 할 수 있다는 편견을 버려라! 마이너스 통장으로 경매를 시작한 그녀는, 지금 80채 부동산의 주인이 되었다.

이선미 지음 | 308쪽 | 16,000원

부동산 절세의 기술
(전면개정판)

양도세, 종부세, 종합소득세, 임대사업자까지
한 권으로 끝내는 세금 필독서

- 6년 연속 세금분야 독보적 베스트셀러가 완벽하게 업그레이드되어 돌아왔다!
- 세금 설계만 제대로 해도 최종 수익률이 달라진다. 부동산 투자자들의 강력 추천도서!
- 실전 투자자의 경험에 현직 세무사의 지식을 더한 소중한 노하우를 그대로 전수받을 수 있는 최고의 부동산 절세 책!

김동우 · 최왕규 지음
420쪽 | 19,000원

김태훈 지음 | 352쪽 | 18,000원

아파트 청약 이렇게 쉬웠어?

가점이 낮아도, 이미 집이 있어도, 운이 없어도 당첨되는 비법은 따로 있다!

- 1년 만에 1,000명이 넘는 부린이를 청약 당첨으로 이끈 청약 최고수의 실전 노하우 공개!
- 청약 당첨이 어렵다는 것은 모두 편견이다. 본인의 상황에 맞는 전략으로 도전한다면 누구나 당첨될 수 있다!
- 사회초년생, 신혼부부, 무주택자, 유주택자 및 부동산 초보부터 고수까지 이 책 한 권이면 내 집 마련뿐 아니라 분양권 투자까지 모두 잡을 수 있다.

박희철 지음 | 328쪽 | 18,000원

경매 권리분석 이렇게 쉬웠어?

대한민국에서 가장 쉽고, 체계적인 권리분석 책! 권리분석만 제대로 해도 충분한 수익을 얻을 수 있다.

- 초보도 쉽게 정복할 수 있는 권리분석 책이 탄생했다!
- 경매 권리분석은 절대 어려운 것이 아니다. 이제 쉽게 분석하고, 쉽게 수익내자!
- 이 책을 읽고 따라하기만 하면 경매로 수익내기가 가능하다.

송희창 지음 | 312쪽 | 16,000원

송사무장의 부동산 경매의 기술

수많은 경매투자자들이 선정한 최고의 책!

- 출간 직후부터 10년 동안 연속 베스트셀러를 기록한 경매의 바이블이 개정판으로 돌아왔다!
- 경매 초보도 따라할 수 있는 송사무장만의 명쾌한 처리 해법 공개!
- 지금의 수많은 부자들을 탄생시킨 실전 투자자의 노하우를 한 권의 책에 모두 풀어냈다.
- 큰 수익을 내고 싶다면 고수의 생각과 행동을 따라하라!

송희창 지음 | 456쪽 | 18,000원

송사무장의 부동산 공매의 기술

드디어 부동산 공매의 바이블이 나왔다!

- 이론가가 아닌 실전 투자자의 값진 경험과 노하우를 담은 유일무이한 공매 책!
- 공매 투자에 필요한 모든 서식과 실전 사례가 담긴 이 책 한 권이면 당신도 공매의 모든 것을 이해할 수 있다!
- 저자가 공매에 입문하던 시절 간절하게 원했던 전문가의 조언을 되짚어 그대로 풀어냈다!
- 경쟁이 덜한 곳에 기회가 있다! 그 기회를 놓치지 마라!

송희창 지음 | 376쪽 | 18,000원

송사무장의 실전경매

이것이 진정한 실전경매다!

- 수많은 투자 고수들이 최고의 스승이자 멘토로 인정하는 송사무장의 '완벽한 경매 교과서'
- 대한민국 NO.1 투자 커뮤니티인 '행복재테크' 카페의 칼럼니스트이자 경매계 베스트셀러 저자인 송사무장의 다양한 실전 사례와 유치권의 기막힌 해법 공개!
- 저자가 직접 해결하여 독자들이 생생하게 간접 체험할 수 있는 경험담을 제공하고, 실전에서 바로 응용할 수 있는 서식과 판례까지 모두 첨부!

서상하 지음 | 356쪽 | 18,000원

대한민국 땅따먹기

진짜 부자는 토지로 만들어진다!
최고의 토지 전문가가 공개하는 토지투자의 모든 것!

- 토지투자는 어렵다는 편견을 버려라! 실전에 꼭 필요한 몇 가지 지식만 알면 누구나 쉽게 도전할 수 있다.
- 경매 초보들뿐만 아니라 더 큰 수익을 원하는 투자자들의 수요까지 모두 충족시키는 토지투자의 바이블 탄생!
- 실전에서 꾸준히 수익을 내고 있는 저자의 특급 노하우를 한 권에 모두 수록!

1년 안에 되파는 토지투자의 기술

**초보자도 쉽게 적용할 수 있는
토지투자에 관한 기막힌 해법 공개!**

- 토지투자는 돈과 시간이 여유로운 부자들만 할 수 있다는 편견을 시원하게 날려주는 책!
- 적은 비용과 1년이라는 짧은 기간으로도 충분히 토지투자를 통해 수익을 올릴 수 있다!
- 토지의 가치를 올려 높은 수익을 얻을 수 있게 하는 '토지 개발' 비법을 배운다!

김용남 지음 | 272쪽 | 16,000원

수도권 알짜 부동산 답사기

알짜 부동산을 찾아내는 특급 노하우를 공개한다!

- 초보 투자자가 부동산 경기에 흔들리지 않고 각 지역 부동산의 옥석을 가려내는 비법 공개!
- 객관적인 사실에 근거한 학군, 상권, 기업, 인구 변화를 통해 각 지역을 합리적으로 분석하여 미래까지 가늠할 수 있도록 해준다!
- 풍수지리와 부동산 역사에 관한 전문지식을 쉽고 흥미진진하게 풀어낸 책!

김학렬 지음 | 376쪽 | 18,000원

한 권으로 끝내는 셀프 소송의 기술
(개정판)

**부동산을 가지려면 이 책을 소장하라!
경매 특수물건 해결법 모두 공개!**

- 내용 증명부터 점유이전금지가처분, 명도소장 등 경·공매 투자에 필요한 모든 서식 수록!
- 송사무장이 특수물건을 해결하며 실전에서 사용했던 서식을 엄선하여 담고, 변호사의 법적 지식을 더한 완벽한 책!
- 누구나 쉽게 도전할 수 있는 셀프 소송의 시대를 연 바로 그 책! 이 책 한 권은 진정 수백만 원 그 이상의 가치가 있다!

송희창·이시훈 지음
740쪽 | 55,000원

'상가 고수들의 진짜 돈 버는 노하우'

상가투자
비밀노트